COLLOQUIAL
RUSSIAN

THE COLLOQUIAL SERIES

*Accompanying cassette available
Forthcoming: *Colloquial Swedish

COLLOQUIAL RUSSIAN

WILLIAM HARRISON
YELENA CLARKSON
STEPHEN LE FLEMING

Department of Russian
University of Durham

ROUTLEDGE

LONDON and NEW YORK

First published in 1973
Revised edition published in 1978
Reprinted in 1990 by Routledge
11 New Fetter Lane, London EC4P 4EE
29 West 35th Street, New York, NY 10001

Printed in Great Britain by
Cox & Wyman Ltd, Reading

ISBN 0 415 02530 3

CONTENTS

v

PRONUNCIATION

STRESS

Every Russian word of more than one syllable has a syllable which is stressed, that is, pronounced more forcefully and emphatically than the rest of the word. (English also stresses one syllable more than the rest.) In this book, as in most textbooks and dictionaries, the vowel in the stressed syllable of a word is marked with an accent, thus: систе́ма. The vowel ё is always stressed.

The unstressed syllables, as in English, tend to be pronounced less distinctly.

CONSONANTS

1. Differences between Russian and English consonants:

д, т and н in Russian (as in French and German) are dental, that is, pronounced with the tip of the tongue against the teeth and not, as in English, against the alveolar ridge behind the top teeth.

р is rolled, that is, articulated in the front of the mouth with the tip of the tongue vibrating just behind the alveolar ridge. (In English 'r' is not normally rolled, while in French and German the 'r' vibration occurs in the throat.)

х is a sound not found in English, but Scots have it in such words as 'loch' and Germans in 'noch'.

2. Hard and soft consonants:

Russian distinguishes between 'hard' and 'soft' consonants. By a soft consonant we mean one followed by a soft sign ь or by one of the vowels и, е, ё, ю or я. By 'soft' we mean palatalized, that is, articulated with the back of the tongue raised to meet the soft palate of the roof of the mouth, which results in adding to the consonant a trace of the sound of 'y' as in English 'yes'. In the word билéт, for example, both the б and the л are soft before the vowels и and е. Soft б is not greatly different from hard б, but hard and soft л differ very noticeably. Hard л in a word like журнáл is pronounced with the middle of the tongue lying lower in the mouth than in the English 'l', while soft л is produced by bunching the tongue up against the roof of the mouth as in стиль. Hard and soft consonants may distinguish words, as with т in быт and быть.

While most consonants in Russian can be either hard or soft, depending on the following vowel or hard or soft consonant, some sounds can only be hard and some can only be soft. Thus ж, ш and ц are hard whatever follows them, so that the vowels е and и sound as э and ы, and the soft sign ь is ignored: центр, цирк; шесть, ешь; жить, ужé. ш and ж are harder in Russian than in English, i.e., not palatalized, and to achieve a good Russian ж or ш it helps to extend the lower jaw when you say them. ч and щ, on the other hand, are soft and after them the vowels а and у have the values of я and ю.

3. Voiced and voiceless consonants:

Many consonants can be grouped in pairs in which one is pronounced with the vocal chords in the throat vibrating and the other is articulated in the same way but with the vocal chords silent: the first is called a 'voiced' consonant, the second 'voiceless'. Thus б and п are both pronounced by expelling a burst of air through the lips, but with б this is accompanied by resonance in the vocal chords; б is voiced, п voiceless. Similar pairs are formed by the consonants в—ф; г—к; д—т; ж—ш; з—с.

This fact is important for two reasons. Firstly, at the end of a breath-group, before a pause in speech, however slight, a final consonant, if voiced, is unvoiced, so that лорд (an English lord) could rhyme with порт (port), флаг with так, and луг (meadow) sounds the same as лук (onion). Secondly, in groups of consonants all are voiced or unvoiced in accordance with the last consonant of the group, so that in the word лодка, д is unvoiced to т because к, the final consonant in the group, is voiceless. Similarly т in the word футбол is voiced to д because б, the final consonant in the group, is voiced. This process is known as backward or regressive assimilation.

Regressive assimilation effects not only voicing or unvoicing of consonants, but also hardening or softening in accordance with the final consonant of the group. In the word экспе́рт, п, coming before е, is soft; but so too, therefore, are the preceding consonants с and к. In the word сбрить (to shave off), р is soft before и, and so, therefore, are б and с; while р is not considered voiced or unvoiced for the purposes of regressive assimilation, б in the group сбр- becomes influential over the preceding с and effects its voicing to з; the word is thus pronounced with initial soft з, soft б and soft р.

VOWELS

When stressed, vowels are pronounced as spelt (except the vowels е and и after the hard consonants ж, ш and ц, as mentioned).

When not stressed, some vowels are significantly 're-duced'.

о and а:

In the syllable immediately before the stress о is 'reduced' to a sound identical to unstressed а [ʌ]; мото́р [mʌtór], Москва́ [mʌskvá]. Two syllables or more before the stress, or anywhere after the stress, о and а are further reduced towards the neutral vowel [ə], which is the vowel in the second syllable of English 'river': коммунизм [kəmmunízm], шоколад [shəkʌlát], атом [átəm], батарея [bɔtʌréyə]. *But* if **о** or **а** come, unstressed, at the beginning of a word they are reduced only to [ʌ] no matter how far before the stress they come: организация [ʌrgənɪzátsɪyə].

е and **я**:

Unstressed **е** and **я** are reduced to a weak **и** [ɪ] or, if they come at the beginning of a word, to [yɪ]: чемпион [tshɪmpɪón], опера [ópɪrə], Европа [yɪvrópə], ягуар [yɪguár]. At the end of a word unstressed **е** and **я** sound more like [yə]: Индия [índɪyə].

э:

Unstressed **э**, a letter which generally comes at the beginning of a word, is reduced to [ɪ]: этаж [ɪtásh].
The other vowels are not significantly altered when unstressed.

PUNCTUATION

All subordinate clauses are separated from the main clause by commas in Russian.

Nouns and adjectives denoting nationality are spelt with small letters, e.g. китаец *a Chinaman*; русский *Russian*.

THE CASSETTE

A cassette has been produced to accompany this book so that you can hear Russian spoken by native speakers. All material on the cassette is marked by an ■ in the text.

THE RUSSIAN ALPHABET

А а	*А*	*а*	(u *in* hut)
Б б	*Б*	*б*	(b)
В в	*В*	*в*	(v)
Г г	*Г*	*г*	(g)
Д д	*Д*	*д*	(d)
Е е	*Е*	*е*	(ye)
Ё ё	*Ё*	*ё*	(yo)
Ж ж	*Ж*	*ж*	(zh *or* s *in* leisure)
З з	*З*	*з*	(z)
И и	*И*	*и*	(i *or* ea *in* seat)
Й й	*Й*	*й*	(y *in* bay; *forms diphthongs*)
К к	*К*	*к*	(k)
Л л	*Л*	*л*	(l)
М м	*М*	*м*	(m)
Н н	*Н*	*н*	(n)
О о	*О*	*о*	(o *in* or)

П п	*П*	*п*	(p)
Р р	*Р*	*р*	(r *rolled*)
С с	*С*	*с*	(s)
Т т	*Т*	*т*	(t)
У у	*У*	*у*	(oo *in* boot)
Ф ф	*Ф*	*ф*	(f)
Х х	*Х*	*х*	(kh *or* ch *in* lo*ch*)
Ц ц	*Ц*	*ц*	(ts *in* bi*ts*)
Ч ч	*Ч*	*ч*	(ch *in* *ch*urch)
Ш ш	*Ш*	*ш*	(sh)
Щ щ	*Щ*	*щ*	(shtch)
Ъ ъ	*Ъ*	*ъ*	*hard sign*
Ы ы	*Ы*	*ы*	(y *in* bur*y*)
Ь ь	*Ь*	*ь*	*soft sign*
Э э	*Э*	*э*	(e *in* met)
Ю ю	*Ю*	*ю*	(yu *or* u *in* *u*se)
Я я	*Я*	*я*	(ya in *y*ard)

N.B. English equivalents are only approximate.

RULES OF SPELLING

1. Do not write ы, ю, or я after г, ж, к, х, ч, ш, щ.
   Instead write и, у, or а.
2. Do not write ю or я after ц.
   Instead write у or а.
3. Only write о after ж, ц, ч, ш, щ, if it is stressed;
   otherwise write е.

These rules are important in the declension of nouns and adjectives and in the conjugation of verbs.

READING PRACTICE

Read the following words:

а́том мото́р тра́ктор танк раке́та
теа́тр орке́стр орга́н о́пера тромбо́н бараба́н
програ́мма бале́т биле́т кино́ музе́й
Ло́ндон порт Во́лга Евро́па
луна́ спу́тник плане́та систе́ма батаре́я май
футбо́л футболи́ст чемпио́н фотографи́ческий
докуме́нт коммуни́зм цеме́нт центр организа́ция
И́ндия геогра́фия ягуа́р хан э́хо аэропо́рт
экспе́рт эта́ж джаз му́зыка цыга́н журна́л
това́рищ Хрущёв ю́мор сюже́т револю́ция
шокола́д большеви́к Нью-Йорк фильм стиль
альбо́м объе́кт социалисти́ческий реали́зм
Уи́льям Шекспи́р Оска́р Уа́йльд

Write them out in longhand:

*а́том   мото́р   тра́ктор   танк
ра́кета
теа́тр   орке́стр   орга́н   о́пера*

4

тромбон   барабан   программа

балет   билет   кино   музей

Лондон   порт   Волга   Европа

луна   спутник   планета   система

батарея   май

футбол.   футболист   чемпион

фотографический

документ   коммунизм   цемент

центр   организация

Индия   география   ягуар   эхо

аэропорт

эксперт   этаж   джаз   музыка

цыган   журнал

товарищ   Хрущёв   юмор   сюжет

революция

шоколад   большевик   Нью-Йорк

фильм   стиль

альбом   объект   социалистический

реализм.

Уильям   Шекспир   Оскар   Уайльд

ABBREVIATIONS

acc.	accusative case
adj.	adjective
adv.	adverb
comp.	comparative degree
conj.	conjunction
dat.	dative case
fut.	future tense
gen.	genitive case
Impf.	imperfective aspect
instr.	instrumental case
n.	noun
nom.	nominative case
num.	numeral
past	past tense
Pf.	perfective aspect
pl.	plural
pr.	preposition
prep.	prepositional case
pres.	present tense
pro.	pronoun
sg.	singular
superl.	superlative degree
v.i.	intransitive verb
v.t.	transitive verb

THE LESSONS

LESSON 1 — УРÓК ПÉРВЫЙ

На концéрте

Концéрт.

Оркéстр игрáет, а я слýшаю.

Вот инструмéнты: ройль, барабáн, тромбóны, скрúпка, флéйты.

Солúст игрáет на ройле. Он игрáет тúхо.

Я слýшаю и дýмаю. Я дýмаю ужé не о мýзыке.

Я дýмаю о мóре.

Игрáют вóлны, в нéбе летáет чáйка. На мóре лóдка. Я в лóдке...

Вдруг шум! Бýря? Нет, это барабáн. Тепéрь музыкáнты игрáют грóмко.

Я опйть на концéрте.

Разговóр

— Тамáра, привéт! Что ты дéлаешь зáвтра?

— Зáвтра? Не знáю. А что?

— Понимáешь, зáвтра на стадиóне интерéсный матч.

— Кто игрáет?

— Игрáют Спартáк и Динáмо.

— Опйть?! Нет, Борúс! В клýбе зáвтра концéрт, в кинó интерéсный фильм, а ты дýмаешь тóлько о мáтче!

8

WORDS AND PHRASES

уро́к = lesson
пе́рвый = first
на конце́рте = at a concert
орке́стр игра́ет = the orchestra plays, is playing
я слу́шаю = I listen, am listening
вот = here is, here are
вот инструме́нты = here are the instruments
роя́ль = grand piano
бараба́н = drum
тромбо́н = trombone
скри́пка = violin
фле́йта = flute
соли́ст игра́ет ти́хо = the soloist is playing quietly
я уже́ не слу́шаю = I am no longer (already not) listening
я ду́маю о му́зыке = I am thinking about the music
мо́ре = the sea
волна́ = wave
не́бо = sky
ча́йка лета́ет = a seagull flies
я в ло́дке = I am in a boat
вдруг шум = suddenly there is a noise
бу́ря = storm
э́то = this is, these are
тепе́рь = now
музыка́нты игра́ют гро́мко = the musicians are playing
   loudly
опя́ть = again
разгово́р = conversation
приве́т = greetings; hello!
что ты де́лаешь? = what are you doing? (ч is pronounced
   as ш [sh] in что)
за́втра = tomorrow
не зна́ю = I don't know
(ты) понима́ешь = you understand
на стадио́не = at the stadium
интере́сный матч = interesting match

кто = who
клуб = club, social centre
кино́ = cinema
фильм = film
то́лько = only

GRAMMAR—ГРАММА́ТИКА

1. Verbs: the present tense

There are two classes or conjugations of verbs in Russian. The verbs in this lesson belong to the First Conjugation. In the Infinitive, verbs usually end in -ть; e.g. **игра́ть** 'to play', **ду́мать** 'to think'. The present tense of **игра́ть** is:

я	игра́ю	*I play, I am playing*
ты	игра́ешь	*you play*
он, она́	игра́ет	*he, she plays*
мы	игра́ем	*we play*
вы	игра́ете	*you play*
они́	игра́ют	*they play*

The present tense of **ду́мать**:

я	ду́маю	*I think*
ты	ду́маешь	*you think*
он, она́	ду́мает	*he, she thinks*
мы	ду́маем	*we think*
вы	ду́маете	*you think*
они́	ду́мают	*they think*

Ты 'you' is used when speaking to relatives, close friends and children; **вы** is plural, but it is also used in addressing one person formally.

2. The gender of nouns

There are three genders of Russian nouns: masculine, feminine and neuter. The gender of a noun is determined not by its meaning, but by the final letter of the word in its Nominative form (i.e. the form which it has when it is the subject of the sentence).

Nouns which end in a consonant are masculine:

бараба́н 'drum', **шум** 'noise',
музыка́нт 'musician'.

Some nouns which end in the soft sign, **-ь**, are also masculine:

роя́ль '(grand) piano'.

Nouns ending in **-а** or **-я** (with some exceptions) are feminine:

скри́пка 'violin', **ча́йка** 'gull', **бу́ря** 'storm'.

Nouns ending in **-о** or **-е** are neuter:

не́бо 'sky', **мо́ре** 'sea'.

Notice the plural forms of some of the words in the text:

инструме́нты, фле́йты, во́лны, музыка́нты.

We shall return to the plural in later lessons.

3. The Prepositional case of nouns

Russian nouns change their endings according to the role they play in the sentence. After the prepositions which we have met in this lesson, **в** 'in', **на** 'on, at', **о** 'about, concerning', the Prepositional case is used. Nouns ending in a consonant in the Nominative case add **-е** to form the Prepositional:

конце́рт *concert*   на конце́рте *at a concert*

The other nouns we have met change the last letter to **-е**:

рояль	*piano*	играть на рояле	*to play the piano*
волна́	*wave*	на волне́	*on the wave*
бу́ря	*storm*	в бу́ре	*in the storm*
не́бо	*sky*	в не́бе	*in the sky*

Мо́ре 'sea' does not change, because it already ends in **-e**; кино́ 'cinema' is not declinable, that is, it never changes its form, so that 'at the cinema' is **в кино́**.

These words are used in this lesson in the Prepositional singular; the Prepositional plural will come in a later lesson.

With some nouns Russian uses **на** where an English speaker might expect **в**: на стадио́не *in/at the stadium*.

4. Absence of an article

There are no words in Russian for 'a, an' or 'the', so that **концерт** can be used for both 'a concert' and 'the concert'.

5. Absence of the verb 'to be' in the present tense

Russian does not normally use a word for 'am', 'is' or 'are', so that **Я на концерте** means 'I am at a concert'. Sometimes, particularly between nouns, a dash may be used to indicate the verb 'to be': **Бори́с — музыка́нт** 'Boris is a musician'.

6. Personal pronouns

The personal pronouns **я** 'I', **ты** 'you', **мы** 'we', **вы** 'you', **они́** 'they' should cause no difficulty, but care should be taken with **он** and **она́**. **Он** is used when referring to a male person or to any masculine noun, so that it can mean 'he' or 'it' if you are referring to **бараба́н** 'drum' or **тромбо́н** 'trombone', which are masculine. Similarly, **она́** means 'she' if it refers to Tamara and 'it' if it refers to **скри́пка** 'violin', which is also feminine. There is **a** neuter form **оно́**, which is used in referring to neuter nouns.

EXERCISES — УПРАЖНЕНИЯ

1. барабан, тромбон; скрипка, флейта; музыка, шум; концерт, фильм; солист, оркестр; клуб, кино; Спартак, Динамо; Тамара, Борис.

(a) Using each of the above words, ask a question and reply in the affirmative, as in Model A:

    Model A: Это барабан? Да, это барабан.

(b) Now use the above words in pairs to ask a question and reply in the negative, as in Model B:

    Model B: Это барабан? Нет, это тромбон.

2. рояль; флейта; барабаны; орган; инструменты; скрипка; тромбон; Борис; Тамара; музыканты.

(a) Using each of the above words, form sentences as in Model A:

    Model A: Рояль в оркестре.
                Где он? Вот он, вот рояль.

(b) Use each of the above words to form sentences as in Model B:

    Model B: Что это? Это рояль.
                Где он играет? Он играет в оркестре.

3. солист, концерт; оркестр, клуб; Тамара, фильм; волны, море; Борис, лодка; Спартак и Динамо, стадион; музыка, кино.

Using the first word of each pair above, ask who or what is playing and answer as in Model A. Then ask where and answer with the second word of the pair as in Model B:

    Model A: Кто это играет? Играет солист.
    Model B: Где он играет? Он играет на концерте.

4. Use **играть на** ... in the present tense to form sentences with the following words:

я ... флейта; ты ... скрипка; он ... тромбо́н;
мы ... роя́ль; вы ... концерт; они́ ... стадио́н.

5. Reply to the following questions by using the words
given in brackets, as in the Model:

> *Model*: Я игра́ю на бараба́не, а ты? (флейта)
> Я игра́ю на флейте.

Я игра́ю на бараба́не, а ты? (флейта)
Ты игра́ешь на флейте, а я? (бараба́н)
Она́ игра́ет на роя́ле, а он? (скри́пка)
Мы игра́ем в клу́бе, а вы? (кино́)
Вы игра́ете на концерте, а мы? (стадио́н)
Они́ игра́ют на стадио́не, а музыка́нты? (концерт)

6. Use ду́мать о ... in the present tense to form sentences
with the following words:

я ... фильм; ты ... мо́ре; она́ ... кино́; мы ... ло́д-
ка; вы ... ча́йка; они́ ... матч.

7. In the following sentences substitute, **ты, он, она́, мы,
вы, они́,** for **я,** and put the verbs into the correct form
with each pronoun:

Вдруг я понима́ю.
Тепе́рь я уже́ не слу́шаю.
Я зна́ю, что я де́лаю.

8. Give an affirmative answer to each of the following
sentences:

(i) Ты понима́ешь?
(ii) Вы понима́ете?
(iii) Вы зна́ете о концерте?
(iv) Бори́с и Тама́ра зна́ют о фи́льме?
(v) Тама́ра ду́мает о мо́ре и о не́бе?
(vi) Я игра́ю гро́мко?
(vii) Мы игра́ем ти́хо?
(viii) Ты то́лько слу́шаешь?
(ix) Я опя́ть слу́шаю?

9. Translate into Russian:

Tamara is at a concert. The musicians are playing softly. She is not listening: she is thinking about Boris. She does not know where he is and what he is doing. Is he at the stadium? No, he is at the club now. He is no longer thinking about the match: he is thinking about Tamara.

LESSON 2 — УРОК ВТОРОЙ

Пе́рвое письмо́

Дорого́й Ге́нри!

Э́то мой пе́рвый день в Москве́, и вот моё пе́рвое письмо́. Я не зна́ю, что писа́ть. Вы уже́ зна́ете Москву́, и я ду́маю, что вам не интере́сно чита́ть о го́роде. А мне всё здесь интере́сно, так как я ещё ничего́ не зна́ю о Москве́. Я студе́нт; я изуча́ю ру́сский язы́к, но я та́кже типи́чный тури́ст. На стене́ план метро́, но я ещё не понима́ю, где центр. Понима́ю то́лько, что Москва́ о́чень большо́й го́род. А университе́т? Он то́же большо́й. Здесь в университе́те есть магази́ны, по́чта, парикма́херская и столо́вая. Я спра́шиваю, где по́чта, но забыва́ю доро́гу, теря́ю го́лову и уже́ не зна́ю, где моя́ ко́мната. Но вот я в ко́мнате, и что я де́лаю тепе́рь? Слу́шаю ра́дио, чита́ю газе́ту или журна́л и пишу́ письмо́ — де́лаю всё вме́сте. Вот почему́ моё письмо́ тако́е коро́ткое. Я ещё не ду́маю о рабо́те.

Э́то всё пока́. До свида́ния!

Джон

WORDS AND PHRASES

второй = second
письмо́ = letter
дорого́й Ге́нри! = Dear Henry
мой пе́рвый день = my first day

в Москве́ = in Moscow
что́ писа́ть = what to write
вам не интере́сно = it is not interesting for you
чита́ть = to read
го́род = town, city
всё = everything
здесь = here
так как = since
ещё = still, yet
я ничего́ не зна́ю (г *pronounced as* в [v] *in* ничего́) = I don't know anything
студе́нт = student
я изуча́ю ру́сский язы́к = I am studying the Russian language
та́кже = also
типи́чный тури́ст = typical tourist
стена́ = wall
план метро́ (метро́ *is indeclinable*) = map of the metro
но = but
ещё не понима́ю = I do not yet understand
где центр = where the centre is
о́чень большо́й го́род = very large city
университе́т = university
то́же = also
есть = there is, there are
магази́н = shop
по́чта = post (office) (Use на rather than в)
парикма́херская = hairdresser's
столо́вая = canteen; dining room
спра́шивать = to ask, enquire
забыва́ть доро́гу = to forget the way
теря́ть го́лову = to lose one's head
моя́ ко́мната = my room
слу́шаю ра́дио (ра́дио *is indeclinable*) = I listen to the radio
чита́ю газе́ту, журна́л = I read the paper, the magazine
пишу́ письмо́ = I write a letter
всё вме́сте = everything together
вот почему́ = that is why

письмо такое короткое = the letter is so short
работа = work
пока = for the time being, meanwhile
до свидания! = au revoir

GRAMMAR — ГРАММАТИКА

1. Verbs

Some verbs of the First Conjugation have the ending
-ять in the Infinitive, e.g. терять 'to lose'. The present
tense of терять is:

я теряю	мы теряем
ты теряешь	вы теряете
он/она/оно теряет	они теряют

Писать 'to write' is a slightly irregular verb; the present
tense is:

я пишу	мы пишем
ты пишешь	вы пишете
он/она/оно пишет	они пишут

2. Nouns: the Accusative case

When a noun is the object in a sentence, in Russian it
is put into the Accusative case. The **masculine** and
neuter nouns we have used have the same form in the
Accusative case as in the Nominative:

Nominative	Accusative
русский язык	я изучаю русский язык
the Russian language	*I am studying the Russian language*
письмо	я пишу письмо
a letter	*I am writing a letter*

But **feminine** nouns change -a to -y, and -я to -ю, so
that the Accusative of газета is газету, and of буря is
бурю:

Я читаю газету   *I am reading the newspaper.*

3. Adjectives

Adjectives agree with the nouns they qualify in gender, case and number. This means that there is a separate form of an adjective to be used with a masculine noun, with a feminine noun and a neuter noun in the singular. The following table shows the forms of the adjective with nouns in the Nominative case:

Singular	Masculine	пе́рвый, интере́сный (фильм)
	Feminine	пе́рвая, интере́сная (рабо́та)
	Neuter	пе́рвое, интере́сное (письмо́)
Plural	All genders	пе́рвые, интере́сные

Adjectives which are stressed on the ending have -о́й in the masculine:

дорого́й, дорога́я, дорого́е; дороги́е

This adjective ends in -ие in the plural because you never write -ы after г, к, х, ж, ч, ш, щ.

Hence also:

большо́й, больша́я, большо́е; больши́е
коро́ткий, коро́ткая, коро́ткое; коро́ткие
ру́сский, ру́сская, ру́сское; ру́сские

Note that in form парикма́херская 'hairdresser's' and столо́вая 'dining room, canteen' are feminine adjectives. The adjectives given above are in the long, or attributive, form, i. e. they are used before the noun:

Это интере́сное письмо́.   *This is an interesting letter.*

If you want to say 'this letter is interesting' and so use the adjective as a predicate, after the verb 'is', then you can say

Это письмо́ интере́сное.

There is also a short form of the adjective which can be used in this instance:

Это письмо́ интере́сно.

More will be said about this short form of the adjective
in the next lesson.

4. The possessive pronoun

Note the forms of **мой** 'my, mine' and **твой** 'your, yours':

Singular	Masculine	мой	твой
	Feminine	моя́	твоя́
	Neuter	моё	твоё
Plural	all genders	мои́	твои́

5. Prepositions

The preposition **о** becomes **об** if the following word
begins with a vowel:

> **об университе́те**   'about the university'.

The preposition **в** becomes **во** for reasons of euphony
before certain combinations of consonants:

> **во Влади́мире**   'in Vladimir'.

Some other prepositions add **-о** in the same way, and
we shall meet them in due course.

6. Есть 'there is ..., there are ...'

Although the present tense of **быть** 'to be' is no longer
used in Russian, the word **есть,** which is the old third
person singular, may be used for 'there is ...' or
'there are ...':

> В университе́те есть парикма́херская.
> *There is a hairdresser's at the university.*

EXERCISES—УПРАЖНЕ́НИЯ

1. (a) Choosing the correct form of the possessive pronouns, use the words below to form questions and
answers according to the Model:

Это твой рояль? Да, это мой рояль.

рояль, радио, комната, инструменты, письмо, столовая, парикмахерская, университет, работа, газеты, город, барабан, планы, лодка, тромбон, скрипка, инструмент, стена

(b) As above, but giving a short answer with the pronoun as in the Model: Это твой рояль? Да, он мой.

2. Use the adjectives given (интересный, дорогой, русский, твой первый) with the words below to form questions and answers as in the Model:

Это интересный фильм? Нет, не интересный.

фильм, газета, письмо, разговоры (интересный)
магазин, парикмахерская, кино, столовые (дорогой)
день, работа, свидание, планы (твой первый)
город, музыка, небо, туристы (русский)

3. Answer the questions using the word given in brackets as in the Model:

Model: Что ты слушаешь? (музыка) Я слушаю музыку.

Что ты слушаешь? (музыка) Я...
Что вы слушаете? (оркестр) Мы...
Что она слушает? (концерт) Она...
Что они слушают? (радио) Они...
Что мы читаем? (газета) Вы...
Что вы пишете? (письмо) Я...
Что они теряют? (план) Они...
Что я забываю? (дорога) Ты...

4. Substitution drill:

(a) Я изучаю русский язык.

Вы ....
Вы .... (план).
Он ....
Он (терять) ....

Он . . . . . .(рабо́та). . .

Мы . . . .

Ты . . . .

Ты (забыва́ть) . . . . . .

Ты . . . . . .(письмо́) . .

Они́ . . . .

Они́ . . . . . (разгово́р).

Они́ (слу́шать) . . . . .

Я . . . .

Я . . . . (скри́пка).

(b) Я чита́ю на рабо́те об университе́те.

Мы . . . .

Вы . . . .

Вы (спра́шивать) . . . .

Ты . . . .

Она́ . . . .

Она́ (писа́ть) . . . .

Она́ . . . . .(по́чта) . . . .

Они́ . . . .

Я . . . .

Я (забыва́ть) . . . .

Я . . . .(конце́рт) . . . .

Он . . . .

Он . . . . . .(стадио́н) . . . .

Он . . . . . .(матч) . . . .

5. Put the words in brackets into the correct form:

Са́ша пи́шет о (тури́ст) в (метро́).

Са́ша пи́шет о (рабо́та) в (университе́т).

Са́ша пи́шет о (бу́ря) на (мо́ре).

В (Москва́) Тама́ра забыва́ет о (мо́ре).

В (кино́) Тама́ра забыва́ет о (ра́дио).

В (магази́н) Тама́ра забыва́ет о (по́чта).

В (ко́мната) Тама́ра забыва́ет о (конце́рт).

На (стадио́н) он спра́шивает о (матч).

На (по́чта) он спра́шивает о (письмо́).

На (рабо́та) он спра́шивает об (университе́т).

6. Translate into Russian:

Dear Tamara,

You ask why John writes nothing about Moscow. You forget that we already know Moscow and that he is not a tourist. Moscow is a typical large city, and John thinks only about the university. That's why he writes only about work.

You write about music and it is all very interesting. Now I understand why you are studying music at the university. Boris does not understand yet. He knows that you play the violin and he asks why you are at the university and not in an orchestra.

Goodbye, my dear,
your
Henry.

LESSON 3 — УРОК ТРЕТИЙ

Кто не работает, тот не ест

Утро. Пора вставать. Я встаю и быстро принимаю душ.

— Эй, Джон! Доброе утро! Ты встаёшь?

Это мой сосед, Володя.

— Да, — отвечаю я. — А ты?

— Я уже завтракаю. Иди!

— Сейчас иду.

Володя на диване, он читает письмо.

— Ну, а где кофе? — спрашиваю я.

— Сейчас, — говорит он. — Читай газету! Слушай радио! Кофе ещё не готов.

Я включаю радио и слушаю новости. Говорят об экономике. Выключаю. Володя даёт мне газету и варит кофе. Потом он даёт мне чашку кофе, сахар и молоко. Я пью.

— Спасибо. Дай мне ложку. Кофе вкусный, — говорю я. — Хочешь сахар? Вот, пожалуйста!

— Джон, почему ты не ешь? Вот хлеб, масло, сыр, колбаса. Там на столе ножи, вилки. В кухне есть ещё что-то — ветчина, кажется.

— Нет, спасибо. Я мало ем утром. Можно ещё кофе?

— Пожалуйста! Только надо есть! — Володя ест колбасу.

Мы сидим и пьём кофе, говорим о работе, о спорте, о музыке.

— Уже девять часов, — говорит Володя. — Не пора ли нам идти?

— Пора! Ведь, кто не работает, тот не ест.

24

Разгово́р в рестора́не

— До́брое у́тро! Что вам уго́дно?

— Да́йте, пожа́луйста, омле́т, хлеб и ма́сло.

— Не хоти́те ли вы ко́фе?

— Нет, да́йте нам, пожа́луйста, чай с лимо́ном.

— Пожа́луйста.

WORDS AND PHRASES

тре́тий = third

кто не рабо́тает, тот не ест = he who does not work, does not eat

до́брое у́тро! = good morning!

пора́ встава́ть = it is time to get up
(я встаю́, ты встаёшь ...)

бы́стро = quickly

принима́ть душ = to take a shower

мой сосе́д = my neighbour

отвеча́ть = to answer

а ты? = and you? what about you?

за́втракать = to have breakfast

иди́! = come on

сейча́с иду́ = I'm coming in a minute

дива́н = divan

ко́фе (indecl., masc.) = coffee

сейча́с! = just a minute!

говори́ть = to say, talk

чита́й газе́ту! = read the paper

ко́фе гото́в = the coffee is ready

включа́ть ра́дио = to switch on the radio

но́вости (pl.) = the news

говоря́т об эконо́мике = they are talking about economics

выключа́ть = to switch off

дава́ть = to give
(даю́, даёшь)

он даёт мне газе́ту = he gives me a paper

вари́ть = to boil; to cook

потóм = then
чáшка кóфе = a cup of coffee
сáхар и молокó = sugar and milk
пить = to drink
  (пью, пьёшь)
спасúбо = thank you
дай мне лóжку! = give me a spoon
хотéть = to want
  (хочý, хóчешь, хóчет, хотúм, хотúте, хотя́т)
вкýсный = tasty, delicious
пожáлуйста = please; here you are; you're welcome
есть = to eat
  (ем, ешь, ест, едúм, едúте, едя́т)
хлеб = bread
мáсло = butter
сыр = cheese
колбасá = cold sausage, salami
там на столé = there on the table
нож = knife
вúлка = fork
кýхня = kitchen
ещё что-то = something else
ветчинá = ham
кáжется = it seems (I think)
нет = no
мáло = little
ýтром = in the morning
мóжно ещё кóфе? = may I have some more coffee?
нáдо есть = (you) must eat
сидéть = to sit
  (сижý, сидúшь)
спорт = sport
ужé дéвять часóв = it is already nine o'clock
порá (нам) идтú = it is time (for us) to go
ли (*interrogative particle*)
не порá ли идтú? = isn't it time to go?
ведь (*emphatic particle*) = (*not always translatable*; 'as
  you know')

рестора́н = restaurant
что вам уго́дно? = what would you like? what can I do for you?
да́йте омле́т = bring (give) me an omelette
чай (*masc.*) = tea
чай с лимо́ном = tea with lemon

GRAMMAR — ГРАММА́ТИКА

1. Verbs: the Second Conjugation

Говори́ть 'to speak, to say' is a regular verb of the Second Conjugation. Its present tense is:

я говорю́	мы говори́м
ты говори́шь	вы говори́те
он/она́ говори́т	они́ говоря́т

Вари́ть 'to brew, boil, cook' has a change of stress in the present tense:

я варю́	мы ва́рим
ты ва́ришь	вы ва́рите
он/она́ ва́рит	они́ ва́рят

(This is a common stress pattern.)

Сиде́ть 'to sit' has a consonant change in the first person singular:

я сижу́	мы сиди́м
ты сиди́шь	вы сиди́те
он/она́ сиди́т	они́ сидя́т

2. The Imperative

The Imperative of чита́ть is чита́й! (singular), чита́йте! (plural) 'read!' 'Listen!' is слу́шай!, слу́шайте! 'Speak!' is говори́!, говори́те! A rule for forming the Imperative is as follows:

Remove from the second person singular the last two

letters and the soft sign and if you are left with a stem ending in a vowel, add **-й, -йте** to form a diphthong; e.g.

читаешь — чита + й читай!, читайте!

But if you are left with a stem ending in a consonant, add

-и, -ите e.g. **говоришь — говор + и говори!, говорите!**

The plural Imperative can be used, like **вы**, in addressing one person. Such usage is more formal or polite than the singular.

3. Impersonal use of the third person plural

The third person plural of the verb is often used without the pronoun in an impersonal sense where the subject is unspecified, people in general. Thus, 'They say that this is an interesting film' is **Говорят, что это интересный фильм.**

4. Some irregular verbs

идти *to be going, to go, to be coming, to come*

я иду	мы идём	Imperative
ты идёшь	вы идёте	иди! идите!
он идёт	они идут	

давать *to give*

я даю	мы даём	Imperative
ты даёшь	вы даёте	давай! давайте!
он даёт	они дают	

вставать *to get up*

я встаю	мы встаём	Imperative
ты встаёшь	вы встаёте	вставай!
он встаёт	они встают	вставайте!

есть *to eat*

я ем	мы едим	Imperative
ты ешь	вы едите	ешь! ешьте!
он ест	они едят	

пить *to drink*

я пью	мы пьём	Imperative
ты пьёшь	вы пьёте	пей! пейте!
он пьёт	они пьют	

хотеть *to want*

я хочу	мы хотим	Imperative
ты хочешь	вы хотите	not used
он хочет	они хотят	

5. The short, predicative form of adjectives

As was mentioned in Lesson 2, when adjectives are used predicatively, after the verb 'to be', in Russian they may have a short form:

Это письмо интересно
This letter is interesting.

There is a short form of the adjective for each gender in the singular and a plural form for all three genders:

Long form	Short form			
	Masc.	*Fem.*	*Neuter*	*Plural*
готовый (*ready*)	готов	готова	готово	готовы
добрый (*good, kind*)	добр	добра	добро	добры
дорогой (*dear*)	дорог	дорога	дорого	дороги

Sometimes it is necessary to insert a vowel in the masculine.

Before -н usually insert **е**; before -к insert **о**:

интересный	интересен	интересна
	интересно	интересны
типичный (*typical*)	типичен	типична
	типично	типичны

коро́ткий (*short*)   ко́роток   коротка́
                       ко́ротко́   ко́ротки́

(Some of the above words have alternative stresses.)

Many adjectives have no short form, e.g. ру́сский.

Большо́й too has no short form, but the short forms of
вели́кий 'great' — вели́к, велика́, велико́, велики́ may
be used to mean 'big'.

Remember that the short form of the adjective cannot
be used attributively before the noun, so that 'this is
an interesting letter' must be in Russian э́то интере́сное
письмо́, using the long form.

6. Questions

You can ask a question in Russian without inverting
the word order:

Он чита́ет.   *He is reading* (Statement)
Он чита́ет?   *Is he reading?* (Question)

There is, however, an interrogative particle ли, which
may be inserted into a question, usually a negative one:

Не пора́ ли идти́?   *Is it not time to go?*

This particle must be used in an indirect question to
translate 'whether':

Я не зна́ю, игра́ет ли он.
I do not know whether he is playing.

7. Accusative of motion

Note the use of the Accusative case after в and на meaning 'into', 'to':

Я иду́ в клуб/на по́чту

I am going to the club/post-office.

EXERCISES—УПРАЖНЕНИЯ

1. (a) Say in Russian 'It is necessary to — get up, drink, eat, go, work, have breakfast, read, answer, take a shower'.
   (b) Now ask why it is necessary to get up, drink etc.
   (c) Now say 'it is time to get up, drink' etc.
   (d) As in (c), but add after each phrase that he is already doing it:

   Model: Пора вставать. Он уже встаёт.

2. Give the positive Imperative of the following phrases, first the familiar form, then the plural, polite form:

   Model: Работай там! Работайте там!

   работать там; принимать душ утром; спрашивать почему; завтракать быстро; отвечать громко; читать тихо; слушать сейчас.

   Give the negative Imperative (singular and plural) of the following phrases:

   Model: Не выключай радио!
   Не выключайте радио!

   выключать радио; отвечать теперь; читать о спорте; завтракать там.

3. Give the following phrases with the whole of the present tense (all persons) of each verb: ещё мало говорить; ещё не вставать; варить ещё что-то; сидеть и работать; идти завтракать.

4. Give the complete present tense of **давать** using the following words for the objects given: сахар, письмо, газета, масло, чашка, чай с лимоном.

5. Give the present tense of **есть** and **пить** using the following words for objects of the verbs: хлеб/молоко; колбаса/чай; омлет/кофе; ветчина/чай; сыр/молоко; что-то/кофе.

6. Answer in the affirmative:

    (i) Бори́с зна́ет Тама́ру?
    (ii) Она́ принима́ет душ?
    (iii) Ты слу́шаешь му́зыку?
    (iv) Сосе́д чита́ет но́вости?
    (v) Вы зна́ете эконо́мику?
    (vi) Я чита́ю газе́ту?
    (vii) Мы слу́шаем конце́рт?
  (viii) Они́ ва́рят колбасу́?
    (ix) Он включа́ет ра́дио?
    (x) Вы пьёте молоко́?

7. Answer the following questions according to the Model, using the word in brackets for the second object:

    Model: Джон чита́ет газе́ту? (письмо́)
            Джон чита́ет не газе́ту, а письмо́.

        Джон чита́ет газе́ту? (письмо́)
        Воло́дя даёт ма́сло? (са́хар)
        Тама́ра ва́рит колбасу́? (ко́фе)
        Сосе́д ест сыр? (ветчина́)
        Тури́ст слу́шает конце́рт? (но́вости)
        Соли́ст пьёт чай? (ко́фе)
        Бори́с понима́ет спорт? (му́зыка)

8. Say 'Give me please' the following things:

    омле́т, ветчина́, молоко́, колбаса́, са́хар, чай, ма́сло, ча́шка ко́фе, хлеб, сыр, письмо́, газе́та, скри́пка

9. (a) Using the words given in the preceding exercise say 'This is my ...; it's mine':

    Model: Э́то мой омле́т; он — мой.

  (b) Now ask 'Is this my ...?', and answer, 'Yes, yours':

    Model: Э́то мой омле́т? Да, твой.

10. Use each of the words given below as in the Models:

>   *Model A*: Мой омлёт готов? Да, твой омлёт
>   ужё готов.
>
>   *Model B*: Мой омлёт ужё готов? Нет, он ещё
>   не готов.
>
>   *Model C*: Не готов ли мой омлёт? Я не знаю,
>   готов ли он.
>
>   омлёт, чай, колбаса, ветчина, кофе, письмо, ра-
>   бота

11. Questions on the text to be answered in Russian:

(i) Почему пора вставать?

(ii) Что делает Джон?

(iii) Что спрашивает Володя?

(iv) Что спрашивает Джон?

(v) Что отвечает Володя?

(vi) Почему Володя сидит на диване?

(vii) Почему Джон включает радио?

(viii) Почему он выключает радио?

(ix) Володя варит кофе, а что делает Джон?

(x) Где колбаса и ветчина?

(xi) Почему Джон только пьёт кофе?

(xii) Володя только пьёт кофе, или он ест что-то?

(xiii) Почему ужё пора идти?

(xiv) Кто не ест?

LESSON 4 — УРÓК ЧЕТВЁРТЫЙ

Шаг вперёд, два шагá назáд

Джон нóвый студéнт университéта.Он из Лóндона. Ужé началó семéстра, а кóмната Джóна ещё почтú пустáя. В кóмнате есть мéбель, но нет посýды. Стéны гóлые: ни кáрты, ни картúны. На столé тóже ничегó нет: ни учéбника, ни словаря, ни тетрáди. Итáк, Джон идёт сегóдня покупáть картúну для кóмнаты, кнúги для рабóты, план гóрода Москвы, кáрту Россúи и молокó.

— Это нелёгкая рабóта, — говорúт сосéд Джóна.

— Почемý? — спрáшивает Джон. — Ведь в Москвé всё есть!

— Без сомнéния, — отвечáет сосéд. — Тóлько не забывáй, что иногдá нет молокá. Я не хочý пить кóфе без молокá, но я тáкже не хочý стоять с утрá до вéчера в óчереди.

— Пессимúст! Мóжет быть, сегóдня нет óчереди.

Сначáла Джон идёт в гастронóм. Там, где продаю́т молóчные продýкты, стоúт óчередь. Джон стоúт две-три минýты в óчереди.

— Пожáлуйста, скóлько стóит бутылка молокá? — спрáшивает Джон у продавщúцы.

— Не вúдите, чтó ли? Ценá на товáре, — отвечáет дéвушка.

— Ах, да. Тогдá дáйте, пожáлуйста, бутылку молокá. Вот дéньги.

— В кáссу платúте!

— В кассу?

— Ребёнок, что ли? Платите в кассу! — говорит дѐвушка устало.

У кассы Джон стоит две-три минуты в очереди и забывает, сколько стоит молоко.

— Сколько? — спрашивает кассирша.

— Двадцать две копейки, кажется. Бутылка молока.

— Нет, двадцать три. Ещё копейку.

— Пожалуйста, — говорит Джон. Он платит, получает чек, идёт обратно, и опять стоит две-три минуты в очереди.

— Молока уже нет, — говорит девушка весело, — но есть кефир.

— Но я не хочу кефира. Дайте тогда сгущённое молоко! — Джон уже не говорит «пожалуйста».

— Пожалуйста, — говорит девушка. — Банка стоит двадцать четыре копейки. Ещё копейку!

— Опять в кассу? — спрашивает Джон мрачно.

— Конечно! — отвечает девушка мило.

— Шаг вперёд, два шага назад, как говорит Ленин, — бормочет Джон.

WORDS AND PHRASES

четвёртый = fourth
шаг = step, pace
вперёд = forwards
два шага = two steps
два (*masc. and neut.*) **две** (*fem.*) + *gen. sg.* = *two*
назад = backwards
новый студент университета = new student of the university
из Лондона = from London
начало семестра = beginning of term
почти пустая = almost empty
мебель (*fem.*) = furniture
посуда = crockery

нет посу́ды = there is no crockery

го́лый = bare, naked

нет ни ка́рты, ни карти́ны = there is neither a map, nor
a picture

уче́бник = textbook

слова́рь (*masc.*) = dictionary

тетра́дь (*fem.*) = exercise book

ита́к = and so

сего́дня (г *is pronounced as* в [v] *in this word*) = today

покупа́ть карти́ну = to buy a picture

для ко́мнаты = for (his) room

кни́га для рабо́ты = book for work

план го́рода Москвы́ = street-map of the city of Moscow

ка́рта Росси́и = map of Russia

нелёгкая рабо́та (г *is pronounced as* х [kh] *in this root*) =
hard job

(лёгкий = light, easy)

ведь в Москве́ всё есть = (as you know perfectly well)
they've got everything in Moscow

без сомне́ния = without doubt

не забыва́й = don't forget

иногда́ = sometimes

стоя́ть с утра́ до ве́чера = to stand from morning to evening

(стою́, стои́шь)

о́чередь (*fem.*) = queue

пессими́ст = pessimist

мо́жет быть = perhaps

снача́ла = (at) first

он идёт в гастроно́м = he goes to a food shop

продава́ть = to sell

(продаю́, продаёшь)

моло́чные проду́кты = dairy produce

две-три мину́ты = two or three minutes

сто́ить = to cost, to be worth

ско́лько сто́ит? = how much is …?

буты́лка молока́ = bottle of milk

продавщи́ца = sales girl, shop assistant

видеть = to see
  (вижу, видишь)
не видите, что ли? = can't you see or what?
цена на товаре = the price is on the article, goods
девушка = girl
тогда = then
деньги (*pl.*) = money
платить = to pay
  (плачу, платишь)
касса = till, cash desk
ребёнок = child
устало = wearily
у кассы = at the till
кассирша = cashier (*fem.*), girl at the cash desk
двадцать две копейки = twenty-two copecks
двадцать три = twenty-three
ещё копейку = another copeck
получать чек = to receive one's receipt, slip
идти обратно = to go back
весело = cheerfully
кефир = kefir (a yoghurt-like drink)
сгущённое молоко = condensed milk
банка = can, tin; pot, jar.
четыре (+ *gen. sg.*) = four
мрачно = gloomily
конечно = of course
мило = sweetly
как = as; how
бормотать = to mutter, mumble
  (бормочу, бормочешь)

GRAMMAR — ГРАММАТИКА

1. The gender of nouns

We already know that the gender of a Russian noun
is determined by the last letter of the word in the
Nominative singular. The following table shows the

gender endings. Nouns in the left-hand column are called 'hard', those in the two right-hand columns are 'soft'.

	Hard	Soft	
Masculine	-consonant семе́стр	-ь слова́рь	-й чай
Feminine	-а посу́да	-я бу́ря	-ь о́чередь
Neuter	-о молоко́	-е мо́ре	-ё бельё

Note that some nouns ending in a soft sign are masculine and others are feminine. They just have to be learnt. Some nouns which end in -а, -я, but denote male persons, are masculine, e.g. Воло́дя. (They decline like feminine nouns.)

Feminine nouns in -ь do not change for the Accusative case.

2. The Genitive case, singular

The Genitive case, singular, is formed as follows: masculine and neuter nouns with hard endings, e.g. семе́стр, молоко́, end in -а in the Genitive. The masculine nouns add -а, and the neuters change the final -о to -а: семе́стр — семе́стра; молоко́ — молока́.

Sometimes there is a change of stress: e.g. стол — стола́. Some masculine nouns drop a vowel: ребёнок — ребёнка, день — дня.

Masculine and neuter nouns with soft endings change the final letter to -я: слова́рь — словаря́; чай — ча́я; мо́ре — мо́ря.

Feminine nouns with hard endings change -а to -ы: посу́да — посу́ды.

Soft feminine nouns change the final letter to -и: бу́ря — бу́ри, о́чередь — о́череди.

This means that in the Genitive singular, masculine and neuter nouns end in either **-а** or **-я**; feminine nouns end in **-ы** or **-и**.

3. Uses of the Genitive case

(i) The first use of the Genitive case is to express *possession*. In general, it is used where English uses the preposition 'of' or '—'s':

комната Виктора *Victor's room*
бутылка молока *a bottle of milk*

(ii) The Genitive case is also used after certain prepositions, including:

без	*without*	без сомнения	*without doubt*
для	*for*	для работы	*for work*
из	*from, out of*	из Лондона	*from London*
с	*from, since*	с утра	*from morning*
до	*until, before, up to*	до вечера	*till evening*

Note that **с** 'from' is used with nouns denoting 'functions', such as **концерт** 'concert', **матч** 'match', **работа** 'work', and also with some places, such as **почта** 'post office' and **стадион** 'stadium'. In fact, **с** is the opposite of **на**, and **из** is the opposite of **в**. Thus:

на почте *at the post office;*
на почту *to the post office;*
с почты *from the post office;*
but
в клубе *at the club;* в клуб *to the club;*
из клуба *from the club.*

(iii) The Genitive is also used after **нет** to express 'there is not/ are not any . . .':

Нет словаря. *There is no dictionary.*

Нет посу́ды.   *There is no crockery.*
Нет ни ка́рты, ни карти́ны.   *There is neither a map, nor a picture.*

(iv) The Genitive is used after the numerals два, две, три, четы́ре and compounds of these numbers, such as два́дцать два.

There are two forms of 'two'; два for use with masculine and neuter nouns — два семе́стра 'two terms' — and две for feminine nouns — две копе́йки 'two copecks'.

(v) The Genitive may also be used instead of the Accusative for the direct object, if the verb is negative:
Я не хочу́ кефи́ра.   *I don't want kefir.*

4. The Prepositional case

So far we have learnt that the Prepositional case of the noun ends in -e. There are some nouns, however, whose Prepositional case ends in -и.

They are   (i) Feminine nouns with Nominative in -ь: о́чередь — в о́череди   *in the queue;*
(ii) Feminine nouns with Nominative in -ия: Росси́я — в Росси́и   *in Russia;*
(iii) Neuter nouns with Nominative in -не: свида́ние — на свида́нии   *at the meeting, appointment.*

5. Some new verbs

ви́деть   *to see*

я ви́жу	мы ви́дим	
ты ви́дишь	вы ви́дите	No Imperative
он ви́дит	они́ ви́дят	

сто́ить   *to cost, be worth* is a regular Second conjugation verb.

стоя́ть *to stand*

я стою́	мы стои́м	
ты стои́шь	вы стои́те	стой! -те!
он стои́т	они́ стоя́т	

продава́ть *to sell*

я продаю́	мы продаём	
ты продаёшь	вы продаёте	продава́й! -те!
он продаёт	они́ продаю́т	

плати́ть *to pay*

я плачу́	мы пла́тим	
ты пла́тишь	вы пла́тите	плати́! -те!
он пла́тит	они́ пла́тят	

EXERCISES — УПРАЖНЕ́НИЯ

1. With the following pairs of words, form sentences according to the Models:

> *Model A*: ко́мната — тури́ст
> Кто зна́ет, где ко́мната тури́ста?

ко́мната — тури́ст; кни́га — ребёнок; ча́шка — кассирша; слова́рь — Джон; чек — Ви́ктор; кефи́р — де́вушка; ребёнок — сосе́д; стол — Бори́с; посу́да — продавщи́ца; ка́рта — тури́ст; скри́пка — соли́ст.

> *Model B*: план — Ло́ндон
> Я хочу́ план Ло́ндона.

план — Ло́ндон; уче́бник — му́зыка; буты́лка — кефи́р; ба́нка — молоко́; план — университе́т; ча́шка — чай; ка́рта — Росси́я.

> *Model C*: план — сосе́д
> Вы зна́ете план сосе́да?

план — сосе́д; сомне́ние — пессими́ст; ко́мната —

касси́рша; центр — Москва́; цена́ — ма́сло; рабо́-
та — продавщи́ца; шум — мо́ре; ка́сса — стадио́н.

2. Using the following pairs of words, make sentences as
in the *Model*: кино́ — клуб
   Когда́ есть кино́, нет клу́ба.

кино́ — клуб; омле́т — ветчина́; тетра́дь — кни́га;
посу́да — молоко́; ма́сло — хлеб; Бори́с — Тама́ра;
колбаса́ — чай; ко́мната — ме́бель; уче́бник — сло-
ва́рь; чек — касси́рша; соли́ст — роя́ль; това́р —
продавщи́ца; ма́сло — сыр; план Москвы́ — ка́рта
Росси́и; газе́та — письмо́.

3. Using the words in brackets, complete the following
sentences with **ни... ни...**

   В орке́стре ещё нет... (тромбо́н — роя́ль)
   В клу́бе ещё нет... (флéйта — ка́рта)
   В ко́мнате уже́ нет... (стол — дива́н)
   В ку́хне ещё нет... (посу́да — ме́бель)
   На столе́ уже́ нет... (чай — ко́фе)
   В гастроно́ме иногда́ нет... (сыр — ма́сло)
   В магази́не сего́дня нет... (молоко́ — кефи́р)
   На дива́не сейча́с нет... (тетра́дь — слова́рь)
   На конце́рте сего́дня нет... (Ви́ктор — Тама́ра)

4. Using **в** or **на** make the following pairs of words into
negative sentences according to the Model.

   Model: Москва́ — мо́ре
       В Москве́ нет мо́ря.

Москва́ — мо́ре; мо́ре — ло́дка; университе́т — ки-
но́; о́чередь — пессими́ст; стол — посу́да; буты́л-
ка — молоко́; метро́ — план; магази́н — о́чередь;
ме́бель — цена́; рабо́та — му́зыка; по́чта — пись-
мо́; го́род — стадио́н.

5. Using the pairs of words given below, make sentences
according to the Model.

Model: фильм — му́зыка
Сего́дня фильм без му́зыки.

фильм — му́зыка; ко́фе — молоко́; ве́чер — концерт; бу́ря — шум; соли́ст — роя́ль; студе́нт — де́вушка; хлеб — колбаса́; хлеб — ма́сло; омле́т — ветчина́; кефи́р — са́хар; клуб — орке́стр.

6. Give the following phrases with the full present tense of each verb:

я ем колбасу́; я продаю́ ме́бель; я пью молоко́; я ви́жу две-три тетра́ди.

7. Using the pairs of words given below, make sentences according to the Model.

Model: това́р — гастроно́м
Это това́р для гастроно́ма.

това́р — гастроно́м; рабо́та — Тама́ра; стол — ра́дио; кефи́р — Са́ша; ча́шка — чай; ра́дио — ку́хня; инструме́нт — соли́ст; буты́лка — молоко́; му́зыка — роя́ль; ме́бель — Воло́дя; ло́дка — мо́ре; слова́рь — Бори́с.

8. Answer the following questions according to the Model by using the words in brackets:

Model: Есть кни́га для Джо́на? (сосе́д)
Да, но нет кни́ги для сосе́да.

Есть кни́га для Джо́на? (сосе́д)
Есть уче́бник для ребёнка? (студе́нт)
Есть газе́та для Воло́ди? (тури́ст)
Есть ка́рта Росси́и для клу́ба? (университе́т)
Есть бельё для Тама́ры? (ребёнок)
Есть буты́лка молока́ для сосе́да? (Воло́дя)
Есть письмо́ из Москвы́ для Са́ши? (Тама́ра)

9. Complete the sentences below using each of the words in brackets:

Я стою у... (магазин, дорога, метро, карта, картина, стол)

Я вижу девушку у... (почта, кино, клуб, гастроном, касса, стадион)

Я спрашиваю у... (турист, кассирша, пессимист, девушка, ребёнок, Тамара).

10. (a) Put the nouns in brackets into the correct case:

из (город) в (университет); из (бутылка) в (чашка); из (лодка) в (море); из (Лондон) в (Россия); из (Россия) в (Лондон); из (Москва) в (Лондон).

(b) Using the pairs of words given, say 'He goes from.. to...':

кино — клуб; комната — кухня; университет — город; кухня — комната; магазин — почта; гастроном — стадион; ресторан — работа; клуб — концерт.

(c) Put the nouns in brackets into the correct case:

Я иду с (почта) в (университет) на (работа).
Вы идёте с (работа) в (центр города) на (матч).
Мы идём со (стадион) в (кино) на (новый фильм).
Они идут с (матч) в (клуб) на (вечер музыки).

11. Put the words in brackets into the correct form:

Я (читать) о (жизнь) в (Россия).
Ты (говорить) о (свидание) у (море).
Он (забывать) о (тетрадь) для (Саша).
Мы (слушать) об (очередь) в (магазин).
Вы (спрашивать) о (мебель) для (кухня).
Они (думать) о (новость) в (письмо).

12. Translate into Russian:

(i) Two shops and two cashiers; three students and three books; four letters and four copecks.

(ii) I am standing in the queue at the post-office and I (can) see a map of Russia on the wall.

(iii) I am going to the shop where they sell kitchen furniture.

(iv) My neighbour says gloomily that there is neither sausage nor cheese at the foodstore.

(v) Victor sees the price on the can of milk and pays twenty-four copecks at the cash-desk.

(vi) We want a plan of the city for the tourist, as he does not want to walk to the town centre without a plan of Moscow.

LESSON 5 — УРÓК ПЯ́ТЫЙ

Разговóр без концá

— Мúстер Нóррис? Здрáвствуйте! Захáров, Алексéй Петрóвич.

Представúтель Министéрства торгóвли, товáрищ Захáров, встречáет на вокзáле англичáнина, Пúтера Нóрриса, дирéктора фúрмы Пéркинс энд Санс из Манчéстера.

— Вы говорúте по-рýсски? — спрáшивает тов. Захáров.

— Говорúте мéдленно, пожáлуйста! Я понимáю по-рýсски, но ещё плóхо говорю́.

— Хорошó! Я совсéм не умéю говорúть по-англúйски, но у нас есть перевóдчик. Вот он — Кóзин, Михаúл Пáвлович. Он отлúчно говорúт по-англúйски.

— Здрáвствуйте! — говорúт Нóррис. — Óчень рад! Но вы знáете, я óчень люблю́ говорúть по-рýсски. А дóма у меня́ так мáло возмóжности. Éсли вы не возражáете, мы мóжем говорúть без перевóдчика.

— Да, мúстер Нóррис, — говорúт Кóзин. — Я вúжу, что вы мóжете продолжáть разговóр без меня́. У вас типúчная для джентльмéна скрóмность, вы говорúте совсéм свобóдно по-рýсски. Тóлько я тепéрь без рабóты. Но э́то у нас не проблéма. До свидáния!

Товáрищ Захáров и мúстер Нóррис éдут с вокзáла в гостúницу. Пóсле обéда онú начинáют деловóй разговóр.

— Как вы знáете, — говорúт Захáров, — у нас в СССР

стро́ят тексти́льные фа́брики. У вас на заво́де в Ман-
че́стере выпуска́ют хоро́шие тексти́льные маши́ны. Мы
давно́ их зна́ем. Они́ до́лго рабо́тают без ремо́нта. Но
ва́ши маши́ны сли́шком дороги́е для нас.

— Я понима́ю вас. Но мы не мо́жем продава́ть их дёшево. У нас в А́нглии сто́имость их произво́дства о́чень
высо́кая.

Заха́ров и Но́ррис продолжа́ют разгово́р два часа́.

— Мы хорошо́ понима́ем друг дру́га, — говори́т Заха́-
ров. — Но всё-таки де́ло зави́сит тепе́рь от вас.

— Наоборо́т, — возража́ет Но́ррис. — Мне ка́жется,
что всё от вас зави́сит. Вы про́сите у нас по́мощи и не
мо́жете до́лго ждать.

— Да, но вы забыва́ете, что мы мо́жем покупа́ть ма-
ши́ны не то́лько у вас. Торго́вля для вас ва́жное де́ло.

— О́чень. Но е́сли вас не устра́ивает на́ша цена́, то
э́то коне́ц разгово́ра.

— Нет! Ещё не коне́ц. За́втра мы мо́жем продолжа́ть
наш разгово́р, а тепе́рь пора́ отдыха́ть. Как у нас го-
воря́т: у́тро ве́чера мудрене́е.

WORDS AND PHRASES

пя́тый = fifth
коне́ц = end
без конца́ = without end
здра́вствуйте! = how do you do?
представи́тель (*masc.*) = representative
министе́рство торго́вли = Ministry of Trade
това́рищ = comrade
встреча́ть = to meet
на вокза́ле = at the station (use **на**)
англича́нин = Englishman
дире́ктор фи́рмы = director of a firm
говори́ть по-ру́сски = to speak Russian
говори́те ме́дленно! = speak slowly
пло́хо = badly

хорошо! = good! fine! O.K.!; well
уметь = to be able, know how to
я умею говорить по-английски = I can speak English
совсем = completely
совсем не = not at all
у нас = we have; at our place, in our country
переводчик = translator, interpreter
отлично = excellently
очень рад = very glad (to meet you)! delighted!
любить = to like, love
 (**люблю, любишь**)
дома у меня = at home I have
так мало возможности = so little opportunity
если вы не возражаете = if you do not object
мочь = to be able (physically, through circumstances)
 (**могу, можешь**)
продолжать без меня = to continue without me
у вас = you have; at your place
скромность (*fem.*) = modesty
джентльмен = gentleman
свободно = freely; fluently
это у нас не проблема = that is not a problem here
ехать = to go (by transport)
 (**еду, едешь**)
с вокзала = from the station
гостиница = hotel
после обеда = after dinner, lunch; in the afternoon
начинать = to begin
деловой разговор = business talk
как вы знаете = as you know
строить = to build
текстильная фабрика = textile factory, mill (use **на**)
у вас на заводе = in your factory, works (use **на**)
выпускать машину = to produce, turn out a machine
мы давно знаем = we have known (them) for a long time
их = them (*acc.*); their (*gen.*)
они долго работают = they work for a long time
ремонт = repairs, overhaul

ваш (ва́ша, ва́ше, ва́ши) = your
сли́шком дорого́й = too expensive
дёшево = cheaply
сто́имость (*fem.*) = cost
произво́дство = production
высо́кий = high
два часа́ = two hours
понима́ть друг дру́га = to understand one another
всё-таки = all the same
де́ло зави́сит от вас = the matter depends on you
наоборо́т = on the contrary
проси́ть (+ *gen., or acc.*) = to ask, request
  (прошу́, про́сишь)
вы про́сите у нас по́мощи = you are asking us for help
до́лго ждать = to wait long
  (жду, ждёшь)
ва́жное де́ло = important affair, business
устра́ивать = to suit; arrange
е́сли ..., то ... = if ..., then ...
отдыха́ть = to rest, relax
«у́тро ве́чера мудрене́е» = 'morning is wiser than evening'
  (let's sleep on it)

GRAMMAR — ГРАММА́ТИКА

1. Names

Between their first name и́мя and their surname
фами́лия Russians have a second name called the
о́тчество 'patronymic', which is formed from the father's
name. If a man's first name ends in a consonant, then his
son's patronymic ends in -ович, and his daughter's in
-овна, e.g. Ива́нович, Ива́новна. If the father's name
ends in -й, his son's patronymic ends in -евич, and his
daughter's in -евна, e.g. Алексе́евич, Алексе́евна from
Алексе́й.

Some more patronymics are: from Пётр — Петро́вич,

Петро́вна; from Па́вел — Па́влович, Па́вловна; from Михаи́л — Миха́йлович, Миха́йловна; from Васи́лий — Васи́льевич, Васи́льевна.

Most Russian surnames have a special form for the female members of the family which ends in **-a**;

Заха́ров — Заха́рова; Ко́зин — Ко́зина.

2. (a) Masculine animate Accusative

The Accusative case of masculine nouns denoting animate beings (men, boys or animals) is the same as the Genitive.

Thus:

Это това́рищ Ко́зин. Я встреча́ю това́рища Ко́зина.
Это Па́вел и Пётр. Я встреча́ю Па́вла и Петра́.

The Accusative of the personal pronouns is as follows:

Nom.		*Acc.*	*Nom.*		*Acc.*
я	—	меня́	мы	—	нас
ты	—	тебя́	вы	—	вас
он	—	его́ (г pronounced в)	они́	—	их
она́	—	её			
оно́	—	его́ (г pronounced в)			

(b) The Genitive of these pronouns is the same as the Accusative.

Thus:

без меня́ *without me*; без вас *without you*.

When used after a preposition, the personal pronouns его́ 'him', её 'her', их 'them' are prefixed by the letter **н**:

без него́   *without him*;   без них   *without them*

The Genitive of **кто** is **кого́**, and of **что** is **чего́**.

The г in **кого́** and **чего́** is pronounced **в**. **Г** is always pronounced **в** in the Genitive endings of pronouns and adjectives. The possessive pronouns **мой** and **твой** were given in Lesson 2. 'Our, ours' in Russian is **наш** (*masc.*), **на́ша** (*fem.*), **на́ше** (*neut.*), **на́ши** (*pl.*).

'Your, yours', corresponding to **вы**, is **ваш**, **ва́ша**, **ва́ше**, **ва́ши**. 'His' is **его́** for all three genders in the singular and the plural.

'Her, hers' is **её** for all three genders in the singular and the plural.

'Their, theirs' is **их** for all three genders in the singular and the plural.

When they mean 'his', 'her', 'their', these words are not prefixed by **н-**:

> без его́ перево́дчика   *without his interpreter.*

3. More uses of the preposition у

The preposition **у** with the Genitive case may be used to convey the meaning of 'to have', as in the following examples:

У Ви́ктора слова́рь.	*Victor has a dictionary.* (literally, *with/at Victor there is a dictionary*)
У меня́ кни́га.	*I have a book.*

Notice that in this construction what was the object of the English sentence has become the subject in Russian, so that **слова́рь** and **кни́га** are in the Nominative case.

The negative form of this construction, however, uses **нет** + the Genitive to say, in effect, 'with Victor there is no dictionary', 'with me there is no book':

> У Ви́ктора нет словаря́.
> У меня́ нет кни́ги.

The preposition **у** is also used like the French 'chez' and the German 'bei', to mean 'with, at the home of' — **у Петра́** 'at Peter's place', **у Тама́ры** 'at Tamara's'.

— А говорят, у меня длинный язык.

And it is often met in such phrases as **у меня в комнате** 'in my room', **у нас в гостинице** 'in our hotel'.

4. Verbs

Note the present tense of the following verbs:

мочь *to be able* я могу́, ты мо́жешь, он мо́жет, мы мо́жем, вы мо́жете, они́ мо́гут

е́хать *to be going* (by vehicle, riding) я е́ду, ты е́дешь, он е́дет, мы е́дем, вы е́дете, они́ е́дут

зави́сеть, *to depend* я завишу, ты зави́сишь, он зави́сит, мы зави́сим, вы зави́сите, они́ зави́сят

люби́ть *to love* я люблю́, ты лю́бишь, он лю́бит, мы лю́бим, вы лю́бите, они́ лю́бят

(Second Conjugation verbs like the above which have a stem ending in **б, в, м, п, ф** insert **-л-** before **-ю** in the first person singular.)

просить, *to ask (for)*, *to request* я прошу, ты просишь, он просит, мы просим, вы просите, они просят

ждать *to wait (for)* я жду, ты ждёшь, он ждёт, мы ждём, вы ждёте, они ждут

Просить and ждать may take an object in either the Accusative or the Genitive. The object will be in the Accusative if it is a definite thing or person but in the Genitive if it is abstract or not specific.

5. Уметь and мочь

Уметь means 'to know how (to)...', 'to be able ...' in that sense.

Мочь means 'to be able...' in the sense of 'to be physically capable' or 'to have the opportunity'.

Я не умею читать   *I cannot read* (i.e. because I have never learnt)

Я не могу читать   *I cannot read* (i.e. because it is too dark, or I am tired ...)

EXERCISES — УПРАЖНЕНИЯ

1. (a) Give the Russian for:

our representative; our letter; our help; our news; your director; your ministry; your factories; their repair; their production; their price; their machines.

(b) Complete the sentences:

Мне кажется, что это... (his interpreter; his hotel; his business; his instruments)

Мне интересно, где ... (her friend; her machine; her radio; her books)

2. (a) Give the present tense of **ждать** using one of the following nouns as a direct object with each person:

дире́ктор; представи́тель; перево́дчик; англича́нин; студе́нт; ребёнок.

(b) As above, but using **люби́ть** and the following:

Алекса́ндр; Джон; Па́вел; Тама́ра; му́зыка; эконо́мика.

(c) As above, but using **проси́ть** and the following:

това́рищ; друг; сосе́д; Ива́н; Еле́на; Ве́ра.

3. (a) Ask in Russian 'Who is meeting... me, you, him, her, us, you, them?'

(b) Complete the following statements by using the words in brackets, in the correct form, for the object:

Перево́дчик из министе́рства ждёт (ты)
Дире́ктор заво́да спра́шивает (они́)
Това́рищ Алексе́я лю́бит (она́)
Представи́тель фи́рмы зна́ет (вы)
Тако́й ремо́нт не устра́ивает (я)

(c) Give the correct form of **зави́сеть** and of the pronoun:

Я . . . . от (ты)
Ты . . . . от (он)
Он . . . . от (она́)
Она́ . . . . от (мы)
Мы . . . . от (вы)
Вы . . . . от (они́)
Они́ . . . . от (я)

(d) Complete the following sentences:

Друг де́вушки покупа́ет карти́ну для (она́)
Он уже́ давно́ зна́ет (она́)
Алекса́ндр получа́ет де́ньги по́сле (они́)

Она́ совсе́м не встреча́ет (они́)
Всё-таки она́ е́дет без (он)
Она́ до́лго ждёт (он)

4. Give the present tense of **отдыха́ть** and with each person use one of the following phrases in Russian:

at Tamara's; at Aleksey's; at Sasha's; at Peter's; at Comrade Zakharov's; at Comrade Kozin's.

5. Use the following pairs of phrases according to the Model.

Model: студе́нт — хоро́ший слова́рь
У студе́нта хоро́ший слова́рь.

студе́нт — хоро́ший слова́рь; продавщи́ца — проду́кты; касси́рша — де́ньги; Ви́ктор — две копе́йки; Па́вел — три копе́йки; дире́ктор — но́вый перево́дчик; представи́тель — делово́й разгово́р; ми́стер Но́ррис — больша́я пробле́ма; Воло́дя — интере́сная жизнь; представи́тель фи́рмы — ва́жное де́ло.

6. Put the words in brackets into the correct form:

У (они́) в (министе́рство) хорошо́ уме́ют возража́ть.
У (мы) на (по́чта) сейча́с нет о́череди.
У (вы) в (А́нглия) стро́ят больши́е заво́ды.
У (она́) на (рабо́та) о́чень интере́сная пробле́ма.
У (я) в (гости́ница) мо́жно сейча́с отдыха́ть.
У (ты) в (ко́мната) мо́жно гро́мко включа́ть ра́дио.

7. (a) Give the first name and patronymic of:

Ви́ктор, son of Ива́н; Алекса́ндра, daughter of Ива́н;
Пётр, son of Алекса́ндр; Тама́ра daughter of Алекса́ндр;
Бори́с, son of Михаи́л; Алекса́ндра, daughter of Михаи́л;
Михаи́л, son of Алексе́й; Еле́на, daughter of Алексе́й;
Алексе́й, son of Пётр; Тама́ра, daughter of Пётр.

(b) Алексей Захаров has two children, Пётр and Тамара;

Михаил Козин also has two children, Виктор and Вера.

What are the full names of the children?

(c) Using the names and patronymics of the people in (a), say:

Саша ждёт ...
Я еду на вокзал без ...
Мы спрашиваем их о(б) ...

8. Give the Imperative (plural form) of the following phrases:

говорить по-русски; писать по-английйски; платить в кассу; идти совсем медленно; любить друг друга; не сидеть на столе; не варить кофе слишком долго; не просить об этом; не ждать его целый день; не ждать у моря погоды.

LESSON 6 — УРОК ШЕСТОЙ

Типичная история

Сентябрь. Володя говорит, что в сентябре часто идёт дождь. Но сегодня прекрасная погода, и мы едем в деревню. В электричке много народа, и мы стоим. Она идёт быстро. Вот уже наша станция. Здесь деревня, и кругом лес.

Мы идём в лес. День тёплый: небо ясное, синее, воздух чистый, и в лесу тихо. Это настоящая золотая осень. Берёзы уже совсем жёлтые: кажется, что они горят. А здесь и там мрачно стоят чёрные ели. Мы слышим, как бежит вода, и видим реку. В лесу, на берегу реки, мы находим грибы.

— Я очень люблю грибы, — говорит Володя. — Я часто их собираю и сам готовлю. Я люблю жарить их в сметане. Ой, как вкусно!

У нас в корзине разные грибы — серые, коричневые, даже красные и белые. По-моему, некоторые из них несъедобные. Но гулять в лесу приятно: иногда мы отдыхаем — лежим на траве, сидим на берегу, молчим и слушаем, как тихо течёт река и как на дереве поёт птица. Весь день мы бродим в лесу.

Вечером мы идём обратно и в деревне встречаем старушку. Она стоит у остановки автобуса и держит в руке корзину. Мы спрашиваем её, съедобные ли наши грибы.

Она смотрит на них и отвечает:

— Эх, вы! Это же поганки. Они несъедобные!

57

Потом она открывает корзину: у неё в корзине хорошие белые грибы.

— Типичная история! — говорит Володя мрачно.

WORDS AND PHRASES

шестой = sixth
история = story; history
сентябрь (*masc.*) = September
часто = often
дождь идёт = it rains
прекрасная погода = magnificent weather
деревня = village; the country, countryside
электричка = (suburban electric) train, local train
много народа (*or* народу) = a lot of people
наша станция = our stop, station (use на)
кругом лес = all around is the forest
тёплый = warm
ясный = clear
синий = (dark) blue (pale blue = голубой)
чистый воздух = clean air
в лесу = in the forest
настоящий = real
золотая осень = golden autumn
берёзы жёлтые = the birch trees are yellow
гореть = to burn (*v.i.*)
  (горю, горишь)
чёрная ель, ёлка = black fir tree
слышать = to hear
  (слышу, слышишь)
бежать = to run
  (бегу, бежишь ... бегут)
вода = water
река = river
на берегу = on the bank
находить = to find
  (нахожу, находишь)

гриб = mushroom
собира́ть = to pick; collect
гото́вить = to cook, prepare
  (гото́влю, гото́вишь)
гото́влю их сам = I cook them myself
жа́рить в смета́не = to fry in sour cream
как вку́сно! = how delicious
у нас в корзи́не = in our basket
ра́зный = various, different
се́рый = grey
кори́чневый = brown
да́же = even
кра́сный = red
бе́лый = white
по-мо́ему = in my opinion
не́которые из них несъедо́бные = some of them are inedible
прия́тно гуля́ть = it is pleasant to stroll
лежа́ть на траве́ = to lie on the grass
  (лежу́, лежи́шь)
молча́ть = to be silent
  (молчу́, молчи́шь)
течь = to flow
  (теку́, течёшь … теку́т)
петь = to sing
  (пою́, поёшь)
пти́ца = bird
де́рево = tree; wood (*material*)
весь день = all day long
броди́ть = to wander
  (брожу́, бро́дишь)
ве́чером = in the evening
стару́шка = old woman
остано́вка авто́буса = bus stop
держа́ть в руке́ = to hold in one's hand
  (держу́, де́ржишь)
её = her (*acc. and gen.*); it, its (*fem.*)
съедо́бный = edible

она́ смо́трит на них = she looks at them
же *(emphatic particle)*
пога́нка = toadstool
открыва́ть = to open

GRAMMAR — ГРАММА́ТИКА

1. Nouns: masculine Prepositional ending -у́

After the prepositions в and на a few masculine nouns
have the ending -у́ in the Prepositional case, e.g. лес —
в лесу́ 'in the forest'; бе́рег — на берегу́ 'on the bank'.

2. Plurals

Hard masculine nouns and hard feminine nouns have
the ending -ы in the Nominative plural. Soft masculine
and feminine nouns end in -и:

план — пла́ны   ко́мната — ко́мнаты
музе́й — музе́и   тетра́дь — тетра́ди

Hard neuter nouns end in -а in the Nominative plural;
and soft neuter nouns end in -я:

нача́ло — нача́ла; сомне́ние — сомне́ния

But with some nouns the stress in the plural is on a
different syllable from the singular:

гриб — грибы́ *mushrooms*;
сыр — сыры́ *cheeses*;
стол — столы́ *tables*;
час — часы́ *hours* (plural also means a *clock, watch*);
чай — чаи́ *teas*;
слова́рь — словари́ *dictionaries*;
дождь — дожди́ *rains*;
волна́ — во́лны *waves*;
река́ — ре́ки *rivers*;

рука́ — ру́ки *hands, arms*;
трава́ — тра́вы *grasses, herbs*;
цена́ — це́ны *prices*;
де́ло — дела́ *deeds, matters*;
письмо́ — пи́сьма *letters*;
мо́ре — моря́ *seas*.

The following plurals are irregular:

бе́рег — берега́ *banks, shores*; го́род — города́ *towns, cities*; ве́чер — вечера́ *evenings*; дире́ктор — директора́ *directors*; лес — леса́ *forests, woods*.

Also друг — друзья́ *friends*; не́бо — небеса́ *skies*; де́рево — дере́вья *trees*

Note also день — дни *days*; сосе́д — сосе́ди *neighbours*; англича́нин — англича́не *Englishmen*.

The word де́ти 'children' is used for the plural of ребёнок.

Adjectives used as nouns have the appropriate adjectival-type ending in the plural:

ру́сский — ру́сские *Russians*; столо́вая — столо́вые *dining rooms, canteens*.

3. Adjectives

Some Russian adjectives are 'hard', and others are 'soft', depending on the endings:

	Masc.	*Fem.*	*Neut.*	*Pl.*
Hard	но́вый	но́вая	но́вое	но́вые
Soft	си́ний	си́няя	си́нее	си́ние

Тре́тий 'third' is slightly unusual:

тре́тий тре́тья тре́тье тре́тьи

Some adjectives appear to be a mixture of 'hard' and 'soft'. This occurs when the stem ends in a guttural or sibilant consonant: г, к, х, ж, ч, ш, щ.

хоро́ший	хоро́шая	хоро́шее	хоро́шие
большо́й	больша́я	большо́е	больши́е

| дорогóй | дорогáя | дорогóе | дорогие |
| рýсский | рýсская | рýсское | рýсские |

See the rules of spelling, p. 3.

4. Adverbs

It is possible to form an adverb from an adjective by replacing the ending with **-o**, *i. e.* the adverb has the same form as the neuter short form of the adjective.

бы́стрый — бы́стро *quickly*;
гро́мкий — гро́мко *loudly*;
ти́хий — ти́хо *quietly, softly*.

But there is often a change of stress.

весёлый — ве́село *gaily*;
дешёвый — дёшево *cheaply*;
дорогóй — до́рого *dearly*;
коро́ткий — ко́ротко *shortly*;
лёгкий — легкó *easily*;
плохóй — пло́хо *badly*;
тёплый — теплó *warmly*;
хорóший — хорошó *well*.

5. Duration of time

To express duration of time, i.e. the time during which the action takes place, the period of time is put into the Accusative case:

Он рабóтает весь день. *He works all day.*

But note:

Он éдет в Москвý на недéлю.
He is going to Moscow for a week.

This sentence requires the preposition **на** with the Accusative case to express the idea 'to spend a week there'.

6. The Partitive Genitive

If you want to say in Russian 'Give me *some* bread' then you can use the Genitive case to give the idea of 'some':

Да́йте мне хле́ба.   *Give me some bread.*
Да́йте мне хлеб.   *Give me the bread.*

This is called the Partitive Genitive.

Some masculine nouns have a Partitive Genitive which ends in **-у (-ю)** instead of **-а (-я)**. Such nouns include **са́хар — са́хару, сыр — сы́ру, чай — ча́ю**.

It is possible, however, to use either the Partitive Genitive or the ordinary Genitive in **-а (-я)** so that, for example, 'Give me some cheese' may be either **Да́йте мне сы́ру** or **Да́йте мне сы́ра**.

Besides this Partitive Genitive, certain set phrases often contain a masculine Genitive which ends in **-у (-ю)** instead of **-а (-я)**. In the text of this lesson we had **мно́го наро́да** 'a lot of people': this is frequently **мно́го наро́ду**.

Note also: и́з дому   *from home*
    But   из до́ма   *out of the house*

EXERCISES—УПРАЖНЕ́НИЯ

1. Give the correct form of the adjective with the following nouns:

бе́лый: сыр, корзи́на, мо́ре
чёрный: дива́н, ча́шка, мо́ре
до́брый: ве́чер, стару́шка, де́ло
типи́чный: сентя́брь, дере́вня, сомне́ние
второ́й: мину́та, де́ло, час
тёплый: молоко́, день, пого́да
дорого́й: това́рищ, парикма́херская, произво́дство
настоя́щий: смета́на, друг, ма́сло
си́ний: не́бо, маши́на, авто́бус

2. As above, but precede each adjective with the correct form of **какóй!**, **какáя!**, **какóе!**, 'What a . . . !':

серый: вокзáл, ёлка, мóре
крáсный: гриб, рукá, нéбо
вкýсный: обéд, колбасá, мáсло
чистый: ресторáн, водá, нéбо
интерéсный: кинó, завóд, проблéма
прекрáсный: óсень, вóздух, начáло
пустóй: столóвая, бéрег, метрó
нелёгкий: час, жизнь, дéло
рýсский: книга, представитель, рáдио

3. Using the groups of words given, first ask 'What (kind of) . . . is this?', and then answer giving the correct form of the adjective as in the Model:

> *Model*: словáрь, погáнка, мáсло — жёлтые
> Какóй э́то словáрь? Э́то жёлтый словáрь.
> Какáя э́то погáнка? Э́то жёлтая погáнка.
> Какóе э́то мáсло? Э́то жёлтое мáсло.

словáрь, погáнка, мáсло — жёлтые
автóбус, электричка, рáдио — коричневые
свидáние, разговóр, рабóта — пéрвые
план, ýтро, картина — я́сные
машина, производство, гóрод — текстильные
ребёнок, дéвушка, письмó — деловы́е
травá, семéстр, свидáние — корóткие
министéрство, лес, стáнция — большие
перевóдчик, гостиница, рáдио — хорóшие

4. Translate into Russian:

real problems; whole days; skilful hands (*tr. as* golden hands); kind deeds; your prices; my doubts; short waves; large walls; warm seas; good dining rooms; expensive hotels; their letters.

5. Put the subjects and verbs in the following sentences into the plural:

(i) Какóй корóткий день! Какóй прекрáсный вéчер!

(ii) Какой интересный бéрег!
(iii) Дáже не смотри на погáнку!
(iv) В Áнглии чáсто идёт дождь?
(v) Вот на кáрте гóрод и дерéвня.
(vi) Здесь на плáне рекá и лес.
(vii) У меня на столé словáрь и учéбник.
(viii) Турист спрáшивает, где стáнция и где стадиóн.
(ix) Я молчý, и мой перевóдчик тóже молчит.
(x) Дирéктор начинáет деловóй разговóр.
(xi) Представитель министéрства продолжáет возра-
жáть.
(xii) Здесь в магазине есть хорóшая продавщица.
(xiii) У нас сегóдня большáя óчередь.
(xiv) Старýшка стоит и дéржит корзину.
(xv) Кассирша мрáчно смóтрит на дéньги.

6. Put the subject and verbs below into the plural (making the necessary substitutions):

Мы гуляем в лесý.

(Ребёнок) ....

.............(бродить)............

(Англичáнин) ....

.............(собирáть грибы).......

(Мой друг) ....

.............(жáрить грибы).......

(Наш сосéд) ....

.............(готóвить обéд). ......

7. Using the correct preposition в or на, answer the following questions:

(i) Где вы сидите? (вокзáл)
(ii) Где вы брóдите весь день? (лес)
(iii) Где они брóдят весь день? (гóрод)
(iv) Где стоят директорá? (министéрство)
(v) Где стоят англичáне? (óчередь)
(vi) Где лежáт письма? (стол)

   (vii) Где лежа́т тетра́ди? (трава́)
  (viii) Где вы ви́дите маши́ны? (заво́д)
    (ix) Где това́рищи нахо́дят грибы́? (бе́рег)

8. (a) Form adjectives from the following adverbs:

интере́сно; мра́чно; прия́тно; ме́дленно; свобо́д-
но; отли́чно; ти́хо; ми́ло; уста́ло; бы́стро; гро́мко;
тепло́; до́рого; ко́ротко; нелегко́; высоко́.

(b) Form adverbs from the following adjectives:

вку́сный; недорого́й; чи́стый; коро́ткий; я́сный;
невысо́кий; прекра́сный; лёгкий; ва́жный; тёплый; типи́чный; дешёвый; весёлый; плохо́й; хо-
ро́ший.

9. Translate into Russian:

(a)   (i) It is pleasant to hear such news.
   (ii) The orchestra is playing too loudly.
  (iii) This river flows very quickly.
  (iv) Everything is very clean this morning.
   (v) How gloomy they are today!
  (vi) For a girl it is very important to know how to
       cook well.

(b) Today I am preparing dinner for Aleksey. I don't
know how to cook. That's why I am only frying an
omelette. Aleksey asks me to switch on the radio
for him. I go into the room, begin to listen to the
news, and forget about the dinner. And in the
kitchen the omelette is burning. I run into the kitchen.
Aleksey too runs into the kitchen and sees that
water and milk are flowing on the floor. We start
again to prepare the omelette and now we fry it
together.

After dinner we go on a bus to the sea shore. We sit
on the shore for a long time and are silent. How I
love warm evenings by the sea.

LESSON 7 — УРОК СЕДЬМОЙ

Что такое искусство?

— Посмотри, Виктор. Какой интересный памятник!

— Да, трудно быть скульптором. Надо быть и художником, и силачом.

— Не обязательно. Даже женщина может быть скульптором, а обычно женщины не отличаются силой. Во-первых, скульптор иногда работает не с мрамором или с камнем, а с деревом или с гипсом. Во-вторых, камень можно обрабатывать не только молотком и зубилом; существуют другие инструменты и машины, а с их помощью даже тяжёлая работа становится пустяком.

— Ишь ты, эксперт какой! Откуда ты всё это знаешь? Ты сам скульптор, что ли?

— Нет, но интересуюсь скульптурой. А ты?

— Я больше интересуюсь живописью. Иногда я сам рисую.

— Правда? Странно... Ты же такой спортсмен, занимаешься всё время футболом.

— Это только летом. Зимой часто я сижу дома, смотрю в окно, занимаюсь рисованием. А ты не художник? Странно. Ты так увлекаешься музыкой, литературой, поэзией...

— Совсем не странно. Я же фотограф!

— Занимаешься фотографией!? У тебя нет души!

— Почему? Хорошо фотографировать очень трудно. Я считаю это тоже искусством.

— Ой, нет! Это не искусство. Кинофильм — другое дело.

— Какая разница между кинофильмом и фотографией? Аппарат является инструментом, как молоток скульптора или карандаш художника.

— Дело не в аппарате, а в цели. В кинофильме можно выражать мысли, идеи. А снимать фотоаппаратом — это просто мастерство. То же самое с футболом: хорошо играть в футбол — это мастерство, а не искусство.

— Но я считаю, что целью искусства является выражение красоты. Тогда фотография может считаться искусством, и даже футбол. Все любуются красотой.

— Может быть. А что такое красота? Это красивая статуя, как ты думаешь?

— Это совсем другое дело.

WORDS AND PHRASES

седьмой = seventh
что такое ...? = what is ...?
искусство = art
посмотри! = look
какой интересный памятник! = what an interesting statue, monument!
трудно быть скульптором = it is difficult to be a sculptor
художник = artist
силач = strong man, muscle man
обязательно = necessarily; without fail
даже женщина = even a woman
обычно = usually
отличаться (+ *instr.*) = to be distinguished by
сила = strength
во-первых = firstly
работать с мрамором = to work with marble
камень (*masc.*) = stone
гипс = plaster
во-вторых = secondly

обраба́тывать = to work, process
молото́к = hammer
зуби́ло = chisel
существова́ть = to exist
   (существу́ю, существу́ешь)
друго́й инструме́нт = another instrument
с их по́мощью = with their help
тяжёлый = heavy
станови́ться (+ *instr.*) = to become
   (становлю́сь, стано́вишься)
пустя́к = trifle
ишь ты! = dig you! my, my!
экспе́рт = expert
отку́да ты всё э́то зна́ешь? = how come you know all this?
интересова́ться скульпту́рой = to be interested in sculpture
бо́льше интересу́юсь жи́вописью = I am more interested
   in painting
рисова́ть = to draw
(рису́ю, рису́ешь)
пра́вда = truth; it's true
стра́нно = strange
тако́й спортсме́н = such a sportsman
занима́ться футбо́лом = to occupy oneself with, spend
   one's time on football
всё вре́мя = all the time
ле́том = in summer
зимо́й = in winter
смотре́ть в окно́ = to look out of the window
рисова́ние = drawing
увлека́ться литерату́рой = to be carried away by literature
поэ́зия = poetry
фото́граф = photographer
фотогра́фия = photograph
у тебя́ нет души́ = you have no soul
фотографи́ровать = to photograph
   (фотографи́рую, фотографи́руешь)

считать это искусством = to consider this an art
кинофильм *or* фильм = film
другое дело = another matter
какая разница между (+ *instr.*) = what difference (is there) between
аппарат = camera; apparatus
являться (+ *instr.*) = to be
карандаш = pencil
дело не в аппарате = it is not a question of the camera
цель (*fem.*) = aim, purpose
выражать мысль (*fem.*) = to express a thought
идея = idea
снимать = to take a photo
фотоаппарат = camera
просто = simply
мастерство = skill, craftsmanship
то же самое = the same thing
играть в футбол = to play football
выражение = expression
красота = beauty
считаться (+ *instr.*) = to be considered
любоваться (+ *instr.*) = to admire
красивая статуя = beautiful statue

GRAMMAR — ГРАММАТИКА

1. Verbs ending in -ся

Compare Мать одевает ребёнка
The mother is dressing the child.

and   Мать одевается
Mother is dressing (herself).

The second of these statements is reflexive, i.e. the subject performs the action on herself.

The complete present tense of this reflexive verb 'to dress oneself' is:

я одева́юсь	мы одева́емся
ты одева́ешься	вы одева́етесь
он/она́ одева́ется	они́ одева́ются

The reflexive particle **-ся** contracts to **-сь** after a vowel. There are many verbs in Russian which are not strictly reflexive but which, nevertheless, have the particle **-ся,** e.g.

занима́ться	*to study, engage (in), occupy oneself (with)*
интересова́ться	*to be interested*
любова́ться	*to admire*
увлека́ться	*to be absorbed, carried away (figuratively)*
явля́ться	*to be*
станови́ться	*to become*

It will be seen from the meanings of some of these words that verbs ending in -ся may be *passive*. It is possible to say:

Кни́га чита́ется   *The book is being read.*

This is a normal way of expressing the passive voice in Russian.

Sometimes verbs in **-ся** are *reciprocal*: **встреча́ться,** for example, can mean 'to meet each other' (reciprocal), as well as 'to be met with' (passive).

2. Verbs in -овать, -евать

Verbs with the infinitive ending in **-овать** have the endings **-ую, -уешь, -ует, -уем, -уете, -уют** in the present tense: e.g.

интересова́ть   *to interest*

я интересу́ю	мы интересу́ем
ты интересу́ешь	вы интересу́ете
он интересу́ет	они́ интересу́ют

Здоро́ваться 'to greet' is an exception to this rule: я здоро́ваюсь.

Verbs in **-ева́ть** have the ending **-юю, -юешь** and so on in the present tense: e.g.

воева́ть   *to wage war*

я вою́ю	мы вою́ем
ты вою́ешь	вы вою́ете
он вою́ет	они́ вою́ют

(But note **я одева́юсь** from **одева́ться** 'to dress'.)
Because of the rule of spelling which prevents you writing **-ю** after **ж, ц, ч, ш, щ**, many verbs in **-ева́ть** have **-ую, -уешь** in the present tense; e.g. **ночева́ть** 'to spend the night'.

3. The Instrumental case

The Instrumental case denotes *the instrument with which* or *the agent by whom* something is done:

аппара́т	*a camera*
снима́ть аппара́том	*to photograph with a camera*

Hard masculine and neuter nouns have the ending **-ом** in the Instrumental case singular; soft masculine and neuter nouns have the ending **-ем** (or **-ём**):

молото́к — молотко́м; слова́рь — словарём;
сентя́брь — сентябрём; дождь — дождём;
де́ло — де́лом; мо́ре — мо́рем.
представи́тель — представи́телем

Hard feminine nouns change **-а** to **-ой** in the Instrumental singular: ко́мната — ко́мнатой; кни́га — кни́гой. Feminine nouns in **-я** change **-я** to **-ей**: бу́ря — бу́рей;

фотогра́фия — фотогра́фией.

(For the feminine declensions there is an alternative form of the Instrumental: ко́мнатою, бу́рею.)

Feminine nouns in **-ь** have the ending **-ью** in the

Instrumental: о́чередь — о́чередью; мысль — мы́слью.
Care must be taken when forming the Instrumental of
nouns whose stem ends in ж, ц, ч, ш, щ because you
can write -о after these letters only if it is stressed. Thus:

конѐц — концо́м; сила́ч — силачо́м;
каранда́ш — карандашо́м;

but

матч — ма́тчем; душ — ду́шем;
това́рищ — това́рищем.

Similarly

душа́ — душо́й;

but

гости́ница — гости́ницей; касси́рша — касси́ршей;
продавщи́ца — продавщи́цей; ра́зница — ра́зницей.

4. Other uses of the Instrumental case

(i) Apart from the basic use of the Instrumental to
denote the instrument with which, or agent by
whom, the action is performed, this case is often
used after the infinitive быть 'to be' to express a
complement: быть ску́льптором 'to be a sculptor'.

(ii) Similarly, it is used with such verbs as станови́ться
'to become'; явля́ться 'to be'; каза́ться 'to seem';
счита́ть 'to consider'; интересова́ться 'to be interested in'; занима́ться 'to occupy oneself with,
engage in, study'; увлека́ться 'to be carried away
by'.

Я счита́ю э́то иску́сством. *I consider this to be art.*
Я интересу́юсь иску́сством. *I am interested in art.*

(iii) The Instrumental is also used with certain prepositions:

с   (*together*) *with*   над   *above, over*
под   *under*   ме́жду *between*
за   *behind*

(**Под** and **за** are followed by the Accusative if motion into a position 'under' or 'behind' is being expressed:

Он идёт за па́мятник. *He goes behind the monument.*

But the Instrumental is used to denote a place of rest:

Он стои́т за па́мятником. *He is standing behind the monument.*)

(iv) In order to say 'in spring, in winter', etc., the word for the season is put into the Instrumental case:

весна́ *spring*   весно́й   *in spring*
ле́то   *summer*   ле́том   *in summer*
о́сень *autumn*   о́сенью   *in autumn*
зима́   *winter*   зимо́й   *in winter*

Note also   у́тром   *in the morning*
            ве́чером   *in the evening*
            днём   *in the day, afternoon*
            но́чью   *in the night* (from **ночь**)

5. Кто and что

The Instrumental case of **кто** is **кем**, and of **что** is **чем**. The Prepositional case of **кто** is **(о) ком**, and of **что** is **(о) чём**.

EXERCISES — УПРАЖНЕ́НИЯ

1. Translate into Russian:

what strength; what a summer; what ideas; other aims; another spring; another window; a heavy stone; a heavy thought; heavy hammers; heavy wood.

2. Answer the following questions in the affirmative with complete sentences:

    (i) Ты любу́ешься ста́туей и па́мятником?
   (ii) Ты любу́ешься посу́дой и ме́белью?
  (iii) Вы любу́етесь мра́мором и де́ревом?
  (iv) Вы любу́етесь красото́й о́сени?
   (v) Она́ любу́ется мо́рем и ло́дкой?
  (vi) Они́ любу́ются мастерство́м спортсме́на?

3. Using the words given, complete the sentence:

Я счита́ю, что он сли́шком увлека́ется…

футбо́л; рисова́ние; литерату́ра; кинофи́льм; их иде́я; рабо́та в клу́бе; жизнь в СССР; жи́вопись.

4. Using the words given, complete the two statements below:

  (a) **Он изуча́ет…**   (b) **Он занима́ется…**

поэ́зия; эконо́мика; му́зыка; торго́вля; жи́вопись; литерату́ра.

5. Complete the following sentences by giving the correct forms of the words in brackets:

Я интересу́юсь (фотогра́фия) и становлю́сь (фото́граф).
Я интересу́юсь (спорт) и становлю́сь (спортсме́н).
Ты интересу́ешься (иску́сство) и стано́вишься (эксперт).
Ты интересу́ешься (рисова́ние) и стано́вишься (худо́жник).
Он интересу́ется (скульпту́ра) и стано́вится (скульптор).
Она́ интересу́ется (торго́вля) и стано́вится (продавщи́ца).

6. Change the following sentences to say that these people do not want to be what they are, as in the **Model:**

Model: Тама́ра — фото́граф.
Она́ не хо́чет быть фото́графом.

Тама́ра — фото́граф.
Заха́ров — перево́дчик дире́ктора.
Ко́зин — их представи́тель.
Еле́на — касси́рша в гастроно́ме.
Ви́ктор — това́рищ Алексе́я.
Алексе́й про́сто сила́ч.

7. Using the words given, complete the question **Кака́я ра́зница ме́жду...**

Пётр и Па́вел; слова́рь и уче́бник; зуби́ло и молото́к; ка́мень и гипс; день и ве́чер; его́ ребёнок и ребёнок Воло́ди; сентя́брь в Москве́ и сентя́брь в Ирку́тске; коне́ц фи́льма и коне́ц кни́ги; дождь в А́нглии и дождь в Росси́и.

8. Put the words in brackets into the correct form:

Худо́жник (рисова́ть) карти́ну (каранда́ш).
Алекса́ндр (фотографи́ровать) па́мятник (аппара́т).
Де́вушка (рисова́ть) зи́му в (дере́вня).
Ску́льптор (обраба́тывать) ста́тую (зуби́ло).
Мы (стоя́ть) ме́жду (гости́ница) и (ста́нция).
Ме́жду (лес) и (мо́ре) (лета́ть) ча́йка.

9. Translate into Russian:

(i) Where do there still exist beautiful and good women?

(ii) The expression of beauty is the soul of poetry.

(iii) This is the difference between craft and art.

(iv) We drink coffee with milk or tea with lemon and we eat bread with butter and sausage.

10. Answer in Russian the following questions on the text:

(i) Ме́жду кем идёт разгово́р?

(ii) О чём говоря́т Ви́ктор и его́ това́рищ?

(iii) Кем Ви́ктор счита́ет ску́льптора?

(iv) Что говори́т о скульпту́ре това́рищ Ви́ктора?

(v) С по́мощью чего́ тяжёлая рабо́та стано́вится пустяко́м?

(vi) Почему́ това́рищ Ви́ктора тако́й экспе́рт?

(vii) Чем интересу́ется Ви́ктор, и чем он занима́ется зимо́й и ле́том?

(viii) Почему́ для Ви́ктора стра́нно, что его́ това́рищ не худо́жник?

(ix) Что счита́ет иску́сством това́рищ Ви́ктора?

(x) В чём де́ло, е́сли де́ло не в аппара́те?

(xi) Что ду́мает това́рищ Ви́ктора об иску́сстве?

LESSON 8 — УРОК ВОСЬМОЙ

Отцы́ и де́ти

У Воло́ди небольша́я семья́ — оте́ц, мать и сестра́. Они́ живу́т недалеко́ от Ленингра́да. Оте́ц Воло́ди рабо́тает инжене́ром, мать рабо́тает реда́ктором, а сестра́ ещё студе́нтка. Воло́дя пока́зывает Джо́ну фотогра́фии семьи́.

— Кака́я интеллектуа́льная семья́! — говори́т Джон. — То́лько ты вот...

Воло́дя грози́т Джо́ну кулако́м.

— Осторо́жно, мойирони́ческий друг. Ты ещё не зна́ешь, како́й я у́мный, культу́рный! Но э́то ещё ничего́ по сравне́нию с сестро́й. Вот она́ — её зову́т Лю́да.

Воло́дя пока́зывает Джо́ну фотока́рточку сестры́.

— Да, краси́вая де́вушка, — говори́т Джон. — И одева́ется она́ со вку́сом.

— Ты говори́шь «со вку́сом»? По-мо́ему, про́сто некраси́во. А по мне́нию отца́ — да́же неприли́чно. «Ра́зве де́вушке не сты́дно гуля́ть по у́лице в тако́й ю́бке?» — говори́т он. Он сове́тует ей всегда́ носи́ть скро́мные пла́тья. По-мо́ему, он де́лает пра́вильно.

— Эх, вы! Старомо́дные таки́е! Вот почему́ у нас на За́паде пи́шут, что сове́тские де́вушки одева́ются немо́дно. Что ей де́лать? Суди́ть о челове́ке по оде́жде — э́то оши́бка. Впро́чем, э́то совсе́м прили́чная ю́бка. Посмотри́ на ло́ндонские мо́ды!

— Ага́, зна́ю я, что де́лается на За́паде. У вас всё, что уго́дно, мо́жно носи́ть. Но у тебя́ нет сестры́, а Лю́да моя сестра, и, как говорят у нас, своя рубашка ближе к телу!

— Тебе не нравится, значит, эта мода? Ничего, старик! Твоя сестра принадлежит к молодому поколению. У вас вкусы разные. Отцу, наверное, нравится Чайковский, ты играешь на балалайке, а Люде нравится поп-музыка, — правда? Такова жизнь! Надо покоряться судьбе, надо привыкать к мысли, что она современный человек, а ты старый консерватор.

— Не правда! Я не мешаю ей веселиться. Мне всё равно, что она делает. Я её знаю, а ты ничего не понимаешь. Советские девушки не такие легкомысленные, как ваши. Люда очень серьёзно относится к работе, к жизни.

— Ну вот! Идеальная девушка — серьёзная, культурная, красивая. У меня большая слабость к красоте. Дай мне её фотокарточку.

— Ой, нет! — возражает Володя. — К сожалению, вы слишком разные по характеру.

WORDS AND PHRASES

восьмой = eighth
отцы и дети = fathers and children
небольшой = not large, small
семья = family
мать = mother
сестра = sister
жить = to live
   (**живу, живёшь**)
недалеко от Ленинграда = not far from Leningrad
работать инженером = to work as an engineer
редактор = editor
студентка = student (*fem.*)
показывать ему фотографию = to show him a photograph
интеллектуальный = intellectual
грозить ему кулаком = to threaten him with (his) fist

осторо́жно = careful
ирони́ческий = ironic
друг = friend
у́мный = intelligent, clever
культу́рный = cultured
но э́то ещё ничего́ = but that's nothing yet
по сравне́нию с сестро́й = in comparison with (my) sister
её зову́т Лю́да = her (first) name is Lyuda
звать = to call
    (зову́, зовёшь)
фотока́рточка = snapshot, photo
одева́ться со вку́сом = to dress with taste
    (одева́юсь, одева́ешься)
по мне́нию = in the opinion of
неприли́чно = indecent
ра́зве? (*emphatic introduction to question*) = really? do you mean to say?
де́вушке не сты́дно = the girl is not ashamed
гуля́ть по у́лице = to stroll along the street
така́я ю́бка = such a skirt, a skirt like that
он сове́тует ей = he advises her
носи́ть = to wear
    (ношу́, но́сишь)
скро́мное пла́тье = a modest dress
пра́вильно де́лает = he is right to
старомо́дный = old fashioned
на За́паде = in the West
сове́тский = Soviet
немо́дный = unfashionable, without fashion
разреша́ть (+ *dat.*) = to allow
мо́дный = fashionable
что ей де́лать = what is she to do
суди́ть о челове́ке = to judge a person
по оде́жде = by (his) clothes
оши́бка = mistake
впро́чем = anyway
прили́чный = decent

ло́ндонские мо́ды = London fashions
что де́лается там = what goes on there
всё, что уго́дно = anything you like
своя́ руба́шка бли́же к те́лу = one's own shirt is closer
   to one's body (blood is thicker than water)
тебе́ нра́вится э́та мо́да? = do you like this fashion?
ничего́ = nothing; never mind!
стари́к = old man
принадлежа́ть (+ *dat. or* к + *dat.*) = to belong to
   (принадлежу́, принадлежи́шь)
молодо́е поколе́ние = the young generation
ра́зные вку́сы = different tastes
наве́рное = probably
игра́ть на балала́йке = to play the balalaika
поп-му́зыка = pop music
такова́ жизнь! = such is life!
покоря́ться судьбе́ = to submit to fate
привыка́ть к мы́сли = to get used to the thought
совреме́нный челове́к = contemporary, modern person
ста́рый консерва́тор = old fogey, square
меша́ть ей = to prevent her
весели́ться = to enjoy oneself
мне всё равно́ = I don't mind, it's all the same to me
ты ничего́ не понима́ешь = you don't understand anything
легкомы́сленный (г *pronounced* x [kh]) = flippant
серьёзный = serious
относи́ться к рабо́те = to treat, take one's work
идеа́льный = ideal
сла́бость к красоте́ = weakness for beauty
к сожале́нию = unfortunately
ра́зные по хара́ктеру = different types

GRAMMAR — ГРАММА́ТИКА

1. The Dative case

The Dative case in Russian is used first and foremost to express the indirect object:

дава́ть аппара́т Ива́ну *to give a camera to Ivan.*

It is also used with the prepositions **к** 'towards, to, by (*a certain time*)' and **по** 'along, through, according to' and after some verbs, e.g. **грози́ть** 'to threaten', where in English a direct object is used.

Hard masculine and neuter nouns have the ending **-у** in the Dative case; soft masculine and neuter nouns have **-ю**:

заво́д — заво́ду;   чай — ча́ю;
де́ло — де́лу;   мо́ре — мо́рю.

Nouns of the feminine declension in **-а** and in **-я** have **-е** in the Dative: **сестра́ — сестре́: бу́ря — бу́ре.**
Feminine nouns in **-ь** have **-и** in the Dative: **о́чередь — о́череди.**
And feminine nouns in **-ия** have **-ии: фотогра́фия — фотогра́фии.**

2. Declension of nouns (singular)

Masculine

Nom.	завод	слова́рь	чай
Gen.	заво́да	словаря́	ча́я
Dat.	заво́ду	словарю́	ча́ю
Acc.	заво́д	слова́рь	чай
Inst.	заво́дом	словарём	ча́ем
Prep.	(о) заво́де	словаре́	ча́е

Remember: animate masculine nouns have Accusative like Genitive.

Note that some masculine nouns drop a vowel in declension:

отец — *Gen.* отца́ *Dat.* отцу́ etc.; **конец — конца́;
день — дня; ребёнок — ребёнка.**

Feminine

Nom.	сестра́	бу́ря
Gen.	сестры́	бу́ри
Dat.	сестре́	бу́ре
Acc.	сестру́	бу́рю
Inst.	сестро́й, *or* -о́ю	бу́рей, -ею
Prep.	(о) сестре́	бу́ре

Nom.	фотогра́фия	о́чередь
Gen.	фотогра́фии	о́череди
Dat.	фотогра́фии	о́череди
Acc.	фотогра́фию	о́чередь
Inst.	фотогра́фией	о́чередью
Prep.	(о) фотогра́фии	о́череди

The declension of **мать** 'mother' and **дочь** 'daughter':

Nom.	мать	дочь
Gen.	ма́тери	до́чери
Dat.	ма́тери	до́чери
Acc.	мать	дочь
Inst.	ма́терью	до́черью
Prep.	(о) ма́тери	до́чери

Neuter

Nom.	де́ло	мо́ре	мне́ние
Gen.	де́ла	мо́ря	мне́ния
Dat.	де́лу	мо́рю	мне́нию
Acc.	де́ло	мо́ре	мне́ние
Inst.	де́лом	мо́рем	мне́нием
Prep.	(о) де́ле	мо́ре	мне́нии

3. Declension of pronouns

Nom.	я	ты
Gen.	меня́	тебя́
Dat.	мне	тебе́

Acc.		меня		тебя
Inst.		мной *or* мною		тобой, тобою
Prep.	(обо)	мне	(о)	тебе

Nom.		он		она		оно
Gen.		его		её		его
Dat.		ему		ей		ему
Acc.		его		её		его
Inst.		им		ей, ею		им
Prep.	(о)	нём	(о)	ней	(о)	нём

Nom.		мы		вы		они		кто		что
Gen.		нас		вас		их		кого		чего
Dat.		нам		вам		им		кому		чему
Acc.		нас		вас		их		кого		что
Inst.		нами		вами		ими		кем		чем
Prep.	(о)	нас	(о)	вас	(о)	них	(о)	ком	(о)	чём

никто declines like кто; ничто like что.

4. Declension of сам

		Masc.	*Fem.*
Nom.		сам	сама
Gen.		самого	самой
Dat.		самому	самой
Acc.		сам/самого	самоё (*or* саму)
Inst.		самим	самой (-ою)
Prep.	(о)	самом	самой

		Neut.	*Pl.*
Nom.		само	сами
Gen.		самого	самих
Dat.		самому	самим
Acc.		само	сами/самих
Inst.		самим	самими
Prep.	(о)	самом	самих

Сам is used for 'myself, yourself, himself' etc. where these words mean 'in person':

Сам директор это делает.   *The director does this himself.*

It is also used with 'emphatic' meaning:

Она́ сама́ не зна́ет.	*She herself does not know.*
Мы пока́зываем э́то им сами́м.	*We show this to them themselves.*

5. Prepositions к and по

Note the following uses of these prepositions:

к го́роду	*towards the town;*
к ве́черу	*by evening or towards evening;*
к до́ктору	*to the doctor's;*
по у́лице	*along the street;*
по пла́ну	*according to plan;*
по ко́мнате	*up and down the room;*
по го́роду	*around the town.*

6. Notice the use of the Dative case together with the neuter short form of the adjective in such phrases as:

Мне тепло́	*I am warm* (literally *to me it is warm*);
Мне сты́дно	*I am ashamed;*
Воло́де всё равно́	*It is all the same to Volodya.*

7. Note the use of принадлежа́ть without к

Э́та кни́га принадлежи́т мне.	*This book belongs to me.* (possession)
Она́ принадлежи́т к молодо́му поколе́нию.	*She belongs to the young generation.* (belonging to category)

8. Нра́виться

The verb **нра́виться** means 'to be pleasing'. When it is used to translate the English verb 'to like', the object of the English verb becomes the subject in Russian:

Мне нра́вится карти́на.

I like the picture.

Note that the English subject in this conversion becomes Dative in Russian.

9. Этот

We have already met **это** 'this is ...', 'these are ...':

Это ошибка.   *This is a mistake.*

Now note the forms of the adjective:

этот (masc.)	этот учитель	*this teacher*
эта (fem.)	эта мода	*this fashion*
это (neut.)	это дело	*this affair*
эти (pl.)	эти англичане	*these Englishmen*

EXERCISES — УПРАЖНЕНИЯ

1. Using the verb **становиться** and the words given, make sentences on the pattern of 'Now it is becoming warm for me'.

   Model: Я — тепло
   Теперь мне становится тепло

   я — тепло; ты — интересно; он — плохо; она — нехорошо; мы — стыдно; вы — слишком тяжело; они — очень весело.

2. (a) Change the meaning of the following sentences by substituting the Dative case for с and the Instrumental, as in the Model.

   Model: Дети пишут со мной.
   Дети пишут мне.

   Дети пишут со мной.
   Отец отвечает с ними.
   Сестра говорит с вами.
   Мать читает с ним.

Тебе́ не сты́дно говори́ть с ней?
Не на́до чита́ть с на́ми!
Я не хочу́ писа́ть с тобо́й.

(b) Now change the sentences to mean 'about' the persons mentioned, as in the Model.

Model: Де́ти пи́шут со мной.
Де́ти пи́шут обо мне.

3. (a) Say first 'He is going *to* ..' each of the persons given below, and then say 'He is going *with* ...' each of them, as in the Model.

Model: до́ктор. Он е́дет к до́ктору.
Он е́дет с до́ктором.

до́ктор; мы; дочь; англича́нин; они́; сестра́; Лю́да; вы; учи́тель; мать; она́; представи́тель университе́та; ребёнок.

(b) Say first 'He is going *to* ...' the places given below, and then 'He is going *towards* ...' each place, as in the Model.

Model: ко́мната. Он идёт в ко́мнату.
Он идёт к ко́мнате.

ко́мната; дом; кино́; ку́хня; министе́рство; ста́нция; остано́вка авто́буса; по́чта; стадио́н.

(c) As in (b), but now use **он е́дет** with the following:

мо́ре; гости́ница; за́пад; вокза́л; дере́вня; Ленингра́д; заво́д; Росси́я.

(d) Use the present tense of **броди́ть** with **по** and the following words:

я — у́лица; ты — бе́рег; она́ — ста́нция; мы — го́род; вы — лес; они́ — университе́т.

4. (a) Using the following nouns in the Dative case, complete the sentence:

Он пока́зывает э́то ...

старик; семья; мать; Люда; отец; представитель; редактор; продавщица; Володя; Василий.

(b) Using the present tense of **грозить,** make sentences with the following groups of words (pronouns as subject, persons named as object):

я — Александра и Михаил; ты — Павел и Елена; он — Алексей и Тамара; мы — Пётр Алексеевич; вы — Вера Петровна; они — товарищ Захаров.

5. Put the words in brackets into the correct form:

(i) Я еду с (товарищ) в (деревня). Там я люблю бродить по (лес), а этот лес на (берег реки). Эта река течёт на (запад) к (море).

(ii) Мой товарищ по (работа) плохо относится к (мать) и совсем не считается с её (мнение).

(iii) Вечером мы идём к (он) и у (он) в (комната) занимаемся (экономика). К (сожаление), изучать (экономика) по радио очень трудно.

(iv) В СССР всё делается по (план), но не всегда у (мы) всё идёт как по (план).

6. Rephrase the following sentences by using the verb **нравиться:**

(i) Учитель любит наше молодое поколение.

(ii) Сестра любит модные летние платья.

(iii) Алексей любит русские балалайки.

(iv) Министерство любит наши текстильные машины.

(v) Инженер Шаталов не любит старые лондонские вокзалы.

(vi) Старушка из Тамбова не любит неприличные новые моды.

7. Use the correct form of the demonstrative pronoun **этот** with the following:

инженер, учитель, сестра, тело, платье, семья, чай, дом, поколение, студентка, рубашка, море, улица, окно́, цена́, челове́к, письмо́, ста́рый го́род, обы́чная сла́бость, хоро́шее сравне́ние.

8. Stress pattern practice: give the 1st and 2nd person singular, and 3rd person plural of the following verbs:

> *Model*: суди́ть — я сужу́, ты су́дишь, ... они су́дят

суди́ть, держа́ть, вари́ть, писа́ть, носи́ть, люби́ть, броди́ть, плати́ть, проси́ть, находи́ть, относи́ться, станови́ться, мочь, смотре́ть.

9. Questions on the text. Answer in Russian:

(i) С кем говори́т Воло́дя?
(ii) О чём они́ говоря́т?
(iii) Кем рабо́тают оте́ц, мать и сестра́ Воло́ди?
(iv) С кем живёт его́ сестра́?
(v) Кому́ принадлежа́т фотока́рточки?
(vi) Кому́ Воло́дя их пока́зывает?
(vii) Джо́ну нра́вятся фотока́рточки?
(viii) Как одева́ется Лю́да по его́ мне́нию и по мне́нию Воло́ди?
(ix) Как отно́сится к её оде́жде оте́ц Лю́ды?
(x) Кто счита́ет, что оте́ц де́лает пра́вильно?
(xi) О чём пи́шут на За́паде?
(xii) Что Джон счита́ет оши́бкой?
(xiii) Како́е мне́ние выража́ет он о ю́бке Лю́ды?
(xiv) Что де́лается у нас на За́паде по мне́нию Воло́ди?
(xv) Что кому́ нра́вится в семье́ Воло́ди?

10. Translate into Russian:

(i) Do not tell his sister what it means.
(ii) Compared with you, she is a modern person.
(iii) By the beginning of summer we want to be in Moscow.
(iv) I do not permit him to speak to me like that.
(v) Don't ask her for help. She does not even want to speak to you.

(vi) This man is asking what you want.

(vii) It seems to me that our engineer is beginning to get used to life in Leningrad.

(viii) The editor does not care what they write about him in the West.

(ix) What is she to wear, if she does not like London fashions?

(x) Their father lives with them, but he does not prevent them from having a good time.

(xi) What is he to do in the autumn?

(xii) Mother advises us to dress decently.

LESSON 9 — УРÓК ДЕВЯ́ТЫЙ

Зи́мняя ска́зка

Ба́бушка рабо́тала в ку́хне, гото́вила у́жин. Её внук, Са́ша, игра́л на полу́.

— Ба́ба! Прочита́й мне ска́зку! — попроси́л Са́ша.

— Но я мно́го чита́ла тебе́ сего́дня. Я то́лько что прочита́ла тебе́ ска́зку. Ты сам чита́й лу́чше!

— А я не уме́ю чита́ть.

— Уме́ешь! Я мно́го раз ви́дела, как ты чита́л.

— Нет, я не чита́л. Я то́лько смотре́л карти́нки.

— Ах, вот оно́ что! А я ду́мала, что ты хорошо́ уже́ уме́ешь чита́ть. Я ду́мала, что ты у́мный ма́льчик.

— Нет, я уме́ю чита́ть! То́лько я не могу́ сего́дня. Я о́чень уста́л.

— Уста́л? А что ты де́лал? — спроси́ла ба́бушка.

— Мы с Пе́тей игра́ли на у́лице. Он стро́ил сне́жный дом, а я помога́л ему́. А пото́м мы ещё постро́или забо́р и сде́лали сне́жную ба́бу.

— Ах, вот оно́ что! А где вы де́лали всё э́то? Могу́ я уви́деть сне́жную ба́бу отсю́да?

— Нет, она́ стои́т на у́лице за угло́м.

— У́жас! Там же тротуа́р! Ско́лько раз я тебе́ объясня́ла, что нельзя́ стро́ить на тротуа́ре, а ты всегда́ забыва́ешь.

— Нет, ба́ба, мы не забы́ли! Тётя Ма́ша то́же объясни́ла нам, и мы сде́лали в забо́ре воро́та.

— Ну и молодцы́! Тогда́ я могу́ прочита́ть тебе́ ска́зку. А ты не хо́чешь есть? Ты с утра́ ничего́ не ел.

— Нет, я ел. Тётя Маша дала нам пирожки, и я съел два с капустой и один с мясом. Сейчас я хочу только пить. Дай мне виноградный сок!

— Ты выпил его утром. Пей теперь молоко!

— Хорошо! Только сделай мне его с сахаром, пожалуйста!

— Хорошо! Иди пей! Я уже приготовила тебе стакан молока. Вкусно?

— Вкусно. Я уже всё выпил.

— Молодец! Теперь можно начинать читать. Сидишь? Тогда слушай!

Мальчик закрыл глаза, бабушка открыла книгу, начала читать, но скоро увидела, что её внук уже спит. Она закрыла книгу, встала и начала опять готовить ужин.

WORDS AND PHRASES

девятый = ninth
зимний = winter's
сказка = fairy tale
бабушка = grandmother
она работала = she was working
готовить ужин = to cook the supper
внук = grandson
играл на полу = (he) was playing on the floor
баба = granny (peasant woman)
прочитать (*Perfective of* **читать**) = to read (all of something)
только что = only just
ты сам читай лучше = you read yourself, better, rather
много раз = many times
картинка (*diminutive of* **картина**) = picture
ах, вот оно что = ah, so that's what it is
мальчик = boy
уставать/устать = to tire, be tired
спросить *Pf. of* **спрашивать** = to ask

мы с Пе́тей = Petya and I
сне́жный = snow (*adj.*)
дом, *pl.* дома́ = house
помога́ть/помо́чь + *dat.* = to help
постро́ить *Pf. of* стро́ить = to build
ещё забо́р = a fence as well; another fence
сде́лать *Pf. of* де́лать = to make
сне́жная ба́ба = snowman
уви́деть *Pf.* = to catch sight of, see
за угло́м = round the corner
у́жас = horror (*here an exclamation of dismay*) = oh dear!
тротуа́р = pavement
всегда́ = always
ско́лько раз = how many times
объясня́ть / объясни́ть = to explain
нельзя́ = one shouldn't ..., it is not allowed/not possible
забы́ть *Pf. of* забыва́ть = to forget
тётя = aunt
воро́та (*neut. pl.*) = gate
ну = well
молоде́ц! = good man! well done!
ты не хо́чешь есть? = aren't you hungry
ел, е́ла, е́ли (*past tense of* есть = to eat)
дать *Pf. of* дава́ть = to give
пирожо́к = pie
съесть *Pf. of* есть = to eat
пирожо́к с капу́стой = cabbage pie
мя́со = meat
я хочу́ пить = I am thirsty
виногра́дный сок = grape juice
вы́пить *Pf. of* пить = to drink
стака́н = glass, tumbler
пей! = drink
пригото́вить *Pf. of* гото́вить = to prepare
начина́ть / нача́ть = to begin
закрыва́ть / закры́ть = to close, shut
глаз *pl.* глаза́ = eye
откры́ть *Pf. of* открыва́ть = to open

скоро = soon
спать = to sleep
 (сплю, спишь)
встать *Pf. of* вставать = to get up

GRAMMAR — ГРАММА́ТИКА

1. The past tense

In Russian the past tense changes not for person, but for gender. It is formed by removing **-ть** from the infinitive and adding **-л** for masculine singular subjects, **-ла** for feminine singular subjects, **-ло** for neuter singular, and **-ли** for all the plurals.

Thus, the past tense of **читать** 'to read':

Singular

Masc.	я, ты, он читал
Fem.	я, ты, она читала
Neut.	оно читало

Plural	мы, вы, они читали

The past tense of **говорить** 'to speak, say':

Singular

Masc.	я, ты, он говорил
Fem.	я, ты, она говорила
Neut.	оно говорило

Plural	мы, вы, они говорили

The past tense of **быть** 'to be':

Singular

Masc.	я, ты, он был
Fem.	я, ты, она была
Neut.	оно было

Plural	мы, вы, они были

Note the stress in the negative:

я, ты, он нѐ был
я, ты, онà не былà
онò нѐ было
мы, вы, онѝ нѐ были

Although the verb 'to be' in the present tense is not used in Russian, it must not be omitted in the past tense; and нѐ было is used as the past tense of нет:

У нàс нет молокà	*We have no milk.*
У нàс нѐ было молокà	*We had no milk.*

Verbs which do not have the infinitive ending in **-ть** have somewhat irregular past tenses:

мочь   *to be able*

я, ты, он мог; я, ты, онà моглà; онò моглò; мы, вы, онѝ моглѝ

есть   *to eat*

я, ты, он ел; я, ты, онà ѐла; онò ѐло; мы, вы, онѝ ѐли

идтѝ   *to go, be going*

я, ты, он шёл; я, ты, онà шла; онò шло; мы, вы, онѝ шли.

The past tense of the reflexive verb **одевàться** 'to dress' is:

я, ты, он одевàлся; я, ты, онà одевàлась; мы, вы, онѝ одевàлись.

2. The aspects

A Russian verb may belong to one of two aspects, the Imperfective aspect and the Perfective aspect. The two aspects embody two different ways of looking at an action.

Verbs of the Imperfective aspect are concerned either with the *process* and *duration* of the action or the *repetition* of the action on several occasions.

Thus, the statement *I was reading a book* requires an Imperfective verb in Russian, because it expresses the idea of being engaged in reading, emphasizes the process of reading itself. The statement *I often used to read Russian novels* would also require an Imperfective verb, because it expresses repetition.

Perfective verbs, on the other hand, draw attention to the *completion* of the action, and so the statement *I have read the book* (meaning *I have finished it, got it all read*) requires a Perfective verb. Perfective verbs express the *completion* or *result* of the action.

The Russian aspects do not correspond to English tenses. There is only one Imperfective past tense, so that, for example, **он читáл** must be used for *he used to read, he was reading, he has been reading, he had been reading* and *he read*, if by *he read* you mean *he was reading* or *he used to read* etc.

If, however, you want to say *he read this Russian novel* (implying *and finished it*), or *he has read* (i.e. *finished*) or *had read* (i.e. *finished*) *this Russian novel*, then you wish to stress the completion of the action on one particular occasion, and so these verbs would be expressed by the Perfective past tense, which is **он прочитáл**.

We must decide whether to use an Imperfective or a Perfective verb not only in the past tense. In the future tense (which we shall meet in the next lesson) the same choice has to be made, because *I shall read a book* may mean either *I shall be reading a book* (which would be Imperfective in Russian), or *I shall read a book and finish it* (which would be Perfective).

Likewise with the infinitive, *I want to read a book* may be put into Russian either by the Imperfective **я хочý читáть кни́гу** (*I want to be reading/ to spend time reading*

a book) or by the Perfective **я хочу́ прочита́ть кни́гу**
(*I want to read and finish the book*).

And with the Imperative, *Read this book* could be either
Imperfective or Perfective, depending on whether the
speaker wants to stress that the book is to be read
right through.

With the verb in the present tense, however, only the
Imperfective is possible, because an action rendered
by the present tense must be in process.

So far, only transitive verbs have been used to show
the difference between the two aspects, because with
them the difference between process and completion is
easy to see. The same principle, nevertheless, applies
to intransitive verbs. For example, in the statement
he got up and dressed it would be natural to use Perfective
verbs, because the speaker is probably interested in the
completion, the result, of these actions, the fact that
the man, having got up, then put all his clothes on.
The Imperfective verbs would mean that he was in
the process of getting up and putting his clothes on.

3. Formation of verbs of the Perfective aspect

Perfective verbs may be formed from Imperfective
verbs by the addition of a prefix. Common prefixes
are: **вы-, на-, по-, при-, про-, с-, у-.**

Imperfective	*Perfective*	
пить	вы́пить	*to drink*
плати́ть	заплати́ть	*to pay*
писа́ть	написа́ть	*to write*
рисова́ть	нарисова́ть	*to draw*
грози́ть	погрози́ть	*to threaten*
за́втракать	поза́втракать	*to breakfast*
е́хать	пое́хать	*to go, ride*
идти́	пойти́	*to go (on foot)*
смотре́ть	посмотре́ть	*to look*
проси́ть	попроси́ть	*to request*

стро́ить	постро́ить	*to build*
теря́ть	потеря́ть	*to lose*
гото́вить	пригото́вить	*to prepare*
слу́шать	по- *or* прослу́шать	*to listen*
чита́ть	прочита́ть	*to read*
де́лать	сде́лать	*to do, make*
есть	съесть	*to eat*
уме́ть	суме́ть	*to know how; Pf. to manage*
фотографи́ро-вать	сфотографи́ро-вать	*to photograph*
ви́деть	уви́деть	*to see; Pf. to catch sight of*
слы́шать	услы́шать	*to hear*

Perfective verbs formed with the prefix **вы-** are always stressed on the **вы-**.

Some verbs form the Perfective by changing the suffix, which may result in a change of conjugation:

Imperfective	*Perfective*	
включа́ть	включи́ть	*to switch on*
выключа́ть	вы́ключить	*to switch off*
встреча́ть	встре́тить	*to meet*
изуча́ть	изучи́ть	*to study, learn*
объясня́ть	объясни́ть	*to explain*
отвеча́ть	отве́тить	*to answer*
получа́ть	получи́ть	*to receive*
дава́ть	дать	*to give*
продава́ть	прода́ть	*to sell*
встава́ть	встать	*to get up*
устава́ть	уста́ть	*to get tired*
надева́ть	наде́ть	*to put on*
одева́ться	оде́ться	*to dress*
начина́ть	нача́ть	*to begin*
забыва́ть	забы́ть	*to forget*
закрыва́ть	закры́ть	*to close*
открыва́ть	откры́ть	*to open*
устра́ивать	устро́ить	*to arrange*

спра́шивать	спроси́ть	*to ask*
пока́зывать	показа́ть	*to show*
собира́ть	собра́ть	*to collect*
мочь	смочь	*to be able*; *Pf. to manage*
помога́ть	помо́чь	*to help*

Note that **покупа́ть** 'to buy' has the prefix **по-** but it is Imperfective; the Perfective is **купи́ть**.

Note also:

Imperfective	*Perfective*	
говори́ть	сказа́ть	*to say, tell*
говори́ть	поговори́ть	*to talk, speak*

Some Perfective verbs, usually with the prefix **за-**, may denote the beginning of an action:

хоте́ть *to want* захоте́ть *to conceive a wish to/ desire for*; молча́ть *to be silent* замолча́ть *to fall silent*; интересова́ться *to be interested* заинтересова́ться *to become interested*.

The prefix **по-** when added to many verbs to form the Perfective often gives the meaning of *for a while*: **посиде́ть** *to sit for a while*; **порабо́тать** *to do a bit of work, work for a while*.

The past tense of Perfective verbs is formed in the same way as the past tense of Imperfective verbs. Thus:

она́ прочита́ла *she read*; они́ поговори́ли *they had a talk*;

он пошёл *he went*; она́ оде́лась *she dressed*.

4. Days of the week

понеде́льник	*Monday*
вто́рник	*Tuesday*
среда́	*Wednesday*
четве́рг	*Thursday*
пя́тница	*Friday*
суббо́та	*Saturday*
воскресе́нье	*Sunday*

'On Monday' etc. is expressed by the preposition **в** and the Accusative case:

в понеде́льник   *on Monday;*
в сре́ду   *on Wednesday.*

'Since Monday' etc. is expressed by the preposition **с** and the Genitive case:

с четверга́   *since Thursday;*
с пя́тницы   *since Friday.*

Note **во** for **в** in **во вто́рник,** and **со** for **с** in **со вто́рника, со среды́.**
Notice also that in Russian the days of the week are not written with capital letters.

5. Months

янва́рь	*January*	ию́ль	*July*
февра́ль	*February*	а́вгуст	*August*
март	*March*	сентя́брь	*September*
апре́ль	*April*	октя́брь	*October*
май	*May*	ноя́брь	*November*
ию́нь	*June*	дека́брь	*December*

The months are all of masculine gender.
They are not written with an initial capital letter as in English.
The preposition **в** is used with the Prepositional case to say 'in January' etc.: **в январе́.**

6. Names

Note that Са́ша may be the diminutive form either of Алекса́ндр or of Алекса́ндра, and so may be either masculine or feminine.

Пе́тя (from Пётр) is masculine.
Ма́ша (from Ма́рья) is feminine.

EXERCISES — УПРАЖНЕ́НИЯ

1. Using each day of the week, form sentences according to the Models.

> *Model A*: Сего́дня понеде́льник.
> В понеде́льник я помога́ю ба́бушке.
> *B*: Вчера́ (yesterday) был понеде́льник.
> В понеде́льник я помога́л ба́бушке.

(N. B. The past tense of быть agrees with the day of week.)

2. Substitution drill:

Бо́ря ничего́ не ел с утра́
Ма́льчики . . . .
. . . . (ве́чер)
Ма́ша . . . .
. . . . (понеде́льник)
. . . . (вари́ть) . . . .
Стари́к . . . .
. . . . (среда́)
Они́ . . . .
. . . . (воскресе́нье)
. . . . (жа́рить) . . . .
Ба́бушка . . . .
. . . . (пя́тница)
Пе́тя . . . .
. . . . (вто́рник)
. . . . (устра́ивать) . . . .
Они́. . . . .
. . . . (суббо́та)
Их тётя . . . .
. . . . (четве́рг)

3. (a) Form Perfective infinitives by adding a suitable prefix to the following Imperfectives:

> есть; писа́ть; слы́шать; чита́ть; пить; ви́деть; де́-
> лать; гото́вить; рисова́ть; фотографи́ровать.

(b) Now form the past tense of these verbs, first in the Imperfective aspect and then in the Perfective.

4. Give the Perfective infinitives of the following Imperfective verbs:

уставать; получать; одеваться; начинать; вставать; объяснять; собирать; встречать; забывать; закрывать; показывать; включать; устраивать; выключать; спрашивать; изучать; отвечать.

5. With the given prefixes, put the following sentences into the Perfective past tense:

Я плачу две копейки (за-).

Он хочет книгу об СССР (за-).

Бабушка видит его за забором (у-).

Она грозит ему в окно (по-).

Мои внуки живут там всё лето (про-).

Ты стоишь в очереди три минуты (про-).

Она слушает весь концерт (про-).

Вы варите грибы в молоке (с-).

У меня всё горит (с-).

Петя смотрит новый фильм (по-).

Фильм ему нравится (по-).

Саша любит Веру (по-).

Он просит её фотографию (по-).

В среду мы завтракаем быстро (по-).

6. Put the following sentences into the Perfective past tense:

(i) Она встаёт и одевается.

(ii) Он забывает о ней и молчит.

(iii) Она смотрела на статую и фотографировала её.

(iv) Он ел хлеб и пил сок.

(v) Ребёнок включает и выключает радио.

7. Change the following sentences by putting the verbs into the Perfective past tense and substituting the words in brackets for those underlined:

Зимо́й я мно́го чита́л. (две кни́ги)

Ле́том они́ стро́или клуб. (наконе́ц)

Он до́лго смотре́л на неё. (вдруг)

Ребёнок уже́ что-то пил? (всё)

У́тром ребёнок рисова́л карти́ну. (к ве́черу)

Он до́лго пока́зывал нам карти́ны. (наконе́ц)

Ве́чером он гото́вил уро́к. (ско́ро)

8. Translate into Russian:

    (i) I read (was reading) a book all day.

    (ii) I have already read your letter.

    (iii) She wrote the letter this morning.

    (iv) He has got very tired today.

    (v) They have already learnt everything.

    (vi) She has eaten nothing today.

    (vii) He has shut the window.

    (viii) They have arranged a concert at the club.

    (ix) She often used to wear an old blue dress.

    (x) They used to sell mushrooms here.

    (xi) What were you doing all summer?

    (xii) He was strolling along the street when I caught sight of him.

9. Answer in Russian the following questions on the text:

    (i) Почему́ ба́бушка не хоте́ла чита́ть?

    (ii) Са́ша обы́чно сам чита́ет?

    (iii) Почему́ он не хо́чет чита́ть сего́дня?

    (iv) Где и с кем он игра́л?

    (v) Что они́ де́лали?

    (vi) Что поду́мала ба́бушка?

    (vii) Почему́ ба́бушка спроси́ла, хо́чет ли Са́ша есть?

    (viii) Что и где Са́ша уже́ ел?

    (ix) Что он хоте́л пить?

    (x) Что ба́бушка пригото́вила для него́ и почему́?

    (xi) Что ба́бушка сказа́ла и сде́лала, когда́ Са́ша всё вы́пил?

    (xii) Она́ прочита́ла ему́ ска́зку?

LESSON 10 — УРОК ДЕСЯТЫЙ

На вкус и цвет товарища нет

— Таня, что мы будем делать вечером?

— Не знаю, Сонечка, что ты будешь делать, но я буду заниматься. Мне надо прочитать одну книгу и написать письмо.

— Завтра прочитаешь книгу. Интересно, а кому ты пишешь письмо?...

— Не твоё дело, но я должна написать его сегодня.

— Хорошо! Сейчас напишешь, и тогда мы пойдём.

— Ты прекрасно знаешь, что я не люблю гулять. Иди одна. Я никуда не пойду. Я тебе говорю, что мне надо заниматься.

— А я тебе говорю, что ты завтра можешь заниматься. Пойдём погуляем! Может быть ты решишь куда?

— Ничего не буду решать. Я хочу просто посидеть где-нибудь.

— Хорошо! Посидим в кафе.

— Тогда мне надо вымыть голову. Все будут смотреть на меня.

— Никто не будет смотреть. Мы никого не собираемся встречать. Вот увидишь, никто не заметит, какие у тебя волосы.

— Всегда замечают. Если я не вымою голову, обязательно встретим директора школы. Куплю себе модный парик, тогда меня не будут узнавать.

— Хорошо! Пойдём купим тебе парик.

— Нет, теперь уже темно; трудно будет выбрать хороший цвет. И всё равно магазины сейчас закроются. Но я покажу тебе магазин, где я видела симпатичные парики. Ты мне скажешь, какой тебе нравится.

— Посмотрим. Но ты напиши сначала письмо! Дай мне конверт. Я напишу адрес. Долго ждать я не буду.

— Хитрая ты, однако! Наверное, не оставишь меня в покое, пока не узнаешь, кому я пишу. Может быть, вместо меня напишешь письмо? Скажи мне лучше, где там почтовый ящик. Когда я опущу письмо, мы сможем пойти в кино.

— Хорошо! Только как мы купим билеты? Теперь поздно — уже не купишь.

— Ничего! Найдём лишние билеты.

— Попробуем. Может быть, мы увидим Бориса. Он сказал, что пойдёт сегодня в кино.

— Он будет один?

— Какая разница?

— Большая! Ты не знаешь Бориса...

WORDS AND PHRASES

десятый = tenth
на вкус и цвет товарища нет = everyone to his own taste (lit. in taste and colour one has no comrade)
что мы будем делать? = what shall we do?
заниматься/заняться = to study, work
написать *Pf. of* писать = to write (and finish)
одна книга = one book; a certain book
ты прочитаешь книгу (*Pf. fut.*) = you will read the book (and finish it)
не твоё дело = it is not your business
я должен, должна = I must
мы пойдём = we will go
я никуда не пойду = I will not go anywhere
иди одна! = go alone
решать/решить = to decide

посиде́ть (*Pf.*) = to sit for a while, have a sit
где́-нибудь = somewhere
кафе́ (*indecl.*) = cafe
мыть/вы́мыть = to wash
  (мо́ю, мо́ешь/вы́мою, вы́моешь)
мыть го́лову = to wash one's hair
никто́ = no one, nobody
собира́ться/собра́ться = to be going to, intend
замеча́ть/заме́тить = to notice
  (/заме́чу, заме́тишь)
во́лосы = hair
никого́ (г *pronounced* в [v]) *acc. of* никто́
встре́тить *Pf. of* встреча́ть = to meet
  (*Pf. fut.* встре́чу, встре́тишь)
дире́ктор шко́лы = headmaster, headmistress
купи́ть *Pf. of* покупа́ть = to buy
  (*Pf. fut.* куплю́, ку́пишь)
пари́к = wig
узнава́ть/узна́ть = to recognize; find out
  (узнаю́, узнаёшь / узна́ю, узна́ешь)
темно́ = (it is) dark
выбира́ть/вы́брать = to choose
  (/вы́беру, вы́берешь)
цвет *pl.* цвета́ = colour
всё равно́ = all the same, anyhow
закры́ться *Pf. of* закрыва́ться = to shut
  (*Pf. fut.* закро́юсь, закро́ешься)
показа́ть *Pf. of* пока́зывать = to show
  (*Pf. fut.* покажу́, пока́жешь)
симпати́чный = nice
сказа́ть *Pf. of* говори́ть = to say, tell
  (*Pf. fut.* скажу́, ска́жешь)
посмо́трим = we shall see, have a look
конве́рт = envelope
а́дрес = address
ждать/подожда́ть = to wait
  (жду, ждёшь / подожду́, подождёшь)
хи́трый = cunning

одна́ко = however
оставля́ть/оста́вить = to leave
  (/оста́влю, оста́вишь)
поко́й = peace
пока́ не = until
вме́сто + *gen.* = instead of
лу́чше = better
почто́вый я́щик = post box
опусти́ть письмо́ *Pf. of* опуска́ть = to post a letter
  (*Pf. fut.* опущу́, опу́стишь)
смочь *Pf. of* мочь = to be able (Infinitive not used)
  (*Pf. fut.* смогу́, смо́жешь)
биле́т = ticket
по́здно = (it is) late
ли́шние биле́ты = spare tickets
про́бовать/по- = to try
  (про́бую, про́буешь)
он бу́дет оди́н = he will be alone

GRAMMAR—ГРАММА́ТИКА

1. The future tense, Imperfective aspect

The future tense of **быть** 'to be' is:

я бу́ду	*I shall be*	мы бу́дем
ты бу́дешь		вы бу́дете
он бу́дет		они́ бу́дут

The Imperfective future tense of other verbs is formed by adding to **я бу́ду** etc. the Imperfective infinitive. Thus, the future tense of **чита́ть** 'to read, to be reading' is:

я бу́ду чита́ть	мы бу́дем чита́ть
(*I shall read, be reading*)	
ты бу́дешь чита́ть	вы бу́дете чита́ть
он бу́дет чита́ть	они́ бу́дут чита́ть

2. The future tense, Perfective aspect

The Perfective future tense is formed from the Perfective Infinitive with the endings of the present tense. Thus, the future tense of **прочита́ть** 'to read, get read' is:

я прочита́ю	мы прочита́ем
ты прочита́ешь	вы прочита́ете
он прочита́ет	они́ прочита́ют

Similarly the future tense of **написа́ть** 'to write, get written':

я напишу́	мы напи́шем
ты напи́шешь	вы напи́шете
он напи́шет	они́ напи́шут

Thus, *I shall be writing letters all evening*

Я бу́ду писа́ть пи́сьма весь ве́чер
I shall write a letter and go to the post-office
Я напишу́ письмо́ и пойду́ на по́чту

These rules apply to both the First and Second conjugations:

я бу́ду говори́ть	*I shall be talking*
я поговорю́	*I shall have a talk*

3. Irregular Perfective futures

Note the Perfective future of the following verbs:

дава́ть/дать *to give*

я дам, ты дашь, он даст, мы дади́м, вы дади́те, они́ даду́т.

продава́ть/прода́ть *to sell*

прода́м, прода́шь, прода́ст, продади́м, продади́те, продаду́т.

покупа́ть/купи́ть *to buy*

> куплю́, ку́пишь, ку́пит, ку́пим, ку́пите, ку́пят.

встреча́ть/встре́тить *to meet*

> встре́чу, встре́тишь, встре́тит, встре́тим, встре́тите, встре́тят.

замеча́ть/заме́тить *to observe*

> заме́чу, заме́тишь, заме́тит, заме́тим, заме́тите, заме́тят.

собира́ть/собра́ть *to collect*

> соберу́, соберёшь, соберёт, соберём, соберёте, соберу́т.

выбира́ть/вы́брать *to choose, elect*

> вы́беру, вы́берешь, вы́берет, вы́берем, вы́берете, вы́берут.

пока́зывать/показа́ть *to show*

> покажу́, пока́жешь, пока́жет, пока́жем, пока́жете, пока́жут.

говори́ть/сказа́ть *to say, tell*

> скажу́, ска́жешь, ска́жет, ска́жем, ска́жете, ска́жут.

помога́ть/помо́чь *to help*

> помогу́, помо́жешь, помо́жет, помо́жем, помо́жете, помо́гут (past помо́г, помогла́).

мочь/смочь *to be able*

> смогу́, смо́жешь, смо́жет, смо́жем, смо́жете, смо́гут (past смог, смогла́).

идти́/пойти́ *to go*

> пойду́, пойдёшь, пойдёт, пойдём, пойдёте, пойду́т (past пошёл, пошла́).

находи́ть/найти́ *to find*

> найду́, найдёшь, найдёт, найдём, найдёте, найду́т, (past нашёл, нашла́).

мыть/помы́ть *to wash*

> помо́ю, помо́ешь, помо́ет, помо́ем, помо́ете, помо́ют.

закрыва́ть/закры́ть *to close*

> закро́ю, закро́ешь, закро́ет, закро́ем, закро́ете, закро́ют.

открыва́ть/откры́ть *to open*

> откро́ю, откро́ешь etc.

отдыха́ть/отдохну́ть *to rest*

> отдохну́, отдохнёшь, отдохнёт, отдохнём, отдохнёте, отдохну́т.

привыка́ть/привы́кнуть *to become accustomed*

> привы́кну, привы́кнешь, привы́кнет, привы́кнем, привы́кнете, привы́кнут.

(The past tense of привы́кнуть is привы́к, привы́к-
ла, привы́кли.)

опуска́ть/опусти́ть   *to lower, to post*

опущу́, опу́стишь, опу́стит, опу́стим, опу́стите,
опу́стят.

станови́ться/стать   *to become*

ста́ну, ста́нешь, ста́нет, ста́нем, ста́нете, ста́нут.

начина́ть/нача́ть   *to begin*

начну́, начнёшь, начнёт, начнём, начнёте, начну́т.

встава́ть/встать   *to get up*

вста́ну, вста́нешь, вста́нет, вста́нем, вста́нете, вста́-
нут.

устава́ть/уста́ть   *to get tired*

уста́ну, уста́нешь, уста́нет, уста́нем, уста́нете,
уста́нут.

одева́ться/оде́ться   *to get dressed*

оде́нусь, оде́нешься, оде́нется, оде́немся, оде́не-
тесь, оде́нутся.

4. Нельзя́

Нельзя́ with the Imperfective infinitive means 'it is not
permitted to ..., one should not...':

Нельзя́ открыва́ть дверь   *You must not open the door.*

Нельзя́ with the Perfective infinitive means 'it is not
possible to ...':

Нельзя́ откры́ть дверь   *It is impossible to open the door.*
(i.e. because it is stuck)

Нельзя́ бы́ло is used for the past tense, and **нельзя́ бу́дет** for the future tense of these expressions.

5. Let us ...

'Let us ...' is normally expressed in Russian by **дава́й**, **дава́йте**, the Imperative of **дава́ть**, with the Imperfective infinitive if the idea is Imperfective:

Дава́й(те) чита́ть!   *Let us read !*

or with the Perfective future if the idea is Perfective:

Дава́й(те) прочита́ем э́то!   *Let us get this read !*

But in 'Let's go' the word **дава́й(те)** may be omitted:

Пойдём! Пое́дем!   *Let's go !*

And it is even possible to use the past tense of these verbs to express the same idea:

Пошли́! Пое́хали!   *Let's go !*

6. Не бу́дет as the future tense of нет

Note: У нас нет молока́   *We have no milk.*
У нас не бу́дет молока́   *We shall have no milk.*

EXERCISES — УПРАЖНЕ́НИЯ

1. (a) Put the following sentences into the future tense:

(i) В воскресе́нье у нас бы́ло хорошо́.
(ii) В сре́ду там бы́ло тепло́.
(iii) Во вто́рник у нас был сок.
(iv) Им тру́дно бы́ло купи́ть биле́ты.
(v) У Пе́ти была́ сестра́.
(vi) В понеде́льник в магази́не был сыр.
(vii) У кого́ был ли́шний биле́т?
(viii) У неё бы́ли чи́стые во́лосы?

(ix) Та́ня должна́ была́ вы́мыть го́лову.

(x) Ма́льчик до́лжен был помы́ть ру́ки.

(xi) Они́ должны́ бы́ли встре́тить Бори́са.

(xii) Со́не на́до бы́ло вы́брать пари́к.

(b) Now put the first six sentences into the negative, both past and future.

2. (a) Rephrase the following sentences by using **нельзя́** with the Perfective infinitive instead of the future tense to express *impossibility.*

> *Model*: Биле́та уже́ не ку́пишь.
> Биле́та уже́ нельзя́ купи́ть.

(i) Биле́та уже́ не ку́пишь.

(ii) Э́то окно́ не закро́ешь.

(iii) Сейча́с уже́ цвета́ не вы́берешь.

(iv) С ребёнком бы́стро не соберёшься.

(v) В парике́ её не узна́ешь.

(vi) Отсю́да ничего́ не уви́дишь.

(vii) Без ма́сла не сде́лаешь омле́та.

(viii) Ей ничего́ не объясни́шь.

(ix) Ему́ ниче́м не помо́жешь.

(b) Using **нельзя́** with the Imperfective infinitive, rephrase the following sentences to express *prohibition* (watch tenses):

(i) Здесь не разреша́ют вари́ть.

(ii) Здесь не разреши́ли стро́ить.

(iii) Здесь не разреша́т рисова́ть.

(iv) Здесь не разреша́ли мыть посу́ду.

(v) Здесь не разреша́ют мыть ру́ки.

(vi) Здесь не бу́дут разреша́ть гуля́ть.

3. Make sentences according to the Model; first use the Imperfective infinitive, and then the Perfective future.

> *Model*: писа́ть им.
> Не обяза́тельно писа́ть им.
> Напи́шем им пото́м.

писа́ть им; мыть ру́ки; смотре́ть фильм; выбира́ть цвет; закрыва́ть окно́; говори́ть с ней; говори́ть э́то ему́; опуска́ть письмо́; про́бовать сыр; собира́ть всё; объясня́ть э́то выраже́ние; реша́ть э́то.

4. (a) Give the Perfective infinitive of the following Imperfective verbs, and conjugate them in the Perfective future.

(b) From each group choose six verbs to compose sentences illustrating the use of Perfective verbs in the Future tense:

(i) замеча́ть; отвеча́ть; встреча́ть; возража́ть; выража́ть; говори́ть (tell); пока́зывать; спать; покупа́ть; проси́ть; спра́шивать; опуска́ть; выпуска́ть;

(ii) отдыха́ть; начина́ть; собира́ть; выбира́ть; надева́ть; одева́ться; устава́ть; встава́ть; станови́ться.

(iii) мыть; умыва́ться; открыва́ть; закрыва́ть; забыва́ть; идти́; находи́ть; есть; дава́ть; продава́ть; мочь; помога́ть; сове́товать.

5. Put the following sentences into the present tense (Note the use of the Perfective future):

(i) По́сле конце́рта она́ полежи́т и отдохнёт немно́го.

(ii) Когда́ Са́ша услы́шит о конце́рте, он захо́чет пойти́ в клуб.

(iii) Он помо́жет ей получи́ть рабо́ту и найти́ цель в жи́зни.

(iv) Они́ ско́ро начну́т лу́чше к ней относи́ться.

(v) Ты привы́кнешь жить в Ленингра́де и полю́бишь э́тот краси́вый го́род.

6. Put the following sentences into the future tense:

(i) В пя́тницу она́ до́лго собира́ла грибы́.

(ii) К ве́черу она́ собрала́ все ва́жные кни́ги.

(iii) Когда́ она́ свари́ла ко́фе, она́ начала́ жа́рить колбасу́.

(iv) Когда́ он уви́дел Со́ню, он попроси́л её писа́ть из Москвы́ ча́сто.

(v) Ей о́чень понра́вились э́ти жёлтые и кра́сные пла́тья.

(vi) Он посове́товал ей одева́ться прили́чно.

(vii) Зимо́й она́ мно́го рабо́тала и о́чень уста́ла.

(viii) О́сенью она́ жила́ в дере́вне и хорошо́ там отдохну́ла.

(ix) Он суме́л ей всё объясни́ть.

7. Put the following sentences into the future tense (Perfective where possible):

(i) Та́ня пи́шет письмо́ и опуска́ет его́ в я́щик.

(ii) Со́ня до́лго сиди́т на дива́не и слу́шает ра́дио.

(iii) Они́ слу́шают му́зыку, а пото́м иду́т спать.

(iv) Ваш ма́льчик игра́ет на скри́пке и меша́ет мне рабо́тать.

(v) Воло́дя идёт в магази́н и стано́вится в о́чередь.

(vi) Ба́бушка стои́т в ку́хне и жа́рит омле́т.

(vii) Е́сли она́ ви́дит, что у Бо́ри гря́зные у́ши, она́ прика́зывает ему́ помы́ть их.

(viii) Е́сли Михаи́л хо́чет, он устра́ивает матч на у́лице.

(ix) Э́тот ребёнок всегда́ ест и пьёт всё, что ему́ даю́т.

(x) Он сего́дня ест и пьёт всё, что ему́ даю́т.

(xi) Сего́дня он ест два пирожка́, а пото́м хо́чет пить чай.

(xii) Тётя грози́т ему́ па́льцем и говори́т, что ему́ давно́ уже́ пора́ спать.

8. Answer the following questions in the negative by using 'nowhere', 'nothing', 'never' etc. Note the word-order of the Model.

Model: Что вы чита́ете? Я ничего́ не чита́ю.

(i) Что вы чита́ете?

(ii) Куда́ вы пойдёте по́сле обе́да?

(iii) Где она́ бу́дет отдыха́ть зимо́й?

(iv) Когда ты продашь её рояль?

(v) Кто из вас видел Чёрное море?

(vi) Кого он знает в Москве?

(vii) Кому я буду мешать здесь?

(viii) Кем интересуется эта девушка?

(ix) Что он будет делать сегодня утром?

(x) Чем вы будете заниматься завтра?

(xi) Когда она купит себе парик?

9. Answer in Russian the following questions on the text:

(i) О чём Соня спрашивает Таню?

(ii) Что Таня собирается делать вечером и почему?

(iii) Что Соня пробует узнать?

(iv) Почему Таня не хочет идти гулять?

(v) Что ей возражает на это Соня?

(vi) Куда они решают идти гулять?

(vii) Что Таня должна сначала сделать?

(viii) Кто будет смотреть на неё в кафе?

(ix) Кого собирается встретить Соня?

(x) Почему Таня не хочет покупать парик сегодня?

(xi) Что она собирается показать Соне?

(xii) Что Соня должна будет сказать Тане?

(xiii) Что смогут сделать девушки по дороге в кино?

(xiv) Почему Таня думает, что они могут увидеть Бориса?

(xv) Соне всё равно, будет ли Борис один?

LESSON 11 — УРОК ОДИ́ННАДЦАТЫЙ

День рожде́ния жены́

Оте́ц Воло́ди, Па́вел Андре́евич, ка́ждый день е́здит на рабо́ту в Ленингра́д. Семья́ живёт в при́городе, и он обы́чно е́здит на авто́бусе. Ка́ждое у́тро в семь часо́в он целу́ет жену́ и идёт на остано́вку авто́буса. В авто́бусе он разгова́ривает с това́рищем по рабо́те. Авто́бус е́дет бы́стро, в нём о́чень шу́мно, и поэ́тому они́ должны́ говори́ть гро́мко.

Но сего́дня Па́вел Андре́евич сиди́т мра́чный, молчи́т. Позавчера́, когда́ он е́хал домо́й, он вспо́мнил, что че́рез два дня бу́дет день рожде́ния жены́ и что он ещё ничего́ не купи́л ей. Он по́мнит, что жена́ сказа́ла ему́ одна́жды: «Когда́ ты ку́пишь мне цветы́? Я не хочу́ пода́рка. Е́сли ты меня́ всё ещё лю́бишь, то купи́ мне ко дню рожде́ния цветы́, хоть оди́н цвето́к, хоть раз в жи́зни!» Беда́ в том, что день рожде́ния жены́ в середи́не декабря́, как раз когда́ цветы́ уже́ нигде́ не продаю́тся. Вчера́ он ходи́л в Ботани́ческий сад, но да́же там ничего́ не нашёл. Вот почему́ Па́вел Андре́евич е́дет сего́дня с выраже́нием тоски́ на лице́. «Что мне де́лать? Куда́ идти́? Где мне найти́ цветы́? — ду́мает он. — В А́фрику мне е́хать, что ли?» Весь день он волну́ется, с рабо́той у него́ ничего́ не получа́ется.

Ве́чером, по́сле рабо́ты, он не е́дет, как обы́чно, домо́й, а идёт по у́лице к це́нтру и по доро́ге смо́трит на все витри́ны, не продаю́тся ли где́-нибудь цветы́. Он до́лго хо́дит по го́роду. На у́лице стано́вится хо́лодно, лицо́ у него синеет; хорошо, что он надел сапоги. «Странно, — размышляет он, — я же советский инженер, довольно умный человек (чуть ли не гений). Я живу под Ленинградом, центром цивилизации. Я много зарабатываю. Я богатый человек. Но я должен весь вечер ходить по городу и искать цветы. Эх! Не стоит больше ходить!» Он поворачивает направо и идёт к вокзалу. Раньше он ездил поездом, а теперь не ездит, потому что пригородные поезда ходят медленно, но он решает, что сегодня надо ехать домой в тепле.

В последний момент, около вокзала, он замечает на углу магазин, где продают рыбу, а в витрине стоит букетик мимозы.

— Что вам угодно? — спрашивает девушка и смотрит с подозрением на его бледное лицо.

— Дайте мимозу! — говорит Павел Андреевич.

— Цветы не продаются, — отвечает девушка холодно. — Это рыбный магазин.

— Я и рыбу куплю! Только дайте мне мимозу! У меня есть деньги. Сколько вам дать? Рубль? Два рубля? Три рубля? — почти плачет он.

— Товарищ! — грозит девушка. — Я позвоню в милицию!

— Поймите меня! — кричит он. — Завтра день рождения жены!

— Почему же вы сразу не сказали? — смеётся девушка. — Эх вы, мужчины!

Со станции он идёт домой быстро и смеётся от радости. Милиционер с подозрением смотрит на его весёлое лицо и красный нос. Везде лёд, по тротуару трудно идти, и он не раз падает. Земля твёрдая, как камень, но он ничего не замечает.

— Милая! С днём рождения! — говорит он жене. — Извини, что я опоздал. Вот тебе подарок: настоящая мимоза, но она немножко пахнет рыбой.

— Ничего, — улыбается жена и целует его.

WORDS AND PHRASES

одиннадцатый = eleventh
день рождения = birthday
жена = wife
ездить = to go, travel
   (езжу, ездишь)
каждый день = every day
пригород = suburb
в семь часов = at seven o'clock
целовать/по- = to kiss
   (целую, -уешь)
разговаривать = to talk, converse
товарищ по работе = work-mate
шумный = noisy
поэтому = therefore
позавчера = the day before yesterday
вспоминать /вспомнить = to remember, recall
через два дня = in two days' time
помнить = to remember
однажды = once, once upon a time
цветок *pl.* цветы = flower
подарок = present
хоть = albeit
раз в жизни = once in (my) life
беда в том = the trouble is
в середине декабря = in the middle of December
как раз когда = just when
нигде = nowhere
ходить = to go, walk
   (хожу, ходишь)
ботанический сад = botanical gardens
выражение тоски = expression of gloom, melancholy
лицо = face
волноваться / вз- = to worry
   (волнуюсь, волнуешься)
у него ничего не получается = nothing turns out right
   for him

по доро́ге = on the way
витри́на = shop window
холо́дный = cold
сине́ть/по- = to turn blue
надева́ть / наде́ть = to put on (clothing)
   (надева́ю, надева́ешь / наде́ну, наде́нешь)
сапоги́ = boots
размышля́ть = to ponder, consider
дово́льно = fairly
чуть ли не = very nearly
под Ленингра́дом = near Leningrad
цивилиза́ция = civilization
зараба́тывать / зарабо́тать = to earn
бога́тый = rich
повора́чивать / поверну́ть = to turn
напра́во = to the right
   пра́вый = right
ра́ньше = previously, earlier
по́езд *pl.* поезда́ = train
потому́ что = because
тепло́ = warmth
в после́дний моме́нт = at the last moment
о́коло вокза́ла = near the station
на углу́ = on the corner
ры́ба = fish
буке́тик (*diminutive of* буке́т) = small bouquet
мимо́за = mimosa
подозре́ние = suspicion
бле́дный = pale
ры́бный магази́н = fish shop
рубль (*masc.*) = rouble
пла́кать /за- = to weep
   (пла́чу, пла́чешь)
звони́ть / по- (+*dat.*) = to phone
мили́ция = militia (police)
пойми́те! *imper. of* поня́ть (*Pf. of* понима́ть) = to understand, realize

кричать/крикнуть = to shout
  (кричу, кричйшь/крикну, крикнешь)
сразу = at once
смеяться/за- = to laugh
  (смеюсь, смеёшься)
мужчйна (*masc.*) = man
от радости = for joy
милиционер = policeman
нос = nose
везде = everywhere
лёд *gen.* льда = ice
не раз = more than once, many a time
падать/упасть = to fall
  (/упаду, упадёшь; *past* упал)
земля = earth, ground
твёрдый = hard
милая = darling
с днём рождения! = happy birthday
извини! = sorry! forgive (me)
опаздывать /опоздать = to be late
пахнуть /за- + *instr.* = to smell of
улыбаться /улыбнуться = to smile
  (/улыбнусь, улыбнёшься)

GRAMMAR — ГРАММАТИКА

1. Ходить and идти 'to go' (on foot)

Both **ходить** and **идти** are Imperfective verbs.

The verb **ходить** describes motion on foot and implies
movement to a place and back again. It is therefore
used to describe such actions as going to work or to
school every day, where one is thinking of the regular
routine of going and returning day after day:

   Этот мальчик уже ходит в школу
   This little boy already goes to school.

Ходи́ть in the past tense can also be used for one journey there and back:

> Я ходи́л в шко́лу сего́дня
> *I have been to school today*, i.e. *I went to school and have come back.*

(This use of **ходи́ть** is restricted to the past tense.)

Ходи́ть is also used to describe walking up and down:

> Она́ хо́дит по ко́мнате
> *She is walking up and down the room.*

And it is used in such phrases as 'to walk about the town':

> Я бу́ду ходи́ть по го́роду
> *I shall walk about the town.*

Finally, **ходи́ть** is used for the ability to walk:

> Э́тот ребёнок уже́ на́чал ходи́ть
> *This child has already started walking.*

(The present tense of ходи́ть is хожу́, хо́дишь, хо́дит, хо́дим, хо́дите, хо́дят; the past tense is regular: ходи́л etc.)

In contrast to **ходи́ть** which, as we have seen, implies motion 'there and back' or 'up and down' or just 'about the place', **идти́** describes motion (on foot) which is clearly in one direction only:

> Куда́ ты идёшь? Я иду́ на остано́вку авто́буса.
> *Where are you going? I am on my way to the bus-stop.*
> За́втра в семь часо́в утра́ я бу́ду идти́ ми́мо вокза́ла
> *Tomorrow at seven o'clock in the morning I shall be going past the station.*

Usually **идти́** describes motion proceeding in one direction at one given time, but this verb can be used for an action which takes place regularly if the context makes it clear that the speaker is thinking of motion in one direction only. Thus, in the text of this lesson

Pavel Andreevich kisses his wife at seven o'clock every morning and goes off to the bus-stop. Clearly, we are to think of him as proceeding to the bus-stop at that time; he does not come back in the morning. So we have the statement:

> Каждое утро, в семь часов, он целует жену и идёт на остановку автобуса.

Идти has many figurative and idiomatic uses, e.g.:

> В кино идёт хороший фильм *There is a good film on at the cinema*
>
> Шёл дождь   *It was raining*

(The past tense of идти is шёл, шла, шло, шли.)

2. The Perfective verb пойти

Пойти is the Perfective verb for 'to go' (on foot):

> Она пошла в магазин *She has gone to the shop*
>
> Я пойду в сад   *I shall go into the garden*

(The Perfective future tense is: я пойду, ты пойдёшь, он пойдёт, мы пойдём, вы пойдёте, они пойдут; the Perfective past is пошёл, пошла, пошло, пошли.)

This Perfective verb stresses first and foremost the result of the action, and the result of someone's 'going' is that he is no longer here:

> Куда он пошёл? Он пошёл на почту.
> *Where has he gone? He has gone to the post-office.*
> (i.e. *he has gone and is not here*)

Пойти is used to describe a series of single actions in the past or future. This is true of Perfective verbs in general.

> Она пошла в магазин, а потом пошла в кино.
> *She went to the shop and then went to the cinema.*

Я напишу́ э́то письмо́ и пото́м пойду́ на по́чту.
I shall write this letter and then go to a post-office..

Пойти́ often means 'to set off':

Наконе́ц он встал и пошёл.
At last he got up and went off.

These verbs may be used with the adverb **пешко́м** 'on foot'.

3. **Е́здить** and **е́хать** 'to go (not on foot), to ride'

Е́здить, like **ходи́ть**, describes movement to and fro:

Обы́чно он е́здит в го́род по́ездом
He usually goes to town (and back) by train — repeated movement there and back.
Вчера́ мы е́здили в го́род по́ездом
Yesterday we went to town (and came back) by train — a single round trip, there and back in the past.

Е́здить may also be used for 'to drive about':

Весь день мы е́здили по го́роду
All day we drove about the town

Е́хать, like **идти́**, describes movement in one direction only:

Куда́ ты е́дешь? Я е́ду в Москву́
Where are you going? I am going to Moscow
Ка́ждое у́тро он целу́ет жену́ и е́дет на рабо́ту на авто́бусе
Every morning he kisses his wife and goes to work by bus

(The present tense of **е́здить** is: **е́зжу**, **е́здишь**, е́здит, е́здим, е́здите, е́здят; the past tense is regular: **е́здил** etc.

The present tense of **е́хать** is: **е́ду**, **е́дешь**, е́дет, е́дем, е́дете, е́дут; and the past tense is regular: **е́хал** etc.)

Е́здить and **е́хать** are Imperfective.

The Perfective verb is поéхать:

Онá поéхала в гóрод	*She has gone to town*
Зáвтра мы поéдем в Ленингрáд	*We shall go to Leningrad tomorrow*
Мы поéдем в милúцию в час	*We shall go/ set off for the police-station at one o'clock.*

4. **Note the following use of the Imperfective ходúл and the Perfective пошёл:**

Я не ходúл вчерá в сад, потомý что он всё ещё закры́т

I did not go to the gardens yesterday because they are still closed

Я не пошёл вчерá в сад, потомý что вдруг стáло óчень хóлодно

I did not go to the gardens yesterday because it suddenly became very cold

In the first example the speaker was not intending to go to the park and so **не ходúл** is used; in the second he was prevented at the last minute by circumstances, and this requires the Perfective **пошёл**.

5. **Notice that ходúть, идтú are used with trains (and boats and trams):**

Поездá в Áнглии хóдят бы́стро.
Электрúчка идёт мéдленно.

With cars, buses, carts, etc., **éздить, éхать** are usual:

По ýлице éдет автомобúль.

6. **Indirect speech**

In indirect speech in Russian the same tense of the verbs is used as would have been used in direct speech. Thus:

Он сказáл: «Это мне не нрáвится».
He said, 'I do not like it'.

Он сказа́л, что э́то ему́ не нра́вится.
He said that he did not like it.

In the above examples, the verb **нра́вится** is in the present tense, although the translation of the second is past tense in English.

The same rule applies to indirect questions:

Он спроси́л меня́: «Э́то вам нра́вится?»
He asked me, 'Do you like it?'
Он спроси́л меня́, нра́вится ли мне э́то.
He asked me if I liked it.

After some other verbs, such as **ви́деть** and **знать** a clause may have the verb in the present or future tense, where in English the past tense would be used:

Он знал, что она́ хо́чет к нему́ зайти́.
He knew that she wanted to call on him.

EXERCISES — УПРАЖНЕ́НИЯ

1. (a) Give the full present tense of **ходи́ть** and for each person make a complete sentence using the following nouns (with correct prepositions) for destinations; e.g. я хожу́ в кино́:

    кино́; сад; магази́ны; уро́к; заво́д; гастроно́м.

   (b) As above, but using the present tense of **идти́.**
   (c) As above, but using the past tense of **идти́.**
   (d) As above, but using the Perfective, **пойти́,** in the past tense.
   (e) As above, but using **пойти́** in the future tense.

2. (a) Give the full present tense of **е́здить** and for each person make a complete sentence using the following nouns (with correct prepositions) for destinations:

    при́город; Росси́я; дере́вня; Ло́ндон; стадио́н; вокза́л.

   (b) As above, but using the present tense of **е́хать.**
   (c) As above, but using the past tense of **е́хать.**

(d) As above, but using the Perfective, **поёхать,** in the past tense.

(e) As above, but using **поёхать** in the future tense.

3. Complete the answers with a suitable verb of motion:

(i) Куда ты идёшь? Я ... в кафе́.

(ii) Куда ты шла? Я ... на вокза́л.

(iii) Где Воло́дя? Он уже́ пошёл на рабо́ту? Да, он уже́ ... на рабо́ту.

(iv) Вы ча́сто е́здите в Ленингра́д? Да, я ... туда́ ка́ждое ле́то.

(v) Когда́ вы пое́дете в Манче́стер? Мы ... туда́ в сре́ду.

(vi) Ты е́дешь в центр? Нет, я ... на стадио́н.

(vii) Где Со́ня? Она́ уже́ ... в гости́ницу.

(viii) Вы бы́ли в Росси́и? Да, мы ... туда́ ле́том.

(ix) Ты была́ на уро́ке сего́дня? Да, я ... в университе́т сего́дня.

(x) Вы лю́бите ходи́ть по го́роду? Нет, я не люблю́ ... по го́роду, но сейча́с я ... в Ботани́ческий сад. Я о́чень люблю́ ... по са́ду.

4. Translate into English:

(i) Когда́ я ходи́л на конце́рт, я ча́сто встреча́л там дочь Па́вла.

(ii) Когда́ я шёл к па́мятнику, я встре́тил дире́ктора заво́да.

(iii) Когда́ она́ уже́ е́хала на по́чту, она́ вспо́мнила, что она́ забы́ла пи́сьма до́ма.

(iv) Тама́ры не́ было до́ма. Она́ уже́ пошла́ на вокза́л встреча́ть отца́.

(v) Иногда́ я иду́ на рабо́ту че́рез Ботани́ческий сад, но домо́й я всегда́ иду́ ми́мо по́чты.

(vi) Мы все зна́ем, что ты то́лько что ходи́ла на бе́рег реки́.

(vii) Сего́дня мы е́дем в Москву́. За́втра из Москвы́ мы пое́дем в Ленингра́д.

(viii) Обы́чно ма́ма не разреша́ет мне ходи́ть к вам.

но сегодня разрешила, так как я иду́ с ва́ми в кино́.

(ix) Э́тот ребёнок о́чень ра́но на́чал ходи́ть.

(x) Когда́ я шёл в университе́т, бы́ло уже́ по́здно, и мне пришло́сь идти́ бы́стро.

5. Insert the appropriate form of the verb (ходи́ть, идти́, е́здить or е́хать) in the present tense:

(i) Я мно́го ... по́ездом по Росси́и.

(ii) Наш по́езд ... о́чень бы́стро. Ско́ро мы бу́дем в Москве́.

(iii) Сейча́с я ... в центр го́рода на электри́чке.

(iv) Я жду жену́. Вот ... её авто́бус.

(v) Я никогда́ не ... по́ездом тепе́рь, потому́ что на́ши поезда́ ... сли́шком ме́дленно.

(vi) В го́род электри́чка ... о́чень бы́стро; обра́тно из го́рода она́ ... не так бы́стро.

6. Answer in Russian the following questions on the text:

(i) Где рабо́тает Па́вел Андре́евич?

(ii) Он е́здит на рабо́ту или хо́дит?

(iii) Куда́ он идёт ка́ждое у́тро?

(iv) Почему́ Па́вел и его́ това́рищ должны́ говори́ть гро́мко?

(v) Почему́ он сего́дня тако́й мра́чный?

(vi) Когда́ день рожде́ния его́ жены́?

(vii) Он е́дет домо́й сего́дня по́сле рабо́ты или нет?

(viii) Что он и́щет?

(ix) Почему́ он реша́ет, что сего́дня лу́чше е́хать домо́й по́ездом?

(x) Где он замеча́ет мимо́зу?

(xi) Почему́ милиционе́р смо́трит на него́ с подозре́нием?

(xii) Почему́ буке́тик мимо́зы па́хнет ры́бой?

7. Translate into Russian:

(i) In spring we often go to the village.

(ii) He is walking into town.

(iii) He was walking along the street when he saw a policeman.

(iv) In summer we will often go into the forest.

(v) In the evening we are going to a concert.

(vi) Fishes cannot walk.

(vii) At nine o'clock she was on her way to school.

(viii) At four o'clock we shall be going along the road.

(ix) Sportsmen can walk quickly.

(x) After the lesson we always went to the club and listened to the radio there.

(xi) You were walking towards the centre, when I saw you out of the bus window.

(xii) Children do not like to walk slowly.

(xiii) After the lesson I shall always go home with Tanya.

(xiv) (On their way) to school they will always go across the Botanical Garden.

LESSON 12 — УРÓК ДВЕНÁДЦАТЫЙ

Любитель дрáмы

Ужé зимá. Сегóдня на ýлице хóлодно, и идёт снег.

Владимир Михáйлович Макáров, дирéктор шкóлы нóмер сéмьдесят семь в Кировском райóне Москвы, рáдуется зимé и снéгу: начался театрáльный сезóн. Вéчером, когдá он не зáнят и éсли он успéл зарáнее купить билéт, он обычно хóдит в теáтр. Во врéмя спектáкля он погружáется в чужие чýвства и переживáния. Но чáсто емý не удаётся освободиться от рабóты. Иногдá в послéднюю минýту, когдá он ужé выхóдит из дому, к немý прихóдит с проблéмой учитель или отéц ученикá, и емý прихóдится оставáться дóма.

Но сегóдня он бóдро идёт по ýлице Гéрцена к теáтру Маякóвского. «Всё идёт хорошó», — дýмает он. Прáвда, был один критический момéнт: по пути, когдá он ужé шёл к стáнции метрó, он увидел однý учительницу из шкóлы. Онá шла емý навстрéчу, и он знал, что онá хóчет зайти к немý и поговорить с ним о скандáле, котóрый произошёл недáвно в её клáссе (один учени́к пришёл на урóк со змеёй в кармáне, весь класс пришёл в ýжас, а какáя-то учени́ца дáже упáла в óбморок). И тепéрь Владимиру Михáйловичу пришлóсь пойти на хитрость — быстро спрятаться. Он пошёл налéво, перешёл чéрез ýлицу. Онá не замéтила егó и прошлá ми́мо.

Теáтр Маякóвского емý хорошó извéстен. Здесь рабóтает знаменитый режиссёр Н. Охлóпков и игрáют нéкоторые известные артисты. Сегодня идёт пьеса Николая Погодина «Аристократы», и все критики говорят, что это интересная новая постановка.

И вот Владимир Михайлович пришёл в театр вовремя. У входа стоит большая толпа, и все спрашивают: «У вас есть лишние билеты?» Он проходит сквозь толпу в вестибюль и раздевается. Знакомая ему московская публика всё прибывает, и он начинает чувствовать приятное нетерпение. Он входит в зал, покупает программу и находит своё место.

И тут он вдруг вспомнил, что не выключил чайник, когда выходил из дому. Чайник, наверное, перегорел.

— Ах, какая трагедия! — сказал он вслух.

— Вы не правы, товарищ, — поправил его сосед. — «Аристократы» же — комедия.

WORDS AND PHRASES

двенадцатый = twelfth
любитель (*masc.*) = lover (of something); amateur
драма = drama
идёт снег = it is snowing
семьдесят семь = seventy-seven
в Кировском районе = in the Kirov District
радоваться /об- + *dat.* = to be glad about
  (радуюсь, радуешься)
начался театральный сезон = the theatre season has
  begun
он занят = he is busy
успевать / успеть + *infin. or* **на** + *acc.* = to manage,
  have time to, be in time for
  (успеваю, успеваешь)
заранее = before(hand)
театр = theatre
во время спектакля = during the performance
погружаться/погрузиться в чужие чувства = to be
  plunged into other people's feelings

переживание = (emotional) experience
ему удаётся = he succeeds
    (**удаваться/удаться** *impersonal + dat. + infin.*)
освобождаться/освободиться = to become free
в последнюю минуту = at the last minute
выходить/выйти = to go out
    (**выхожу, выходишь/выйду, выйдешь**)
приходить/прийти = to come, arrive
    (**прихожу, приходишь/приду, придёшь**)
учитель (*masc.*) = teacher
ученик = pupil, schoolboy
ему приходится = he has to
    (**приходиться/прийтись** *impersonal + dat. + infin.*)
оставаться/остаться = to stay, remain
    (**остаюсь, остаёшься/останусь, останешься**)
бодро = cheerfully
театр Маяковского (**г** *pronounced as* **в** [v]) = Mayakovsky
    theatre
критический момент = critical moment
по пути = on the way
    (**путь** (*masc.*) *gen., dat., prep.* **пути**, *instr.* **путём**)
шёл, шла, шло, шли = *past of* **идти**
станция метро = metro station
учительница = teacher (*fem.*)
ему навстречу = towards him
заходить/зайти к нему = to call, drop in on him
поговорить *Pf.* = to have a talk, chat
скандал = row
который = who, which
происходить/произойти = to occur, take place
недавно = recently
класс = class
змея = snake
карман = pocket
приходить в ужас = to be horrified
ученица = schoolgirl
обморок = faint
пойти на хитрость = to take to cunning

пря́таться/с- == to hide
   (пря́чусь, пря́чешься)
нале́во = to the left
   (ле́вый = left)
переходи́ть/перейти́ че́рез у́лицу = to cross the street
проходи́ть/пройти́ ми́мо + *gen.* = to go past, pass
изве́стный = well known
знамени́тый = famous
режиссёр = producer
арти́ст = actor, performer
пье́са идёт = a play is on
аристокра́т = aristocrat
кри́тик = critic
постано́вка = production
во́время = in time
вход = entrance
сквозь толпу́ = through the crowd
вестибю́ль (*masc.*) = foyer
раздева́ться/разде́ться = to take off one's coat; to undress
   (раздева́юсь, раздева́ешься/разде́нусь, разде́нешься)
моско́вский = Moscow (*adj.*), Muscovite
пу́блика всё прибыва́ет = the public keeps on arriving
чу́вствовать/по- = to feel
   (чу́вствую, чу́вствуешь)
нетерпе́ние = impatience
входи́ть/войти́ = to enter
зал = auditorium
програ́мма = programme
ме́сто = place, seat
тут = here, at this point
вы́ключить *Pf. of.* выключа́ть = to switch off
ча́йник = kettle; teapot
перегора́ть/перегоре́ть = to burn out
траге́дия = tragedy
вслух = aloud
поправля́ть/попра́вить = to correct
коме́дия = comedy

GRAMMAR—ГРАММА́ТИКА

1. Prefixed verbs of motion

Prefixes may be added to the basic verbs of motion to give particular shades of meaning. Verbs consisting of a prefix added to ходи́ть* are Imperfective; prefixed verbs formed from идти́ are Perfective:

	Impf.	Pf.
to go/come in	вxоди́ть (present вхожу́, вхо́дишь)	войти́ (Pf. fut. войду́, войдёшь, Pf. past вошёл, вошла́)
to go/come out	выходи́ть	вы́йти (Pf. fut. вы́йду, вы́йдешь, Pf. past вы́шел, вы́шла)
to come, arrive	приходи́ть	прийти́ (Pf. fut. приду́, придёшь, Pf. past пришёл, пришла́)
to go away, leave	уходи́ть	уйти́ (Pf. fut. уйду́, -ёшь, Pf. past ушёл, ушла́)
to move away	отходи́ть	отойти́ (Pf. fut. отойду́, -ёшь, Pf. past отошёл, -шла́)
to go past/ through	проходи́ть	пройти́ (Pf. fut. пройду́, -ёшь, Pf. past прошёл, -шла́)
to go/come down	сходи́ть	сойти́ (Pf. fut. сойду́, -ёшь, Pf. past сошёл, -шла́)

* Except **походи́ть** which is Perfective; it means 'to walk for a while'.

to go across, move	**переходи́ть**	**перейти́** (Pf. fut. перейду́, -ёшь, Pf. past перешёл, -шла́)
to go as far (as), to reach	**доходи́ть**	**дойти́** (Pf. fut. дойду́-, -ёшь, Pf. past дошёл, -шла́)
to call (on), to go behind	**заходи́ть**	**зайти́** (Pf. fut. зайду́, -ёшь, Pf. past зашёл, -шла́)
to go up (to), to approach	**подходи́ть**	**подойти́** (Pf. fut. подойду́, -ёшь, Pf. past подошёл, -шла́)
to happen, to proceed (from)	**происходи́ть**	**произойти́** (Pf. fut. произойдёт, Pf. past произошёл, -шла)

Most of these verbs are not transitive and are used with prepositions:

входи́ть в дом	*to enter the house*
выходи́ть из до́ма	*to go out of the house*
приходи́ть в дом	*to come to the house*
уходи́ть· из до́ма/от дру́га	*to go away from/to leave the house or one's friend*
отходи́ть от до́ма	*to go (a few paces) away from the house*

(The difference between **уходи́ть** and **отходи́ть** is that **уходи́ть** implies 'right away from' and **отходи́ть** 'a short distance from'.)

проходи́ть ми́мо до́ма	*to go past the house*
переходи́ть че́рез у́лицу (or переходи́ть у́лицу)	*to cross the street*
доходи́ть до до́ма	*to go as far as the house*
заходи́ть к това́рищу/ на по́чту	*to call on a friend/at the post office*
заходи́ть за дом	*to go behind the house*
подходи́ть к до́му	*to approach the house*

All these verbs refer to motion on foot.

With the prefixed verbs of motion there is no longer any problem of choosing the correct Imperfective verb, as there is with **ходи́ть** and **идти́,** because there is only one Imperfective verb: **входи́ть, выходи́ть** etc.

Notice the following use of the Imperfective past tense:

Где ты был? К тебе́ заходи́л Воло́дя.
Where have you been? Volodya called to see you; i.e. *Volodya came and has gone away again because you were not here.*

The Perfective verb, **зашёл,** would mean that Volodya has come and is still here:

Где ты был? К тебе́ зашёл Воло́дя.
Where have you been? Volodya has come to see you.

Приходи́л and **пришёл** could be substituted for **заходи́л** and **зашёл** in the above examples.

2. Приходи́ться

Приходи́ться is used in an impersonal construction to express 'to have to...':

Мне ча́сто прихо́дится встава́ть ра́но
I often have to get up early
Мне ча́сто приходи́лось встава́ть ра́но
I often had to get up early
За́втра мне придётся встать ра́но
I shall have to get up early tomorrow
Вчера́ мне пришло́сь встать ра́но
I had to get up early yesterday

The Imperfective future (**бу́дет приходи́ться**) is not normally used. To express an Imperfective idea the Imperfective infinitive is used after **придётся:**

Мне ча́сто придётся встава́ть ра́но
I shall often have to get up early

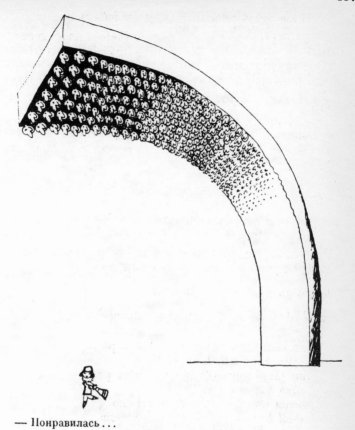

— Понравилась...

EXERCISES — УПРАЖНЕ́НИЯ

1. Translate into English:

Он лю́бит ходи́ть на бе́рег реки́ ве́чером. Обы́чно он идёт туда́ че́рез лес, но домо́й он всегда́ идёт ми́мо стадио́на. Иногда́ он хо́дит два часа́ по ле́су, про́сто гуля́ет. Сего́дня он не гуля́ет, он бы́стро идёт по ле́су, выхо́дит на бе́рег реки́, и до́лжен идти́ ещё час по доро́ге до ста́нции.

Обы́чно мать не разреша́ет ему́ ходи́ть на ста́нцию, но сего́дня разреши́ла, так как он идёт встреча́ть отца́. Он слы́шит, что электри́чка уже́ подхо́дит, и он бы́стро идёт к ста́нции.

Explain why the verbs underlined have been used.

2. Insert **ходи́ть** or **идти́** as required, in the appropriate form:

(i) Когда́ он ... в теа́тр, он заме́тил, что навстре́чу ему́ ... его́ жена́.

(ii) Он был ещё ма́льчиком и ... в шко́лу, когда́ он жил в Москве́.

(iii) Я ... на спекта́кль и уже́ чу́вствовал знако́мое нетерпе́ние.

(iv) Я зна́ю, что сосе́д придёт домо́й по́здно и весь ве́чер бу́дет ... по ко́мнате.

(v) Он жил в дере́вне и привы́к мно́го ...

(vi) Мы бо́дро ... по у́лице и заме́тили, что ко вхо́ду музе́я ... весь пя́тый класс.

3. Translate into English:

(i) Я всегда́ ухожу́ на рабо́ту в де́вять часо́в утра́.

(ii) Я уже́ поза́втракал, тепе́рь я гото́в и ухожу́.

(iii) Сего́дня ко мне придёт сестра́. Она́ всегда́ прихо́дит ко мне в понеде́льник.

(iv) Наш режиссёр то́лько что приходи́л показа́ть нам газе́ту.

(v) Арти́сты ча́сто приходи́ли в клуб поговори́ть с на́ми о спекта́кле.

(vi) Она́ зашла́ на не́сколько мину́т поговори́ть о шко́ле.

(vii) Он обы́чно заходи́л к сосе́ду ве́чером.

(viii) Он заходи́л неда́вно, но уже́ ушёл куда́-то.

(ix) Сейча́с я выхожу́ и́з дому по́здно, но ле́том я бу́ду выходи́ть ра́но.

 (x) Я вы́йду и́з дому ра́но и по доро́ге на рабо́ту зайду́ в гастроно́м.

(xi) Ско́ро он войдёт в вестибю́ль и разде́нется.

(xii) Она́ подошла́ ко вхо́ду и уви́дела, что ей не уда́стся купи́ть биле́т сего́дня.

4. (a) Insert suitable prepositions:

> Он вхо́дит . . . ко́мнату.
> Она́ выхо́дит . . . гости́ницы.
> Он подхо́дит . . . до́му.
> Ты прихо́дишь . . . уро́к.
> Мы захо́дим . . . това́рищу.
> Они́ дохо́дят . . . магази́на.
> Вы перехо́дите . . . у́лицу.
> Я прохожу́ . . . стадио́на.
> Мы ухо́дим . . . ко́мнаты.
> А́нна отхо́дит . . . окна́.

 (b) Now put your sentences into the Perfective past tense.

 (c) Now put them into the Perfective future tense.

5. Add suitable prefixes to form the verbs of motion:

Сего́дня у́тром Никола́й -шел и́з дому в де́вять часо́в, так как по доро́ге на рабо́ту ему́ ну́жно бы́ло -йти в гастроно́м. Он -ходил ми́мо по́чты и уже́ собира́лся -йти че́рез у́лицу, когда́ он уви́дел Воло́дю. Никола́й о́чень обра́довался и -шел к нему́. Они́ реши́ли -йти в кафе́ и поговори́ть. Воло́дя объясни́л, что он ре́дко тепе́рь -ходит в клуб, потому́ что он о́чень за́нят. Он хо́чет -йти на друго́й заво́д и ему́ прихо́дится мно́го занима́ться. В кафе́ вре́мя -ходит бы́стро, и когда́ Никола́й вспо́мнил о гастроно́ме, бы́ло уже́ сли́шком по́здно. Они́ заплати́ли за ко́фе, -шли из кафе́ и -шли пря́мо на рабо́ту. Когда́ они́ -шли, касси́рша заме́тила, что Воло́дя забыл на столе книгу. Она спрятала её в ящик, так как знала, что он -йдет за книгой вечером.

6. Insert suitable prepositions in the following sentences:

(i) Она всегда тихо подходит ... мне и начинаег серьёзно говорить ... мной.

(ii) Когда ... доме есть чужие люди, ребёнок не отходит ... меня.

(iii) Поезд уже·подходит ... станции, нам пора выходить.

(iv) Боря уходит ... товарища в 9 часов вечера.

(v) По дороге домой он заходит ... бабушке.

(vi) Я перехожу улицу и вижу, что он выходит ... магазина.

(vii) В четверг он заходит ... почту и спрашивает, есть ли ... него письма.

(viii) Сегодня Петя приходит ... школу рано, прячется ... забором и ждёт Сашу. Саша ничего не замечает и проходит ... него.

(ix) Козин плохой инженер: он приходит ... завод поздно, работает мало и уходит ... работы рано.

(x) Он переходит ... завода ... завод, ... фабрики ... фабрику.

(xi) Артисты обычно уходят ... театра очень поздно.

(xii) Макаров подходит ... театру, проходит ... знакомый вход, идёт ... кассы ... зал, покупает ... девушки программу и находит своё место.

7. Rephrase the following sentences by using verbs of motion and suitable prepositions as in the Model:

Model: Он дома.   Он пришёл домой.
Его уже нет дома.   Он уже ушёл из дому.

Он дома.
Его уже нет дома.
Он на почте.
Его уже нет на почте.

Он у режиссёра.
Его́ уже́ нет у режиссёра.

Он стои́т у окна́.
Он уже́ не стои́т у окна́.

Он сиди́т в за́ле.
Он уже́ не в за́ле.

8. (a) Put the following sentences first into the past tense and then into the future (Imperfective):

  (i) Зимо́й в Москве́ ча́сто идёт снег.
  (ii) О́сенью в А́нглии ча́сто иду́т дожди́.
  (iii) Что идёт в теа́тре Маяко́вского?
  (iv) В кино́ идёт хоро́шая карти́на.
  (v) В кинотеа́тре «Росси́я» идёт изве́стный фильм.
  (vi) Дела́ иду́т хорошо́.
  (vii) Всё идёт прекра́сно.
  (viii) Электри́чка идёт бы́стро.
  (ix) Что здесь происхо́дит?
  (x) Здесь ничего́ не происхо́дит.
  (xi) Кому́ здесь прихо́дится пря́таться?
  (xii) Никому́ не прихо́дится остава́ться до́ма.
  (xiii) Кто прихо́дит в у́жас?
  (xiv) Никто́ не прихо́дит в у́жас.

 (b) Now put the last six sentences into the Perfective past and Perfective future.

9. Answer in Russian the following questions on the text:

  (i) Где рабо́тает Влади́мир Мака́ров?
  (ii) Что он де́лает по́сле рабо́ты зимо́й?
  (iii) Почему́ он иногда́ быва́ет за́нят ве́чером?
  (iv) Кака́я сего́дня стои́т пого́да?
  (v) Куда́ идёт Мака́ров, и почему́ он сего́дня идёт так бо́дро?
  (vi) Что произошло́, когда он шёл к ста́нции метро́?
  (vii) Почему́ учи́тельница шла ему́ навстре́чу?
  (viii) Что произошло́ у неё в кла́ссе неда́вно?

   (ix) Как удалось Макарову спрятаться от неё?

    (x) Что идёт сегодня в театре Маяковского?

   (xi) Чем известен этот театр?

  (xii) Что делается у входа в театр?

 (xiii) Успел ли Макаров купить билет заранее?

 (xiv) Откуда вы это знаете?

  (xv) Что он успел сделать до того, как он вспомнил
о чайнике?

 (xvi) Что произойдёт с чайником?

(xvii) Что подумал сосед Макарова?

(xviii) Что он решил ему объяснить?

LESSON 13 — УРОК ТРИНА́ДЦАТЫЙ

Дре́вние ру́сские города́

Здра́вствуй Джон!

Я пишу́ тебе́ э́то письмо́ из Су́здаля, но снача́ла мы бы́ли в го́роде Влади́мире, кото́рый нахо́дится к ю́гу отсю́да. Из Москвы́ мы вы́ехали но́чью и уви́дели Влади́мир ра́но у́тром из окна́ по́езда. Над доро́гой, на холме́, была́ видна́ ста́рая часть го́рода — кремль и его́ дре́вние собо́ры.

По́сле за́втрака на́ша гру́ппа сра́зу пошла́ на экску́рсию по го́роду. Стоя́л си́льный моро́з, бы́ло о́чень хо́лодно. Сия́ло со́лнце, и всё вы́глядело о́чень краси́во. Мы все интересу́емся архитекту́рой, и два-три часа́ мы про́сто броди́ли по го́роду и снима́ли замеча́тельные истори́ческие зда́ния и зи́мние ви́ды. Из-за сне́га на у́лице не́ было слы́шно шу́ма. Автомоби́ли проезжа́ли ми́мо нас совсе́м ти́хо, и из-за хо́лода на у́лице бы́ло ма́ло наро́ду. У́тром я наде́л зи́мнее пальто́, ша́пку и тёплые носки́, но на снегу́ и на льду бесполе́зно носи́ть обы́чные ту́фли. Я верну́лся в гости́ницу, си́ний от хо́лода. За обе́дом я сиде́л ря́дом с экскурсово́дом, кото́рый расска́зывал мне о том, что Влади́мир когда́-то был столи́цей Руси́ (так называ́лось дре́внее ру́сское госуда́рство).

В сре́ду мы прие́хали сюда́. Ме́жду Влади́миром и Су́здалем расстоя́ние небольшо́е, но в э́то вре́мя го́да здесь опа́сно е́здить! Из го́рода мы вы́ехали бы́стро, но за́ городом доро́га ча́сто исчеза́ла под сне́гом. Води́тель вёл авто́бус ме́дленно, и к ве́черу мы при́были на ме́сто без катастро́фы. Воло́дя был прав: кака́я здесь красота́! Предста́вь себе́: мы подъезжа́ем к го́роду; круго́м чи́стые, белосне́жные поля́, тёмные леса́, а впереди́ уже́ видны́ бе́лые сте́ны, ба́шни, си́ние и золоты́е купола́ и кремль. Настоя́щая ска́зка!

Не́которые из нас прово́дят здесь вре́мя о́чень ве́село. Вчера́ мы обе́дали в рестора́не, где игра́л традицио́нный ру́сский орке́стр. Там бы́ли други́е иностра́нные тури́сты: америка́нцы, францу́зы и не́мцы. Как ты зна́ешь, я всегда́ гото́в пить и петь, но скро́мность не позволя́ет мне написа́ть тебе́, ско́лько во́дки мы вы́пили. Доста́точно сказа́ть, что в э́том мы не отстава́ли от них.

Говоря́т, что весно́й и ле́том э́ти поля́ и леса́ полны́ жи́зни. Тру́дно предста́вить себе́ э́ти места́ в тако́е вре́мя го́да — мне ка́жется, что зи́мнее состоя́ние обы́чно для них. Я хочу́ осмотре́ть здесь всё, но бою́сь, что на э́тот раз у меня́ не бу́дет доста́точно вре́мени. Наве́рное, я верну́сь сюда́ ле́том.

С приве́том,
Твой Ге́нри.

WORDS AND PHRASES

трина́дцатый = thirteenth
дре́вний = ancient
находи́ться/найти́сь = to be situated; to be found
юг = south
отсю́да = from here
выезжа́ть/вы́ехать = to depart
  (/вы́еду, вы́едешь)
но́чью = by night
над доро́гой, на холме́ = above the road, on the hill
ви́дный = visible
ста́рая часть = the old part
кремль (*masc.*) = kremlin, citadel

собо́р = cathedral
за́втрак = breakfast
гру́ппа = group
экску́рсия по го́роду = tour of the town
стоя́л си́льный моро́з = there was a hard frost
  (си́льный = strong)
сия́ть/за- = to shine
  (сия́ю, сия́ешь)
со́лнце = sun
вы́глядеть + *adv. or instr.* = to look
  (вы́гляжу, вы́глядишь)
архитекту́ра = architecture
замеча́тельный = remarkable, wonderful
истори́ческое зда́ние = historic building
вид = view
из-за сне́га = because of the snow
не слы́шно шу́ма = no noise is audible
автомоби́ль (*masc.*) = car
проезжа́ть/прое́хать = to drive past, through
  (/прое́ду, прое́дешь)
хо́лод = cold
ма́ло наро́ду = few people
пальто́ (*indecl.*) = coat
ша́пка = fur hat
тёплые носки́ = warm socks
на снегу́ и на льду = on the snow and ice
бесполе́зный = useless
ту́фля = shoe
возвраща́ться/верну́ться *or* возврати́ться = to return,
  come back
  (/верну́сь, вернёшься *or* возвращу́сь, возврати́шься)
за обе́дом = at dinner, lunch
ря́дом с экскурсово́дом = next to the guide
расска́зывать/рассказа́ть = to tell, relate, narrate
когда́-то = once, at one time
столи́ца Руси́ = the capital of Rus
называ́ться/назва́ться = to be called
госуда́рство = state

приезжа́ть/прие́хать = to come, arrive
среда́ = Wednesday
расстоя́ние = distance
в э́то вре́мя го́да = at this time of year
опа́сный = dangerous
за́ го́родом = in the country
исчеза́ть/исче́знуть = to disappear
  (*Pf. past.* исче́з, исче́зла)
води́тель = driver
вести́/по- = to drive; lead, conduct
  (*past* вёл, вела́)
прибыва́ть/прибы́ть на ме́сто = to reach one's destina-
  tion
катастро́фа = disaster, crash
прав, права́, пра́вы = right, correct
представля́ть/предста́вить себе́ = to imagine
  (/предста́влю, предста́вишь)
подъезжа́ть/подъе́хать к + *dat.* = to drive up to, approach
белосне́жные поля́ = white snowfields
тёмный = dark
впереди́ = ahead
ба́шня = tower, spire
ку́пол *pl.* купола́ = dome
проводи́ть/провести́ = to spend (*time*);
  (провожу́, прово́дишь/проведу́, проведёшь; *past* провёл, провела́)
обе́дать/по- = to dine
традицио́нный = traditional
иностра́нный = foreign
америка́нец = American
францу́з = Frenchman
не́мец = German
позволя́ть/позво́лить + *dat.* = to allow
во́дка = vodka
доста́точно = enough
отстава́ть/отста́ть от + *gen.* = to lag behind
  (отстаю́, отстаёшь/отста́ну, отста́нешь)
весна́ = spring

лѣто = summer
полный = full
состояние = condition
осматривать/осмотрѣть = to look round
бояться/по- +gen. = to fear, be afraid of
 (боюсь, бойшься)

GRAMMAR—ГРАММАТИКА

1. Prefixed verbs of motion (continued)

Verbs corresponding to prefixed forms of **ѣздить** are formed with **-езжать***. They are regular First conjugation verbs.

	Impf.	Pf.
to drive/ride in,	въезжать	въѣхать
enter		(Pf. fut. въѣду,
		Pf. past въѣхал)
to drive out,		
leave	выезжать	выехать
to arrive, come	приезжать	приѣхать
to go away, leave	уезжать	уѣхать
to drive away	отъезжать	отъѣхать
to go past/		
through	проезжать	проѣхать
to cross; to move	переезжать	переѣхать
to go as far (as),		
reach	доезжать	доѣхать
to call (on)	заезжать	заѣхать
to drive/ride up		
(to)	подъезжать	подъѣхать

These verbs refer to motion by vehicle or riding. They are used in the same way as prefixed forms of **ходить, идти** with prepositions: e.g.

---

*Except **поѣздить** 'to ride for a while', which is Perfective, and one or two other verbs.

въезжа́ть в го́род	*to enter the town*
выезжа́ть из го́рода	*to leave the town*
проезжа́ть ми́мо до́ма	*to drive past the house*
переезжа́ть че́рез ре́ку	
or переезжа́ть ре́ку	*to cross the river*

2. Imperatives

Verbs of the Second conjugation whose stress is on the stem in the Infinitive, e.g. предста́вить (Pf. 'to imagine, to present'), встре́тить (Pf. 'to meet'), заме́тить (Pf. 'to notice, observe'), have the Imperative ending in -ь, -ьте:

предста́вь, предста́вьте; встре́ть, -те; заме́ть, -те
This rule does not apply to verbs whose stem ends in two consonants, so that the Imperative of по́мнить 'to remember' is по́мни, -те.

Verbs of the First Conjugation with stress on the stem and first person singular in -у also have the Imperative in -ь, -те. Thus, плачь, -те from пла́кать (Impf. 'to weep'); встань, -те from встать (Pf. 'to get up'); оде́нься, оде́ньтесь from оде́ться (Pf. 'to get dressed'). The negative Imperative is nearly always Imperfective:

Не покупа́йте э́ту кни́гу!   *Don't buy this book!*

Some negative Imperatives may be Perfective, but they are warnings rather than negative commands:

Не упади́!   *Mind you don't fall!*

Note that the Imperative for 'Go' by transport is поезжа́й!; 'Don't go' is Не е́зди!

3. Ви́ден, ви́дно; слы́шен, слы́шно

The adjective ви́дный means 'visible' (it also has the figurative meaning 'eminent').
The short form of this adjective is ви́ден, видна́, ви́дно; ви́дны, and it may be used in two ways:

(i) what is visible stands in the Nominative case and the short form agrees with it:

Видна старая часть города. *The old part of the town is visible or can be seen.*

(ii) the adjective is in the neuter short form and what can be seen goes into the Accusative case:

Оттуда видно деревню. *The village is visible from there.*

For the negative of such statements this second construction is used with the Genitive:

Города не было видно. *The town could not be seen.*

The short forms of **слышный** 'audible, able to be heard' are **слышен, слышна, слышно; слышны** and they are used in the same way:

Не было слышно шума. *No noise could be heard.*

4. Nationalities

Австралия *Australia*; *Australian* австралиец, (*woman*) австралийка,

Америка *America*; *American* американец, (*woman*) американка

Африка *Africa*; *African* африканец, африканка

Канада *Canada*; *Canadian* канадец, канадка

Англия *England, Britain*; *Englishman, Briton,* англичанин *-woman* англичанка

Франция *France*; *Frenchman* француз, *-woman* француженка

Германия *Germany*; *German* немец, немка

Новая Зеландия *New Zealand*; *New Zealander* новозеландец, новозеландка

Adjectives

австралийский *Australian*; американский *American*; африканский *African*; канадский *Canadian*;

английский *English, British*; францу́зский *French*;
неме́цкий *German*; новозела́ндский *New Zealand*.

Also: Шотла́ндия *Scotland*; шотла́ндец *Scotsman*;
шотла́ндка *Scotswoman*; Ирла́ндия *Ireland*;
ирла́ндец *Irishman*; ирла́ндка *Irishwoman*;
Уэ́льс *Wales*; валли́ец *Welshman*;
валли́йка *Welshwoman.*

The adjectives are шотла́ндский *Scottish*, ирла́нд-
ский *Irish*, and валли́йский or уэ́льский *Welsh.*

EXERCISES—УПРАЖНЕ́НИЯ

1. Using the following words and phrases in the correct
   case (Accusative or Prepositional) complete the sentence:

   Он пое́дет туда́ на...

   весь дека́брь; авто́бус; день рожде́ния; по́езд; зима́;
   электри́чка; театра́льный сезо́н; матч.

2. (a) Insert suitable prepositions:

   Он приезжа́ет ... Ло́ндона.
   Ты переезжа́ешь ... ре́ку.
   Она́ уезжа́ет ... Москвы́.
   Мы отъезжа́ем ... него́.
   Они́ выезжа́ют ... столи́цы.
   Я доезжа́ю ... ле́са.
   Вы проезжа́ете ... стадио́на.
   Мы заезжа́ем ... вам.
   Мы подъезжа́ем ... Су́здалю.
   Я въезжа́ю ... сад.

   (b) Now put your sentences into the Perfective past
       tense.
   (c) Now put them into the Perfective future tense.

3. Translate into English. Explain the use of the words underlined:

   (i) Я нс ходи́л вчера́ в университе́т, так как вчера́ бы́ло воскресе́нье.

  (ii) Я не пошёл вчера́ в университе́т, так как ко мне зашёл оди́н ру́сский.

 (iii) Их нет. Они уе́хали в Су́здаль. Ра́но у́тром, когда́ они́ уезжа́ли, бы́ло ещё темно́.

 (iv) За́втра ма́ма пое́дет в Ки́ев. По́сле э́того она́ прие́дет ко мне́ на два дня.

  (v) Вчера́ прие́хал сюда́ оди́н режиссёр. К сожале́нию, за́втра он уе́дет домо́й.

 (vi) Ты лю́бишь ча́сто переезжа́ть из го́рода в го́род.

(vii) К рестора́ну подъе́хала маши́на, из неё вы́шла краси́вая де́вушка, и маши́на бы́стро пое́хала к це́нтру го́рода.

(viii) Нет, он не бу́дет до́лго жить у меня́. Он прие́хал то́лько на оди́н день.

 (ix) Ве́ра уже́ уе́хала. Она́ приезжа́ла сюда́ то́лько на оди́н день.

4. Translate into Russian:

   (i) What has happened? Why are you leaving suddenly for Leningrad?

  (ii) I have found work there and I want to move there before the end of the year.

 (iii) When you have left the town, look out of the window and you will see that you are passing the village where we lived in the summer.

 (iv) When the car had driven away from the house, Nicholas realized that he had forgotten the tickets.

  (v) We had decided to pay a call on Aunt Helen. She lives not far from the town. It is a typical Russian village and we often go there in summer. When we were leaving home, it started to rain and it became quite dark, so that we had to drive slowly.

At last we reached the village. We were approaching Aunt Helen's house when we noticed a car. When we stopped, Aunt Helen came out of the house with a policeman. They drove off together in the car.

5. Answer in Russian the following questions on the text:

(i) Куда заехал Генри по дороге в Суздаль?

(ii) Что он увидел из окна?

(iii) Почему автомобили проезжали мимо них так тихо?

(iv) Как называлось древнее русское государство?

(v) В какой день они выехали из Владимира?

(vi) Суздаль находится далеко от Владимира?

(vii) Почему они ехали медленно из Владимира в Суздаль?

(viii) Что чувствует турист, когда он стоит в центре Суздаля?

(ix) Какие там были туристы?

(x) Почему Генри вернётся в Суздаль летом?

LESSON 14 — УРОК ЧЕТЫ́РНАДЦАТЫЙ

Рождественский пу́динг

— Джон! Ско́ро Но́вый год! Как мы бу́дем встреча́ть его́? Ты бу́дешь в Москве́?

— Бу́ду, коне́чно. Я никуда́ не е́ду. А ты не е́дешь домо́й?

— Нет. Ско́ро у нас кани́кулы. Тогда́ я пое́ду домо́й в Ленингра́д. Я обы́чно е́зжу туда́ зимо́й на кани́кулы. А у тебя́ есть пла́ны на кани́кулы?

— Есть. Но, коне́чно, е́хать в А́нглию на две неде́ли не сто́ит. Э́ти кани́кулы сли́шком коро́ткие, а пое́здка сто́ит ужа́сно до́рого. И, так как я не могу́ быть в А́нглии, мне придётся провести́ здесь кани́кулы как мо́жно лу́чше. Мне предложи́ли экску́рсию в Су́здаль. Говоря́т, что там о́чень краси́во, но я ещё не реши́л, сто́ит ли мне е́хать.

— Сто́ит! Обяза́тельно поезжа́й! Су́здаль типи́чный ста́рый ру́сский го́род. Там чу́вствуется истори́ческая атмосфе́ра, — да́же ка́мни ды́шат исто́рией. Когда́ ты прие́дешь отту́да, ты бу́дешь лу́чше понима́ть на́ше про́шлое, и там ты уви́дишь настоя́щую ру́сскую зи́му...

— Эх! Подожди́! Я чуть не забы́л! Послеза́втра Рождество́!

— А что э́то за пра́здник? Религио́зный?

— Не то́лько. Э́то наш гла́вный зи́мний пра́здник. Мы да́рим друг дру́гу ра́зные ве́щи, стра́шно мно́го еди́м и пьём, и ста́вим в до́ме ёлку.

— То же самое, что у нас на Новый год. А что именно вы едите? Из чего состоит у вас традиционный рождественский обед?

— Ммммм... Из индейки с гарниром и с соусом из клюквы. А потом на сладкое готовят специальный пудинг. Моя мама обещала прислать мне такой пудинг.

— Как прислать? По почте, что ли? Он наверное испортится. Посылки иногда идут очень долго, а иногда вообще не доходят.

— Ничего! Рождественский пудинг не испортится. Когда он придёт, я тебя угощу.

— Ой нет, спасибо! Поедем лучше на рынок. Там продукты хорошие, свежие, не то, что твой пудинг... Ты поможешь мне нести картошку. Я видел сегодня, как люди шли с рынка и несли ёлки. Там продают хорошие ёлки, их привозят на грузовике туда прямо из деревни. Давай и мы купим!

— А как мы привезём её сюда? С ёлкой не разрешается ехать в автобусе.

— Может быть и не разрешается, но все едут и везут ёлки на автобусе. Поехали!

Разговор на почте

— Володя!

— Что с тобой? Что случилось?

— Поздравь меня! Пудинг пришёл!

— Я так и знал. Везде пахнет пудингом. С праздником!

— С Новым годом!... Эй, не уходи!

WORDS AND PHRASES

четырнадцатый = fourteenth
рождественский = Christmas (*adj.*)
пудинг = pudding
встречать Новый год = to see in the New Year
домой = home (wards)

ездить туда на каникулы = to go there for the holidays
неделя = week
не стоит = it is not worth
поездка = trip
ужасно дорого = terribly expensive
как можно лучше = as well as possible
предлагать/предложить = to offer, propose
  (/предложу, -ожишь)
поезжай! = go
чувствоваться/по- = to be felt
атмосфера = atmosphere
дышать/по- + *instr.* = to breathe
  (дышу, дышишь)
оттуда = from there
прошлое = the past
послезавтра = the day after tomorrow
Рождество = Christmas
что это за праздник? = what sort of a holiday, festival
  is that?
религиозный = religious
главный = main, chief
дарить/по- = to give, present
  (дарю, даришь)
вещь (*fem.*) = thing
страшно много = a frightful lot
ставить/по- ёлку = to stand a Christmas tree
именно = exactly, namely
из чего состоит...? = of what consists...?
индейка с гарниром = turkey with vegetables
соус из клюквы = cranberry sauce
сладкое = sweet (course)
специальный = special
мама = mum
обещать/по = to promise
присылать/прислать = to send *(with recipient in mind)*
  (/пришлю, пришлёшь)
как прислать? = what do you mean — send?
по почте = by post

портиться/ис- = to be spoilt, to go bad
посылка = parcel
вообще = at all
доходить/дойти = to reach, arrive
угощать/угостить + *instr.* = to treat to
  (/угощу, угостишь)
поедем лучше на рынок = let's go to the market instead
свежие продукты = fresh food
не то, что = not like
нести/по- = to carry
  (несу, несёшь; *past* нёс, несла)
картошка = potato(es)
люди *pl. of* человек = people
привозить/привезти = to bring (by transport)
  (привожу, привозишь/привезу, привезёшь; *past* привёз, привезла)
грузовик = lorry
прямо = directly, straight
давай купим! = let's buy
сюда = here (*direction, motion*)
не разрешается = it is not allowed
везти/по- = to convey
  (везу, везёшь; *past* вёз, везла)
поехали! = let's go!
что с тобой? = what is the matter with you?
случаться/случиться = to happen
поздравлять/поздравить = to congratulate (с + *instr.*: on)
я так и знал = I knew it
везде = everywhere
с праздником! с Новым годом! = happy (Christmas)! happy New Year!
уходить/уйти = to go away, leave

GRAMMAR—ГРАММА́ТИКА

1. **Носи́ть, нести́; понести́ 'to carry, take'**

Verbs of carrying and conveying in Russian are verbs of motion.
Носи́ть means 'to carry' normally when going on foot, and it corresponds to **ходи́ть**:

Тури́сты хо́дят по го́роду и но́сят фотоаппара́ты.
Tourists walk about the town and carry cameras.

Нести́ means 'to carry' and corresponds to **идти́**:

Тури́сты бы́стро иду́т в гости́ницу и несу́т ве́щи.
The tourists go quickly to the hotel and carry their things.

Thus, **носи́ть** implies motion to a place and back, up and down or about the place; **нести́** implies carrying in one direction.
The Perfective verb is **понести́** and it corresponds to **пойти́**:

Он пошёл на остано́вку авто́буса; он понёс туда́ ёлку.
He went to the bus-stop; he took the fir-tree there.

The present tense of **носи́ть** is **ношу́, но́сишь, но́сит, но́сим, но́сите, но́сят**; the past tense is regular **носи́л** etc.
The present tense of **нести́** is **несу́, несёшь, несёт, несём, несёте, несу́т**; the past tense is **нёс** (*masc.*), **несла́** (*fem.*), **несло́** (*neut.*), **несли́** (*pl.*).
Понести́ in the Perfective future is **понесу́** etc., and in the past tense is **понёс** etc.

2. **Вози́ть, везти́; повезти́ 'to convey, take'**

Вози́ть means 'to convey, take' by some form of transport and corresponds to **е́здить**:

Мы ча́сто е́здим в Москву́ и во́зим Ма́шу к ба́бушке.
We often go to Moscow and take Masha to grandmother's.

Везти́ corresponds to е́хать:

Мы е́дем на автомоби́ле и везём ве́щи на вокза́л.
We are going by car and taking our things to the station.

Повезти́ is the Perfective verb and it corresponds to
пое́хать:

Мы пое́дем домо́й и повезём ве́щи на автомоби́ле.
We shall go home and take our things by car.

The present tense of **вози́ть** is: вожу́, во́зишь, во́зит,
во́зим, во́зите, во́зят, and the past tense is regular: вози́л
etc. The present tense of **везти́** is: везу́, везёшь, везёт,
везём, везёте, везу́т; the past tense is вёз (*masc.*),
везла́ (*fem.*), везло́ (*neut.*), везли́ (*pl.*).

Повезти́ in the Perfective future is повезу́ etc., and in
the past tense is повёз etc.

3. **Prefixed verbs formed from носи́ть, нести́ and вози́ть,
везти́**

Prefixed verbs are formed from these verbs on the
same pattern as those from **ходи́ть**:

Impf.	Pf.	
вноси́ть	внести́ (*fut.* внесу́,	
(вношу́,-сишь)	*past* внёс)	*to carry/take/bring in*
выноси́ть	вы́нести	*to carry/take out*
приноси́ть	принести́	*to bring*
уноси́ть	унести́	*to take away*
переноси́ть	перенести́	*to carry across; to put somewhere else, move*
доноси́ть	донести́	*to take as far (as)*
подноси́ть	поднести́	*to take up (to)*
заноси́ть	занести́	*to deliver on one's way*
произноси́ть	произнести́	*to pronounce*

The above verbs describe carrying usually when the
subject is on foot. Prefixed verbs from **вози́ть** describe
conveying by some form of transport:

ввозить	ввезти	
(ввожу́,-зишь)	(*fut.* ввезу́, *past* ввёз)	*to bring/take in; to import*
вывозить	вы́везти	*to bring/take out; to export*
привозить	привезти	*to bring*
увозить	увезти	*to take away*
завозить	завезти	*to deliver on one's way*
перевозить	перевезти	*to transfer, take across*
довозить	довезти	*to take as far (as)*
подвозить	подвезти	*to give a lift to, take to*
отвозить	отвезти	*to take/deliver to a place*

Here are some examples of the use of these verbs:

Она́ всегда́ прино́сит (ог приво́зит) интере́сные пода́рки.
She always brings interesting presents.

Он привезёт Ива́на.
He will bring Ivan.

Я обы́чно заношу́ кни́ги к Бори́су по доро́ге на рабо́ту.
I usually deliver the books to Boris on my way to work.

Я донёс его́ до до́ма.
I carried him as far as the house.

Note the following use of the Imperfective verb:

Где ты была́? Я отвози́ла мать в теа́тр.
Where have you been? I have been taking mother to the theatre.

This is, in fact, a normal use of the Imperfective. The enquirer really asked what the other person had been doing and she replied that she had been taking mother to the theatre, which requires an Imperfective verb.

Compare:

Где мать? Я отвезла́ её в теа́тр.

Where is mother? I took her to the theatre (meaning *she is not here, but at the theatre*).

Here the reply does not say what she had been doing but focuses attention on the result of what she did, the result being that mother is at the theatre. This requires the Perfective.

These verbs may have other, often figurative, meanings. We have already met the prefixed verb **относи́ться (к)** 'to treat, regard'. It has the Perfective **отнести́сь**. The present tense of **относи́ться** is **отношу́сь** etc. The Perfective future from **отнести́сь** is **отнесу́сь**, **отнесёшься** etc., and the past tense **отнёсся, отнесла́сь**.

4. Носи́ть 'to wear'

Носи́ть may mean 'to wear', but only if the 'wearing' is habitual:

О́сенью он всегда́ но́сит пальто́.	*He always wears a coat in autumn.*

For 'wearing' on a particular occasion other constructions are used:

Сего́дня он в пальто́.	*He is wearing a coat today.*
Вчера́ на нём была́ ша́пка.	*He was wearing a cap yesterday.*

EXERCISES — УПРАЖНÉНИЯ

1. Insert the correct form of **носи́ть, нести́** or **понести́**:

   (i) Они́ ходи́ли по ле́су и ... тяжёлые корзи́ны.

   (ii) Она́ шла на остано́вку авто́буса и ... цветы́.

   (iii) Я иду́ на ры́нок и ... туда́ сыр.

   (iv) Мы пойдём на по́чту и ... туда́ пи́сьма и посы́лки.

   (v) Она́ идёт домо́й из гастроно́ма и ... ма́сло.

   (vi) Когда́ мы ходи́ли в шко́лу, мы всегда́ ... туда́ уче́бники.

(vii) Мы шли на вокзал и ... все его вещи.

(viii) Мать быстро пошла и ... ребёнка домой.

2. Insert the correct form of **возить, везти** or **повезти**:

    (i) Она едет к тёте и ... к ней дочь.

    (ii) Он поехал в Суздаль и ... туда внука директора.

    (iii) Мы ехали на электричке и ... ёлку.

    (iv) Бабушка ехала на автобусе и ... индейку и пудинг.

    (v) Когда ты поедешь в Лондон, ты ... туда рождественские подарки.

    (vi) Когда мы ездим к бабушке, мы всегда ... к ней Сашу.

    (vii) Они часто ездят к отцу и ... ему свежее мясо.

    (viii) Когда она едет на рынок, она обычно ... туда грибы.

3. (a) Put the following sentences into the Perfective future tense:

    (i) Я приношу подарки.

    (ii) Ты уносишь чайник.

    (iii) Он вносит посылки в автобус.

    (iv) Она выносит посуду из кухни.

    (v) Мы заносим книгу товарищу.

    (vi) Вы доносите вещи до вокзала.

    (vii) Они переносят мебель из комнаты в комнату.

    (viii) Он подносит ребёнка к окну.

(b) Now put them into the Perfective past.

4. (a) Put the following sentences into the Perfective future tense:

    (i) В клуб ввозят новые вещи.

    (ii) Из клуба вывозят старые вещи.

    (iii) Вы привозите ёлки.

    (iv) Туристы привозят из Суздаля традиционные вещи.

    (v) По доро́ге домо́й ты заво́зишь к ним пи́сьма.

    (vi) Он дово́зит её до до́ма.

    (vii) Я перево́жу их че́рез лёд.

    (viii) Я увожу́ ме́бель.

(b) Now put them into the Perfective past.

5. Using Perfective verbs where possible, put the following sentences (a) into the past tense, and (b) into the future:

    (i) Маши́на выезжа́ет из дере́вни, проезжа́ет ми́мо ста́нции и пото́м въезжа́ет в лес.

    (ii) Ча́сто на пра́здники ко мне приезжа́ют това́рищи и привозя́т мне все но́вости из дому.

    (iii) Ири́на подхо́дит ко мне и начина́ет бы́стро говори́ть об экску́рсии.

    (iv) Обы́чно знако́мые довозя́т нас то́лько до го́рода, а отту́да мы уже́ мо́жем е́хать домо́й на авто́бусе.

    (v) Тури́сты переезжа́ют че́рез ре́ку и подъезжа́ют ко вхо́ду в теа́тр.

    (vi) В воскресе́нье мы выно́сим ме́бель из ко́мнаты и мо́ем сте́ны.

    (vii) По доро́ге с рабо́ты он ча́сто заезжа́ет в клуб.

    (viii) Как то́лько он отъезжа́ет от до́ма, он вспомина́ет, что он забы́л сде́лать.

    (ix) Он подно́сит посы́лку к окну́ и смо́трит, от кого́ она́.

    (x) Из А́нглии всегда́ выво́зят в СССР хоро́шие маши́ны.

    (xi) Они́ подво́зят меня́ к вокза́лу, а отту́да я е́ду на по́езде.

6. Translate into Russian:

    (i) I am moving to Vladimir tomorrow. They will remove the furniture tomorrow morning.

    (ii) What's that smell in the kitchen? It's the sauce. Today our dinner consists of turkey in sauce, with vegetables, pudding and coffee.

(iii) I went into the house and saw Volodya. He was carrying my radio out of the room.

(iv) Did you like the trip to Suzdal'? What did you bring from there?

(v) The parcel will not come by his birthday. Perhaps it will come before the end of the week.

(vi) A boy entered the shop. He was carrying a coat.

(vii) Where have you been? I have been taking the teacher to the school in the car.

(viii) Where is Sonya? I took her to the station and she has gone to Tanya's for the day.

7. Answer in Russian the following questions on the text:

(i) Где собираются встречать Новый год Джон и Володя?

(ii) Почему Володя не едет домой на Новый год?

(iii) Почему Джон не едет домой на каникулы?

(iv) Что думает Володя о поездке в Суздаль?

(v) Как вы думаете, в Суздале очень холодно зимой?

(vi) О чём вдруг вспомнил Джон?

(vii) Знает ли Володя, что это за праздник?

(viii) Как Джон обычно проводит Рождество?

(ix) Какой праздник проводят так в Москве?

(x) Что именно интересует Володю?

(xi) Что вы едите на Рождество?

(xii) Чему радуется Джон?

(xiii) Что думает об этой идее Володя?

(xiv) Почему Володя такой пессимист?

(xv) Что ему отвечает и обещает Джон?

(xvi) Что предлагает сделать Володя?

(xvii) Все ли люди несут ёлки домой?

(xviii) Что происходит на почте?

LESSON 15 — УРÓК ПЯТНÁДЦАТЫЙ

Устáлый бизнесмéн

Пúтер Нóррис продолжáет свою длúнную деловýю поéздку по Совéтскому Союзу. Пóсле Москвы́ он был в Можáйске, небольшóм гóроде на зáпаде от Москвы́, в Смолéнске в зáпадной Россúи и в Мúнске, столúце Белорýссии. Потóм он полетéл в Кúев, столúцу Украúны, был на Украúне три недéли, и цéлую недéлю разрабáтывал слóжный контрáкт с глáвным заместúтелем минúстра торгóвли Украúнской Совéтской Социалистúческой Респýблики и дирéктором однóй кúевской текстúльной фáбрики.

Тепéрь из Кúева он прилетéл в Еревáн, столúцу Совéтской Армéнии. Когдá он летéл, он смотрéл вниз из окнá самолёта на красúвые гóрные хребты́ южного* Кавкáза. Эти гóры емý óчень понрáвились, и он решúл отдохнýть здесь. Но, как всегдá, емý предлагáют деловы́е встрéчи и осмóтр мéстной промы́шленности.

— Давáйте обсýдим вáшу прогрáмму, мúстер Нóррис, — сказáл Рубéн Адамя́н, сотрýдник еревáнского отделéния Интурúста, когдá Нóррис приéхал и зáнял свой нóмер в большóй гостúнице на центрáльной плóщади. — Обязáтельно слéдует посетúть завóд синтетúческого каучýка...

---

* N.B. In the genitive endings of the adjective -ого, -его, г is pronounced as в.

164

— Одну́ мину́тку, — прерыва́ет его́ Но́ррис. — Извини́те меня́, но вы зна́ете, я ужа́сно уста́л от бесконе́чной официа́льной де́ятельности. Я о́чень хочу́ отдохну́ть и познако́миться с ва́шей национа́льной культу́рой.

— Хорошо́! За́втра по доро́ге к машинострои́тельному заво́ду мы мо́жем зае́хать к заве́дующему истори́ческим музе́ем и попроси́ть его́ устро́ить для нас коро́ткую экску́рсию.

— Хорошо́, — говори́т Но́ррис поко́рно. Он прекра́сно понима́ет, что бесполе́зно угова́ривать усе́рдного ги́да из Интури́ста и на́до прибе́гнуть к ма́ленькой хи́трости.

— Не буди́те меня́ ра́но, — про́сит он Рубе́на. — Тепе́рь я чу́вствую себя́ обыкнове́нным тури́стом.

Ра́но у́тром Но́ррис встаёт и говори́т дежу́рной на тре́тьем этаже́:

— Е́сли меня́ бу́дут спра́шивать, скажи́те, что я всё ещё сплю. А тепе́рь посове́туйте мне, пожа́луйста, что мне посмотре́ть в Ерева́не!

— Ну, что же. У нас есть мно́го интере́сного. Есть заво́д синтети́ческого каучу́ка...

— Нет, э́то меня́ не интересу́ет. Я хочу́ погуля́ть на све́жем во́здухе, посмотре́ть что́-нибудь типи́чно армя́нское.

— Ну, э́то друго́е де́ло. А я ду́мала, что вы бизнесме́н. Я сове́тую вам пое́хать на авто́бусе в Эчмиадзи́н и посети́ть дре́вний собо́р.

Но́ррис так и де́лает. Всё у́тро он любу́ется стро́гой красото́й армя́нской архитекту́ры и удивля́ется прекра́сному состоя́нию ста́рого зда́ния. Хотя́ оно́ отно́сится к четвёртому ве́ку на́шей э́ры, оно́ вы́глядит чи́стым и почти́ совреме́нным.

— Собо́р сохрани́лся так хорошо́ благодаря́ на́шему хоро́шему, мя́гкому кли́мату, — объясня́ет экскурсово́д.

— Еди́нственной опа́сностью явля́ются землетрясе́ния. В двена́дцатом ве́ке от землетрясе́ния разру́шилось замеча́тельное кру́глое зда́ние друго́го большо́го хра́ма.

Над собо́ром, на за́днем пла́не, как бу́дто виси́т Арарат. Он кажется совсем близким, хотя на самом деле он находится за турецкой границей. Норрис доволен своей утренней прогулкой и возвращается в гостиницу только к обеду. Как только он входит в ресторан, Рубен спрашивает:

— Как вы себя чувствуете, мистер Норрис? Вы долго спали.

— Чувствую себя отлично, спасибо. Теперь я готов ехать на любой завод, — отвечает Норрис с глубоким удовлетворением.

WORDS AND PHRASES

пятнадцатый = fifteenth
бизнесмен = businessman
длинный = long
западный = western
Белоруссия = Byelorussia
лететь/по- = to fly
 (лечу, летишь)
Украина = the Ukraine
разрабатывать/разработать = to work out
сложный контракт = complicated contract
заместитель министра = deputy minister
УССР (Украинская Советская Социалистическая Республика) = Ukrainian SSR
директор фабрики = factory manager
один (одна, одно; одни) = a certain; one
прилетать/прилететь = to arrive (by air)
Армения = Armenia
вниз = downwards
самолёт = aeroplane
горный хребет = mountain range
южный Кавказ = southern Caucasus
гора = mountain
отдохнуть Pf. of **отдыхать** = to rest, have a holiday
встреча = meeting

осмотр = inspection
местная промышленность = local industry
обсуждать/обсудить = to discuss
  (/обсужу, обсудишь)
сотрудник = colleague, employee
ереванское отделение = the Yerevan section, department
Интурист = Intourist (the Soviet travel agency)
занимать/занять = to occupy
  (/займу, займёшь)
номер = hotel room
центральная площадь = central square
(вам) следует посетить = you ought to visit
посещать/посетить = to visit
  (/посещу, посетишь)
синтетический каучук = synthetic rubber
одну минутку! = just a minute!
прерывать/прервать = to interrupt
  (/прерву, прервёшь)
бесконечный = endless
официальная деятельность = official activity
знакомиться/по- с +*instr.* = to get to know, become
  (знакомлюсь, знакомишься) acquainted with
национальная культура = national culture
машиностроительный завод = engineering works
заезжать/заехать к +*dat.* = to call in on
заведующий музеем = museum director
устраивать/устроить = to arrange
покорно = humbly
уговаривать/уговорить = to persuade
усердный гид = keen guide, courier
прибегать/прибегнуть к + *dat.* = to resort to
маленький = small
будить/раз- = to rouse, wake
  (бужу, будишь)
рано = early
чувствовать себя туристом = to feel oneself a tourist
обыкновенный = ordinary
дежурная = duty maid

тре́тий эта́ж = second floor
е́сли меня́ бу́дут спра́шивать = if anyone asks for me
я всё ещё сплю = I am still asleep
посове́товать *Pf. of* **сове́товать** = to advise
мно́го интере́сного = a lot of interesting things
на све́жем во́здухе = in the fresh air
что́-нибудь армя́нское = something Armenian
стро́гий = severe; strict
удивля́ться/удиви́ться + *dat.* = to be surprised by, at
   (/удивлю́сь, удиви́шься)
относи́ться/отнести́сь к + *dat.* = to relate to, date from
четвёртый век на́шей э́ры = fourth century A. D.
сохраня́ться/сохрани́ться = to be preserved
благодаря́ кли́мату = thanks to the climate
мя́гкий (г *pronounced* **х [kh])** = mild; soft
еди́нственная опа́сность = the only danger
землетрясе́ние = earthquake
разруша́ться/разру́шиться = to be destroyed
кру́глый = round, circular
храм = church, temple
за́дний план = background
висе́ть = to hang
   (вишу́, виси́шь)
Арара́т = Mount Ararat
бли́зкий = near, close
хотя́ = although
на са́мом де́ле = in fact
за туре́цкой грани́цей = beyond the Turkish frontier
он дово́лен (она́ дово́льна; они́ дово́льны) + *instr.* =
   he is content with
у́тренняя прогу́лка = morning outing
как то́лько = as soon as
любо́й = any
удовлетворе́ние = satisfaction

GRAMMAR — ГРАММА́ТИКА

1. Adjectives

Declension of hard adjectives in the singular

	Masculine	Feminine	Neuter
Nom.	но́вый	но́вая	но́вое
Gen.	но́вого	но́вой	но́вого
Dat.	но́вому	но́вой	но́вому
Acc.	но́вый/но́вого	но́вую	но́вое
Instr.	но́вым	но́вой (но́вою)	но́вым
Prep.	(о) но́вом	но́вой	но́вом

(Note that, as with the feminine noun, there is an alternative form for the Instrumental case of the feminine adjective.)

Declension of soft adjectives in the singular

	Masculine	Feminine	Neuter
Nom.	си́ний	си́няя	си́нее
Gen.	си́него	си́ней	си́него
Dat.	си́нему	си́ней	си́нему
Acc.	си́ний/си́него	си́нюю	си́нее
Instr.	си́ним	си́ней (си́нею)	си́ним
Prep.	(о) си́нем	си́ней	си́нем

Declension of 'mixed' adjectives in the singular

	Masculine	Feminine	Neuter
Nom.	большо́й	больша́я	большо́е
Gen.	большо́го	большо́й	большо́го
Dat.	большо́му	большо́й	большо́му
Acc.	большо́й/ большо́го	большу́ю	большо́е
Instr.	больши́м	большо́й (большо́ю)	больши́м
Prep.	(о) большо́м	большо́й	большо́м

Nom.	хоро́ший	хоро́шая	хоро́шее
Gen.	хоро́шего	хоро́шей	хоро́шего
Dat.	хоро́шему	хоро́шей	хоро́шему
Acc.	хоро́ший/ хоро́шего	хоро́шую	хоро́шее
Instr.	хоро́шим	хоро́шей(-ею)	хоро́шим
Prep.	(о) хоро́шем	хоро́шей	хоро́шем

Nom.	ру́сский	ру́сская	ру́сское
Gen.	ру́сского	ру́сской	ру́сского
Dat.	ру́сскому	ру́сской	ру́сскому
Acc.	ру́сский/ ру́сского	ру́сскую	ру́сское
Instr.	ру́сским	ру́сской (ру́сскою)	ру́сским
Prep.	(о) ру́сском	ру́сской	ру́сском

Adjectives agree in case and gender (in the singular) with the nouns they qualify.

The masculine Accusative case is like the Nominative or the Genitive, depending on whether the noun is inanimate or animate. The г in the masculine and neuter Genitive is pronounced в.

2. Свой

Свой, своя́, своё, свои́ is a reflexive possessive pronoun. It is used for *my, your, his, her, its, our, their*, when the possessor is the subject of the clause, as in 'I have lost my book', 'You have brought your book', 'He has brought his (own) sister', and so on. It refers *back* to the subject of the verb in the *clause* and so it cannot be used in the Nominative case to qualify the subject itself.

Thus:

Он ви́дит своего́ дру́га. *He sees his friend.*

But,

Он зна́ет, где его́ друг. *He knows where his friend is.*

In the second sentence 'his friend' is the subject of the clause starting with 'where' and so **свой** cannot be used. **Свой** is used in the Nominative case only in such sentences as

У нас свой дом в Лóндоне   *We have our own house in London,*

Своя рубáшка блúже к тéлу   *One's own shirt is nearer to the body* (i.e. *Blood is thicker than water*).

3. Declension of pronouns in the singular

мой *my, mine*

Nom.	мой (masc.)	моя́ (fem.)	моё (neut.)
Gen.	моего́	мое́й	моего́
Dat.	моему́	мое́й	моему́
Acc.	мой/моего́	мою́	моё
Instr.	мои́м	мое́й (мое́ю)	мои́м
Prep.	(о) моём	мое́й	моём

Твой and **свой** decline in the same way.

наш *our*

Nom.	наш	на́ша	на́ше
Gen.	на́шего	на́шей	на́шего
Dat.	на́шему	на́шей	на́шему
Acc.	наш/на́шего	на́шу	на́ше
Instr.	на́шим	на́шей (-ею)	на́шим
Prep.	(о) на́шем	на́шей	на́шем

Ваш declines in the same way.

э́тот *this*

Nom.	э́тот	э́та	э́то
Gen.	э́того	э́той	э́того
Dat.	э́тому	э́той	э́тому
Acc.	э́тот/э́того	э́ту	э́то

Instr.	э́тим	э́той (-ою)	э́тим
Prep.	(об) э́том	э́той	э́том

тот *that*

Nom.	тот	та	то
Gen.	того́	той	того́
Dat.	тому́	той	тому́
Acc.	тот/того́	ту	то
Instr.	тем	той (то́ю)	тем
Prep.	(о) том	той	том

весь *all, whole*

Nom.	весь	вся	всё
Gen.	всего́	всей	всего́
Dat.	всему́	всей	всему́
Acc.	весь/всего́	всю	всё
Instr.	всем	всей (-е́ю)	всем
Prep.	(обо) всём	всей	всём

4. Ordinal numerals

Ordinal numerals in Russian have adjectival endings and decline like adjectives:

пе́рвый, -ая, -ое	*first*
второ́й	*second*
тре́тий	*third*
четвёртый	*fourth*
пя́тый	*fifth*
шесто́й	*sixth*
седьмо́й	*seventh*
восьмо́й	*eighth*
девя́тый	*ninth*
деся́тый	*tenth*
оди́ннадцатый	*eleventh*
двена́дцатый	*twelfth*

The declension of **тре́тий** is slightly unusual:

Nom.	тре́тий	тре́тья	тре́тье
Gen.	тре́тьего	тре́тьей	тре́тьего

Dat.	тре́тьему	тре́тьей	тре́тьему
Acc.	тре́тий/тре́тьего	тре́тью	тре́тье
Instr.	тре́тьим	тре́тьей	тре́тьим
Prep.	(о) тре́тьем	тре́тьей	тре́тьем

Such adjectives as **медве́жий** 'bear, bear's' and **ли́сий** 'fox, fox's' decline in the same way as **тре́тий**.

5. The Relative pronoun

The Relative pronoun to be used when the antecedent is a noun is **кото́рый**. It declines as a hard adjective and it agrees in gender and number with the antecedent, i.e. the noun to which it refers; its case is determined by the role it plays in the relative clause:

> Его́ оте́ц, кото́рый инжене́р, живёт в Ки́еве.
> *His father, who is an engineer, lives in Kiev.*
> Это кни́га, кото́рую я купи́л вчера́.
> *This is the book which I bought yesterday.*

If the antecedent is a *pronoun* denoting an animate being, then the Relative pronoun is **кто**:

> Тот, кто не рабо́тает, не ест.
> *He who does not work does not eat.*

If the antecedent is a pronoun denoting something inanimate, the Relative pronoun is **что**:

> Всё хорошо́, что хорошо́ конча́ется.
> *All's well that ends well.*

6. Expressions of time

Note the following:

(*during*) *this year*	в э́том году́
(*during*) *last year*	в про́шлом году́
(*during*) *next year*	в бу́дущем году́
(*during*) *this/last/ next month*	в э́том/про́шлом/бу́дущем ме́сяце
(*during*) *this/last/next week*	на э́той/про́шлой/бу́дущей неде́ле

7. **Заве́дующий** '*manager*' is in form a participle from заве́довать 'to manage', which takes the Instrumental case after it:

> Он заве́дует заво́дом.   *He manages a factory.*

Thus, **заве́дующий** is also followed by the Instrumental case:

> Он заве́дующий заво́дом. *He is manager of a factory.*

8. (i) **Води́ть, вести́ 'to lead'**

> This is another verb of motion: **води́ть** corresponds to **ходи́ть** and thus implies leading there and back etc.; and **вести́** corresponds to **идти́** and implies leading in one direction. The Perfective verb is **повести́**.

> The present tense of **води́ть** is вожу́, во́дишь, во́дит ... во́дят.

> The present tense of **вести́** is веду́, ведёшь, ведёт, ведём, ведёте, веду́т.

> And the past tense of **вести́** is вёл, вела́, вело́; вели́. Thus:

> > Он ча́сто во́дит ма́льчика гуля́ть в сад.
> > *He often takes the little boy for a walk in the park.*
> > Он ведёт ма́льчика к до́ктору.
> > *He is taking the little boy to the doctor.*

> This verb has the usual prefixed forms; e.g.:

	Impf.	Pf.
to bring	приводи́ть	привести́
		(*fut.* приведу́
to take/lead		*past* привёл)
away	уводи́ть	увести́
to lead in	вводи́ть	ввести́
to lead out	выводи́ть	вы́вести

Note the figurative meanings **проводи́ть/провести́** 'to spend' (time), and **переводи́ть/перевести́** 'to translate'.

(ii) Летáть, летéть 'to fly'

This is yet another verb of motion; **летáть** corresponds to **éздить** and thus implies to fly there and back etc.; **летéть** corresponds to **éхать** and implies flying in one direction.

Летáть is a regular First conjugation verb.
Летéть has the present tense **лечý, летúшь,** летúт ... летя́т.
Its past tense is regular. The Perfective verb is **полетéть.**
This verb has the usual prefixed forms; e.g.:

	Impf.	Pf.
to come (flying, by air)	прилетáть	прилетéть
to fly away, leave	улетáть	улетéть
to fly out, leave	вылетáть	вы́лететь

(iii) Бéгать, бежáть 'to run'

Another verb of motion, **бéгать** corresponds to **ходúть** and implies running there and back, running about etc.; **бежáть** corresponds to **идтú** and implies running in one direction only.

Бéгать is a regular First conjugation verb. **Бежáть** is regular in the past tense, but the present tense is **бегý, бежúшь,** бежúт, ... бегýт.

The Perfective verb is **побежáть.**
There are the usual prefixed forms; e.g.:

to come (running)	прибегáть	прибежáть (fut. прибегý ..., past прибежáл ...)
to run away	убегáть	убежáть
to run in	вбегáть	вбежáть
to run out	выбегáть	вы́бежать

But note **прибегáть/прибéгнуть к** 'to resort to'.

9. Мáленький 'little, small'

The adjective **мáленький** has no short forms, but the short forms of **мáлый,** which also means 'little', are used for them. These short adjectives (**мал, мала, мало, малы**) often have the meaning of 'too little'. Short adjectives in general may have the meaning of 'too':

Туфли малы.   *The shoes are too little.*
Пальто коротко.   *The coat is too short.*

EXERCISES—УПРАЖНЕНИЯ

Упражнение первое

Complete the sentences by using the words in brackets, where necessary with the preposition **на** (See Grammar, Lesson 6, § 5):

1. Они обсуждали контракт (весь день).
2. Они будут обсуждать эту работу (вся осень).
3. Они устроят поездку (всё лето).
4. Я уговорю его поехать на юг (целый год).
5. Я разрабатывал контракт (целая неделя).
6. Я попросил экскурсию (целое утро).
7. Он провёл на Кавказе (прошлая весна).
8. Он летал домой (прошлое Рождество).
9. Он предложил мне поехать в горы (утренняя экскурсия).
10. Она посоветовала ему лететь в Ереван (летние каникулы).
11. Она продолжала уговаривать его (долгое время).
12. Она возвращается в Армению (зимние праздники).
13. Вы придёте к ним (традиционный обед).
14. Мы жили на Украине (последние годы).

Упражнение второе

Insert suitable verbs of *flying* in the following passage:

Заведующего нет в Москве. Позавчера он ... в Киев. Он ... из Москвы в девять часов утра. Завтра он ... из Киева. Когда он будет ... в Ереван, он ... над южным Кавказом. В столицу Армении он ... завтра

ве́чером и он бу́дет там до воскресе́нья. В понеде́ль-
ник ему́ сле́дует опя́ть ... в Ки́ев на оди́н день, но да́же
он не в состоя́нии ... всё вре́мя из го́рода в го́род и
почти́ жить в самолёте.

Упражне́ние тре́тье

Insert the possessive pronouns. Use **свой** whenever possible:

1. В (our) го́роде есть большо́й но́вый музе́й.
2. Он хорошо́ зна́ет (his) го́род.
3. Я о́чень прошу́ тебя́ написа́ть (your) отцу́ об э́том.
4. Она́ присла́ла мне (her) фотогра́фию.
5. Он поста́вил (her) фотогра́фию на стол.
6. Они́ не зна́ют, чем занима́ется сейча́с (their) ребёнок.
7. Они́ о́чень лю́бят (their) сестру́.
8. Посове́туйте (your) заве́дующему не обсужда́ть
   (their) контра́кт без (his) перево́дчика.
9. Он не до́лжен удивля́ться (your) скро́мности; ведь
   ты ещё совсе́м неизве́стный арти́ст.
10. Он прие́дет к вам со (his) сестро́й, но (his) сестра́ не
    бу́дет тебе́ меша́ть. Ты смо́жешь продолжа́ть зани-
    ма́ться (your) рисова́нием.

Упражне́ние четвёртое

Complete the following sentences by using the phrases in
brackets in the Genitive case:

1. Здесь нет — (заве́дующий) музе́ем.
2. Здесь нет — (настоя́щий экскурсово́д).
3. У нас нет — (настоя́щая парикма́херская).
4. Э́то учени́к — (твой ки́евский знако́мый).
5. Собо́р разру́шился от — (ужа́сное землетрясе́ние).
6. Ваш сотру́дник освободи́лся от — (ли́шняя рабо́та).
7. Он спря́чется от — (стро́гий гла́вный дире́ктор).
8. Он спря́чется от — (усе́рдная но́вая дежу́рная).

Упражне́ние пя́тое

Complete the following sentences by using the phrases in
brackets in the Dative case:

1. Мы прибега́ем к — (небольша́я хи́трость).
2. Мы прибега́ем к — (люба́я по́мощь).
3. Самолёт лети́т к — (за́падная грани́ца).
4. Они́ удивля́ются — (на́ше нетерпе́ние).
5. Я ра́дуюсь — (замеча́тельный туре́цкий ко́фе).
6. (Ваш мини́стр) — нра́вится Белору́ссия.

Упражне́ние шесто́е

Answer the following questions. Use the words given in brackets, with prepositions if necessary:

1. Куда́ вы идёте сейча́с? (гла́вный ки́евский вокза́л).
2. Куда́ вы лети́те послеза́втра? (Сове́тская Арме́ния).
3. Что вы посети́те за́втра? (истори́ческий музе́й и ю́жная часть го́рода).
4. Что вы обсужда́ли с заве́дующим? (сове́тская текст́ильная промы́шленность).
5. Кого́ вы спроси́ли о кли́мате? (свой хоро́ший знако́мый).
6. Кого́ вы спро́сите об э́том? (молода́я ерева́нская учи́тельница).
7. В како́й ве́чер вы хоти́те идти́ на прогу́лку? (любо́й ти́хий и тёплый).
8. В како́й день вы прилете́ли в Москву́? (про́шлое воскресе́нье).
9. В каку́ю пого́ду вы е́здите к мо́рю? (хоро́ший, тёплый).
10. В каку́ю пого́ду вы сиди́те до́ма? (холо́дный, зи́мний).

Упражне́ние седьмо́е

Complete the following sentences by using the phrases in brackets in the Instrumental case:

1. Я угощу́ его́ — (замеча́тельный рожде́ственский пу́динг).
2. Здесь па́хнет — (све́жая украи́нская колбаса́).
3. Они́ за́няты — (ва́жная интеллектуа́льная де́ятельность).
4. Она́ дово́льна — (мя́гкий ю́жный кли́мат).

5. Ты должна чувствовать себя — (обыкновенная советская студентка).

6. Его считают — (большой силач и хороший спортсмен).

7. Он выглядел — (типичный современный директор завода).

8. Работа казалась — (бесконечная, сложная и неприятная).

9. Мы пролетали над — (известный древний армянский храм).

10. Вы познакомились с — (наше современное национальное искусство).

Упражнение восьмое

Answer the following questions. Use the words in brackets with correct prepositions in your answers:

1. Где она живёт? (последний дом, эта улица).

2. Где вы живёте? (старый и некрасивый, маленький дом).

3. Где они работают? (специальное, центральное здание фабрики).

4. Где он будет работать? (ереванский машиностроительный завод).

5. Где находится круглый собор? (старая, западная часть города).

6. Где находится ваш единственный музей? (новый, красивый район города).

7. О чём говорили художники? (древняя русская живопись и современное западное искусство).

8. О чём будут говорить министры? (большой завод синтетического каучука).

9. О чём вы думаете? (ранняя весна и золотая осень).

10. О чём она думает? (украинский лес и тёплое Чёрное море).

Упражне́ние девя́тое

(a) Use **кото́рый** in the appropriate case to join the clauses given below to the clause:

Я познако́мился с учи́тельницей, . . .

. . . она́ устра́ивает пое́здку в го́ры

. . . у неё сейча́с дли́нные кани́кулы

. . . благодаря́ ей моя́ дочь перешла́ в но́вую шко́лу

. . . вы угова́ривали её прие́хать в Смоле́нск

. . . ты бу́дешь разраба́тывать с ней план рабо́ты

. . . о ней вам уже́ писа́л замести́тель мини́стра

(b) As above, with the following clauses:

Я спрошу́ об э́том одного́ сотру́дника, . . .

. . . он ча́сто е́здит в Белору́ссию

. . . без него́ я ничего́ не могу́ реши́ть

. . . мы посове́товали ему́ прибе́гнуть к ва́шей по́мощи

. . . мы попроси́ли его́ купи́ть ли́шний биле́т

. . . им интересу́ется изве́стный режиссёр

. . . заве́дующий уже́ говори́л с ва́ми о нём

Упражне́ние деся́тое

Translate into Russian:

1. We are approaching the Turkish border.
2. He is hiding behind the last big tree.
3. The map is hanging over the large picture of a winter's evening.
4. In the Caucasus they often treated us to sweet grape juice.
5. He will come (by air) to Minsk for Monday and Tuesday.
6. I shall work all Wednesday and all Thursday, because on Friday I am flying to the Ukraine for three weeks.
7. For the first week I shall live in a large hotel in Kiev, but, for the second week I intend to go to the Black Sea and from there to the southern Caucasus.
8. My guide advised me to visit the Caucasus and get acquainted with the typical life (there), with local

history and with the national culture of the southern Caucasus.

9. I had wanted for a long time to interrupt my business trip, to free myself from endless official activity for a week, and to breathe (a little) the fresh mountain air.

10. How I shall rejoice at every morning walk, every warm day, all the southern beauty of Armenia — without work and without my strict guide! With what regret shall I look at the beautiful mountain ranges on the last evening in the Armenian capital, and know that on the morrow I shall have to return to Moscow.

LESSON 16 — УРО́К ШЕСТНА́ДЦАТЫЙ

Нелёгкие времена́

Москва́ не о́чень краси́вый го́род — так в пе́рвое вре́мя каза́лось Джо́ну, когда́ ему́ го́рдо ука́зывали на одно-обра́зные ряды́ многоэта́жных жилы́х домо́в. Дли́нные кварта́лы, широ́кие, но ску́чные у́лицы. То́лько вре́мя от вре́мени встреча́ется краси́вый образе́ц совреме́нной архитекту́ры — обы́чно како́е-нибудь обще́ственное зда́-ние. Ему́ бы́ло неудо́бно улыба́ться всё вре́мя и де́лать вид, что он соглаша́ется со всем, что ему́ говоря́т. Не-прия́тно бы́ло притворя́ться, а на са́мом де́ле ду́мать, что Москва́ состои́т из чи́стых, но соверше́нно неинтере́с-ных проспе́ктов, у́лиц и площаде́й. «Кро́ме теа́тров, му-зе́ев и галере́й в Москве́ нет ничего́ интере́сного для иностра́нцев», — ду́мал он.

Воло́дя подозрева́л, что Джон хорошо́ отзыва́ется о Москве́ то́лько из прили́чия, и стара́лся объясни́ть ему́, что Москва́ растёт о́чень бы́стро, что но́вые райо́ны уже́ занима́ют ме́сто бы́вших лесо́в и поле́й, сёл и дереве́нь, что по́сле войны́ и осо́бенно по́сле сме́рти Ста́лина в Москве́ на́чали стро́ить как мо́жно бо́льше дешёвых и практи́чных домо́в и что в Ло́ндоне и́ли в любо́м друго́м кру́пном го́роде есть то́же мно́го некраси́вых но́вых райо́нов.

— Понима́ешь, при Ста́лине мно́го средств и уси́лий шло на строи́тельство обще́ственных зда́ний: метро́, на-приме́р, и университе́та. Но тепе́рь друго́е де́ло. В СССР уже построили миллионы новых квартир и сейчас строят довольно много качественных домов. Но в связи с ростом городского населения возникло немало новых экономических и социальных проблем. Нужно было повысить эффективность транспортных средств, усовершенствовать систему линий метро, маршрутов автобусов, троллейбусов и трамваев. Новых жителей надо было обеспечить всем необходимым: кормить новых москвичей, например, непросто. Это требует больших усилий. Что касается магазинов и кафе, то ты и без меня видишь, что мы ещё отстаём от многих западных стран.

— Зато в каждом доме есть центральное отопление и двойные рамы...

— Конечно! Без хорошего отопления и двойных окон у нас не обойдёшься. Зато большинство людей обходится без телефонов.

— Неправда! У вас полно телефонных будок. Видишь, я уже защищаю Советский Союз.

— И правильно делаешь! А это всё, что ты можешь сказать о нас хорошего?

— Конечно нет. Репутация ваших школ дошла даже до нас.

— Правда. Можно сказать, что СССР теперь не без учебных заведений: есть всё — от детских садов до отделений Академии наук. Почти все у нас кончают, по крайней мере, десятилетку. Учёных уже миллионы, и для рабочих тоже есть сколько угодно техникумов, где любой человек может повысить свою квалификацию. Да, разумеется, мы не стыдимся своих школ, институтов и университетов. Ведь с древних времён и вплоть до Революции Россия была страной безграмотных крестьян. Всему народу надо было дать образование. Не только детей, но и взрослых людей надо было научить грамоте.

— Не бойся, Володя! За несколько месяцев я успел убедиться в этом. В области образования мы отстаём от вас.

WORDS AND PHRASES

шестна́дцатый = sixteenth
в пе́рвое вре́мя = at first
го́рдо = proudly
ука́зывать/указа́ть = to point out
  (/укажу́, ука́жешь)
однообра́зный = monotonous
ряд = row, series
многоэта́жный = multi-storey
жило́й дом = block of flats
кварта́л = city block
широ́кий = broad
ску́чный = dull, boring
вре́мя от вре́мени = from time to time
образе́ц = specimen
како́й-нибудь = some
обще́ственный = public, social
неудо́бно = awkward, uncomfortable
де́лать вид = to pretend
соглаша́ться/согласи́ться с + *instr.* = to agree with
  (/соглашу́сь, согласи́шься)
притворя́ться/притвори́ться = to pretend, dissemble
соверше́нно = completely
проспе́кт = avenue
кро́ме +*gen.* = besides, except for
галере́я = gallery
иностра́нец = foreigner
подозрева́ть = to suspect
  (подозрева́ю, подозрева́ешь)
отзыва́ться/отозва́ться о +*prep.* = to speak of, react to
  (/отзову́сь, отзовёшься)
прили́чие = decency
стара́ться/по- = to try
расти́ = to grow
  (расту́, растёшь)
бы́вший = former
село́ = village

война = war
особенно = specially, particularly
смерть (*fem.*) = death
практичный = practical
крупный = large, powerful
при + *prep.* = during the time, reign of; in the presence of
средство = means, resources
усилие = effort
строительство = construction
например = for example
миллион = million
квартира = flat, apartment
качественный = high-quality
в связи с ростом = in connexion with the growth
городское население = urban population
возникать/возникнуть = to arise, crop up
   (/*past* возник, возникла)
немало = not a few, quite a few
экономический = economic
социальный = social
нужно = it is necessary
повышать/повысить = to raise
эффективность (*fem.*) = effectiveness, efficiency
транспортные средства = means of transport
совершенствовать/у- = to perfect
система = system
линия метро = metro line
маршрут троллейбуса = trolleybus route
трамвай = tram, streetcar
житель = inhabitant
обеспечивать/обеспечить = to secure, supply
всё необходимое = everything necessary
кормить/на- = to feed
   (кормлю, кормишь)
москвич = Muscovite
непросто = not easy
требовать/по- +*gen.* = to demand
   (требую, требуешь)

что касается +*gen.* = so far as ... is/are concerned
мно́гие = many
страна́ = country
зато́ = on the other hand
центра́льное отопле́ние = central heating
двойна́я ра́ма = double glazing (frame)
обходи́ться/обойти́сь без + *gen.* = to do without
не обойдёшься без = you can't manage without...
большинство́ = majority
телефо́н = telephone
непра́вда = it is not true
полно́ +*gen.* = plenty
телефо́нная бу́дка = telephone box
защища́ть/защити́ть = to defend
   (/защищу́, защити́шь)
репута́ция = reputation
уче́бное заведе́ние = educational establishment
де́тский сад = kindergarten
Акаде́мия нау́к = Academy of Sciences
по кра́йней ме́ре = at least
десятиле́тка = ten-year (standard) school
учёный = scientist
рабо́чий = worker
ско́лько уго́дно +*gen.* = as many as you like
те́хникум = technical college, trade school
разуме́ется = of course
стыди́ться/по- +*gen.* = to be ashamed of
институ́т = institute
с дре́вних времён = from ancient times
вплоть до Револю́ции = right up to the revolution
безгра́мотный = illiterate
образова́ние = education
учи́ть гра́моте = to teach reading and writing
взро́слый = adult
за не́сколько ме́сяцев = within a few months
убежда́ться/убеди́ться в + *prep.* = to be convinced of
о́бласть (*fem.*) = region; field (*figurative*)

GRAMMAR—ГРАММА́ТИКА

1. Nouns: the Genitive plural

The only case of the noun in the plural which causes much difficulty is the Genitive, which has a wide variety of endings. They are as follows:

MASCULINE

Nom. sg.	заво́д	слова́рь	музе́й
Nom. pl.	заво́ды	словари́	музе́и
Gen. pl.	заво́дов	словаре́й	музе́ев

When the Nominative singular ends in **-ц**, the Genitive plural ends in **-ов** if it is stressed, and in **-ев** if it is not:

оте́ц—отцо́в, but ме́сяц—ме́сяцев.

But masculine nouns ending in a sibilant (**ж, ч, ш, щ**) have their Genitive plural in **-ей**:

това́рищ — (*gen. pl.*) това́рищей;
москви́ч — (*gen. pl.*) москвиче́й.

Note also the Genitive plural of nouns in **-анин, -янин**:

англича́нин — (*gen. pl.*) англича́н;
крестья́нин — (*gen. pl.*) крестья́н.

Де́ти 'children' has the Genitive дете́й.
Лю́ди 'people' has the Genitive люде́й.

FEMININE

Nom. sg.	ко́мната	бу́ря	ли́ния	о́чередь
Nom. pl.	ко́мнаты	бу́ри	ли́нии	о́череди
Gen. pl.	ко́мнат	бурь	ли́ний	очереде́й

In order to avoid an ugly combination of consonants it may be necessary to insert a vowel (**о, е, ё**). Thus

студе́нтка — (*gen. pl.*) студе́нток;
де́вушка — (*gen. pl.*) де́вушек;

сестра́ — (*gen. pl.*) сестёр;
ку́хня — (*gen. pl.*) ку́хонь;
дере́вня — (*gen. pl.*) дереве́нь.

But if such a feminine noun ends in **-ня** in the Nominative singular, the Genitive plural usually has no soft sign on the end:

ба́шня — (*gen. pl.*) ба́шен;
пе́сня — (*gen. pl.*) пе́сен;
спа́льня — (*gen. pl.*) спа́лен.

The Genitive plural of feminine nouns in **-ея** ends in **-ей**:

галере́я — (*gen. pl.*) галере́й;
иде́я — (*gen. pl.*) иде́й.

Similarly, ста́туя — (*gen. pl.*) ста́туй.

Note that the Genitive plural of **ча́йка** 'gull' is **ча́ек**, and of **копе́йка** 'copeck' is **копе́ек**.

NEUTER

Nom. sg.	де́ло	мо́ре	мне́ние	вре́мя
Nom. pl.	дела́	моря́	мне́ния	времена́
Gen. pl.	дел	море́й	мне́ний	времён

(There are ten neuter nouns in **-мя**. For their declension see page 217, Lesson 18, Grammar § 6.)

A vowel is sometimes inserted in the Genitive plural:

окно́ — (*gen. pl.*) о́кон; ма́сло — (*gen. pl.*) ма́сел;
письмо́ — (*gen. pl.*) пи́сем.

Note that the Genitive plural of **воскресе́нье** 'Sunday' is **воскресе́ний**.

IN THE PLURAL THE ACCUSATIVE OF ANIMATE NOUNS, BOTH MASCULINE AND FEMININE, IS LIKE THE GENITIVE.

2. The plural of adjectives

Russian adjectives in the plural have only one declension for all three genders. Thus, the Nominative plural of **новый, новая, новое** is **новые**, and of **зимний, зимняя, зимнее** is **зимние**.

The Genitive plural of these adjectives is **новых** and **зимних**. The Genitive plural of all adjectives ends in **-ых** (hard) or **-их** (soft).

Note also the plurals of the following pronouns:

мой	Nom.	мои	Gen.	моих	(also твоих, своих)
наш		наши		наших	(also ваших)
этот		эти		этих	
тот		те		тех	
весь		все		всех	

3. The verb учить

Учить (Perfective **научить**) 'to teach' is followed by the person taught in the Accusative case and the subject taught in the Dative:

Я учу́ его́ му́зыке.   *I teach him music.*

Учить (Perfective **выучить**) may be used for 'to learn', usually in the sense of 'to learn up, memorize':

учи́ть уро́к/стихи́   *to learn the lesson/verses*
(The thing learnt is in the Accusative case.)

The verb **учиться** (Perfective **вы-** or **на-**) means 'to study, learn'. If it is used with a subject of study, this is in the Dative case:

Я учу́сь му́зыке.   *I am studying music.*

4. Многие 'many, many a ...'

Мно́гие 'many' is declinable and it is used instead of **мно́го** when an oblique case (Genitive, Dative, Instrumental or Prepositional) is required:

мно́го городо́в	*many towns*
из мно́гих городо́в	*from many towns*

By itself **мно́гие** may mean 'many people'.
There is a singular form, usually found in the neuter —
мно́гое which means 'much', 'many a thing'.

EXERCISES—УПРАЖНЕ́НИЯ

1. (a) Put the following sentences into the Past tense using Perfective verbs:

> *На что ему́ го́рдо ука́зывают москвичи́?
> *Почему́ Джон притворя́ется, что ему́ нра́вится Москва́?
> *В связи́ с чем возника́ет ряд обще́ственных и тра́нспортных пробле́м?
> *Как соверше́нствуют тра́нспортные сре́дства?
> *Чего́ тре́бует строи́тельство обще́ственных зда́ний?
> Чем она́ ко́рмит всех свои́х дете́й?
> Без каки́х рабо́чих вы не мо́жете обходи́ться?
> Репута́цию чего́ он защища́ет?
> До кого́ дохо́дят но́вости о его́ обще́ственной де́ятельности?
> Чего́ он так стра́шно бои́тся?

(b) Put the following sentences into the Perfective future tense:

> *С кем Джон соглаша́ется?
> *О чём в СССР вы мо́жете хорошо́ отзыва́ться?
> *Что занима́ет ме́сто бы́вших лесо́в и поле́й?
> *Чем обеспе́чивают но́вых жи́телей Москвы́?
> *От каки́х стран они́ отстаю́т?
> *В чём Джон убежда́ется за не́сколько ме́сяцев?
> Кому́ из э́тих иностра́нцев она́ улыба́ется?
> Почему́ вы стара́етесь э́то де́лать?
> Э́то на са́мом де́ле повыша́ет эффекти́вность городско́го тра́нспорта?

2. Using the information contained in the text of this lesson, answer the questions marked * above.

3. (a) Complete the sentence by using the phrases below in the Genitive plural:

В послéдние гóды вознúкло мнóго ...

> однообрáзные квартáлы; ботанúческие садЫ; тёмные углЫ; крýпные музéи; экономúческие словарú; ширóкие проспéкты; многоэтáжные домá; жилЫе райóны; молодЫе учёные; общéственные телефóны.

(b) Complete the sentence:

Скóлько здесь ... ?

> бЫвшие собóры; дрéвние хрáмы; скýчные учителЯ; стáрые трамвáи; мéстные инститýты; городскúе тéхникумы; нáши стáрые товáрищи; знаменúтые силачú; гóрные хребтЫ; интерéсные мáтчи.

(c) Complete the sentence:

Там слúшком мáло ...

> городскúе рЫнки; молодЫе иностáнцы; вкýсные пирожкú; приЯтные дни; настóйчивые отцЫ; тёплые мéсяцы; кáчественные образцЫ; хорóшие молоткú; большúе кáмни; нóвые жúтели.

4. Complete the following sentences by putting the phrases in brackets into the Genitive (or Genitive-Accusative) plural:

(i) Онú потрéбовали ещё нéсколько (удóбные номерá).

(ii) Я не люблЮ (осéнние дождú).

(iii) В министéрстве нé было (крýпные скандáлы).

(iv) У них остáлось нéсколько (золотЫе рублú).

   (v) Он зна́ет мно́го (ста́рые москвичи́).

  (vi) Как мо́жно жить в большо́м го́роде без (троллей-
бусы) и без (трамва́и)?

 (vii) Учи́ть гра́моте ну́жно (и ма́ленькие де́ти и мно́гие
ученики́).

(viii) Иногда́ прихо́дится учи́ть ру́сскому языку́ (да́же
не́которые учёные).

  (ix) Там полно́ (прекра́сные но́вые ду́ши).

   (x) С того́ вре́мени прошло́ уже́ нема́ло (ле́тние дни,
прия́тные ме́сяцы).

5. (a) Give the Perfective future tense of **обойти́сь** and
make complete sentences with **без** and the following
phrases in the Genitive:

> ва́ши сравне́ния; дороги́е ма́сла; больши́е о́кна;
> ли́шние дела́; мно́гие поля́; но́вые уче́бные за-
> веде́ния.

(b) Give the present tense of **стыди́ться** and make
complete sentences with the following phrases:

> твой безгра́мотные пи́сьма; ва́ши ста́рые сёла;
> не́которые его́ сомне́ния; все на́ши бесконе́чные
> уси́лия; ва́ши стра́нные тра́нспортные сре́дства;
> свой чу́вства и пережива́ния.

6. Complete the following sentences by putting the words
in brackets into the Genitive plural:

(a)   (i) Они́ ещё отстаю́т от (други́е социалисти́че-
ские стра́ны).

    (ii) В связи́ с э́тим возника́ет нема́ло (кру́пные
тра́нспортные пробле́мы).

  (iii) В Сове́тском Сою́зе есть ско́лько уго́дно
(шко́лы-десятиле́тки и специа́льные шко́лы).

  (iv) В них рабо́тают миллио́ны (усе́рдные сове́т-
ские учи́тельницы).

   (v) Она́ уста́нет от (бесконе́чные официа́льные
пое́здки).

(vi) Большинство (молодые девушки и взрослые женщины) работают.

(vii) Лётом мы устраивали много (утренние прогулки к морю).

(viii) Мы увидели, что наши дети не боятся даже (большие чайки).

(ix) Иногда жить в деревне бывает нелегко: в местном магазине может быть полно (детские балалайки), и совсём не быть (необходимые для взрослых зимние шапки).

(b)   (i) За несколько (недели) они увидели ряд (интересные вещи).

(ii) Они решили посмотреть как можно больше (типичные украинские деревни).

(iii) Она до смерти боялась (зимние бури).

(iv) Он защищал её от (все трагедии и опасности).

(v) Что касается (старые традиционные комедии), то ты о них всегда плохо отзываешься.

(vi) Вам наверное известна репутация (замечательные лондонские галереи).

(vii) Скоро ужё нигдё не будет (тёмные и мрачные кухни).

7. Translate into Russian:

The Soviet Union still lags behind many other countries as regards some things: high-quality shops, restaurants, the latest fashions and beautiful new buildings. Even in Moscow, where there are many multi-storey blocks of flats, most new streets and squares are uninteresting. There are plenty of cheap functional buildings there, but they do not interest either the foreigners or the Soviet tourists.

But the building of beautiful cities demands not just clever ideas and ceaseless efforts, but also large resources. At first these resources went on various educational institutions. After the Revolution it was necessary to teach both young and old reading and writing. Out of illiterate peasants it was necessary to make (factory) workers; out of workers it was necessary to make scientists.

Even after the war, after Stalin's death, there were not the necessary resources for art, for museums and galleries. Many social and economic problems had to be solved. Only then could the people demand beautiful buildings for their towns and villages.

LESSON 17 — УРО́К СЕМНА́ДЦАТЫЙ

Что де́лать?

— Та́ня, что ты бу́дешь де́лать, когда́ мы ко́нчим шко́лу? Ты всё ещё хо́чешь быть врачо́м?

— Хочу́. У нас не хвата́ет враче́й, а я хочу́ быть поле́зной. Поступлю́ в медици́нский институ́т — вот и всё.

— Ой, хорошо́ тебе́! Ты така́я реши́тельная. А я никогда́ ничего́ не зна́ю. Я то́же хочу́ быть поле́зной, надое́ло мне учи́ться, я хочу́ рабо́тать, но я всё ещё жду чего́-то, чего́-то ищу́. Я всем недово́льна и хочу́ чего́-то ещё. У меня́ нет никаки́х конкре́тных пла́нов...

— Бе́дная моя́ Со́нечка! Глу́пый ты челове́к. Ты ведь молода́я, тебе́ шестна́дцать лет, а ты уже́ жа́луешься, что мир тебя́ не понима́ет. Поймёшь ли ты когда́-нибудь, что ты про́сто ми́лый, нео́пытный утёнок — га́дкий утёнок? Молоды́е живо́тные отлича́ются любопы́тством, э́то есте́ственно и хорошо́. Так они́ у́чатся жить, узна́ют, како́й пи́щи на́до избега́ть, каки́х опа́сностей на́до боя́ться, каки́е живо́тные им друзья́, каки́е — враги́. Всегда́, с дре́вних времён бы́ло так. Ка́ждый утёнок до́лжен сам всему́ научи́ться...

— Та́ня, пожа́луйста! Хва́тит зооло́гии. Мо́жет быть, я действи́тельно га́дкий утёнок, но я чу́вствую, что у меня́ уже́ вы́росли кры́лья, есть си́ла, но э́того почему́-то недоста́точно.

— Коне́чно, недоста́точно. Лу́чше быть без кры́льев вообще́. Нева́жно, ско́лько у тебя́ си́лы, е́сли ты не имеешь определённой цели. Бесполезно иметь крылья, если ты не знаешь, куда лететь, не умеешь выбрать правильное направление. Это и есть разница между слепой силой и полезной энергией.

— И хватит физики. На людей не смотрят, как на лошадей. Не имеет значения, сколько у меня лошадиных сил. Я человек. Для измерения человеческого труда нет простых физических законов. А как измерить полезность? Один человек, скажем, строит электростанцию, другой поёт песню. Оба нужны, полезны: первый создаёт источник электрической энергии, второй является источником радости для души. Как сравнить полезность электростанций и песен? Ребёнок радует родителей, когда учится думать, но мысли детей сильно отличаются от мыслей взрослых: они употребляют разные виды умственной энергии. Я люблю свою семью, своих друзей и подруг, даже тебя — а сколько энергии я трачу на это?

— Всё, что ты говоришь, можно объяснить совсем просто. Это закон природы: человек — общественное животное. Мы должны помогать друг другу, иначе мы не можем жить. Мы продолжаем существовать потому, что любим не только своих отцов и матерей, и близких знакомых, но и всё человечество: американцев, немцев, китайцев, и даже гадких утят.

— Нет, признайся, всё-таки! Жизнь не так проста. Я даже наших соседей терпеть не могу, иногда ненавижу своих братьев и сестёр. А кто любит англичан, например?

WORDS AND PHRASES

семнадцатый = seventeenth
врач = doctor
не хватает врачей = there are not enough doctors
полезный = useful
поступать/поступить в + *acc.* = to enter (*an educational establishment*)

медици́нский институ́т = medical school
вот и всё = that's all there is to it
реши́тельный = decisive
надое́ло мне учи́ться = I am fed up with studying, learning
иска́ть/по- + *acc. or gen.* = to search, look for
   (ищу́, и́щешь)
недово́лен (недово́льна, недово́льны) + *instr.* = discontented with
никако́й = none
конкре́тный план = definite plan
бе́дный = poor
глу́пый = stupid
шестна́дцать = sixteen
жа́ловаться/по- = to complain
   (жа́луюсь, жа́луешься)
мир = world; peace
когда́-нибудь = some time, one day
нео́пытный = inexperienced
га́дкий утёнок = ugly duckling
живо́тное = animal
любопы́тство = curiosity
есте́ственный = natural
учи́ться/на- + *infin. or dat.* = to learn
избега́ть/избежа́ть *or* избе́гнуть + *gen.* = to avoid
враг = enemy
хва́тит зооло́гии = that will be enough of zoology
действи́тельно = really
у меня́ вы́росли кры́лья = I have sprouted wings
недоста́точно = not enough
нева́жно = not important
име́ть = to have
определённый = definite
направле́ние = direction
слепо́й = blind
эне́ргия = energy
фи́зика = physics
ло́шадь (*fem.*) = horse

значе́ние = meaning
не име́ет значе́ния = it does not matter
лошади́ная си́ла = horse power
измере́ние = measurement
челове́ческий труд = human work, toil
физи́ческий зако́н = physical law
измеря́ть/изме́рить = to measure
поле́зность (*fem.*) = usefulness
электроста́нция = power station
пе́сня = song
о́ба (*masc., neut.*), **о́бе** (*fem.*) + *gen. sg.* = both
создава́ть/созда́ть = to create
　(**создаю́, создаёшь/созда́м, созда́шь**)
исто́чник = source
электри́ческий = electrical
второ́й = second
сра́внивать/сравни́ть = to compare
ра́довать/об- = to make happy
роди́тели = parents
употребля́ть/употреби́ть = to use
вид = form; appearance
у́мственный = intellectual, mental
подру́га = friend (*fem.*)
тра́тить/ис- = to spend, expend
　(**тра́чу, тра́тишь**)
приро́да = nature
обще́ственное живо́тное = social animal
и́наче = otherwise (*alternative* stress)
знако́мый = acquaintance, friend
челове́чество = humanity, mankind
кита́ец, *gen.* **кита́йца** = Chinaman (**китая́нка** = Chinese
　woman)
признава́ться/призна́ться = to confess, admit
　(**признаю́сь, признаёшься/призна́юсь, призна́ешься**)
терпе́ть/вы- = to bear, tolerate
　(**терплю́, те́рпишь**)
ненави́деть/воз- = to hate

GRAMMAR—ГРАММА́ТИКА

1. -то and -нибудь

If you say in English 'I will bring you something from Kiev', then you are probably making a vague promise and have not yet decided what this 'something' is going to be. It could be anything and what exactly it is to be is not yet determined. On the other hand, if you say 'I have brought you something from Kiev', then clearly this 'something' is already a definite something, what it is has already been determined. In Russian these two sentences would be translated thus:

I will bring you something ... я привезу́ тебе́ что́-нибудь ...
I have brought you something ... я привёз тебе́ что́-то ...

This means that **что́-то** is used for *something definite*; **что́-нибудь** is used for *something not determined, not specific, anything.*
In practice, if the verb is in the past tense, **что́-то** is used more than **что́-нибудь**, because if the action was in the past, the 'something' has been determined, it could no longer be just anything. **Что́-нибудь** can, however, be used with the past tense, especially in a question:

Вы написа́ли что́-нибудь? *Have you written anything?*
i.e. *anything at all?*

And there is Pushkin's deliberately vague statement from *Eugene Onegin*:

Мы все учи́лись понемно́гу *We all learned little by little*

Чему́-нибудь и ка́к-нибудь *Something or other, somehow or other*

In the present tense and the future either **что́-то** or **что́-нибудь** is just as probable. It all depends on whether the speaker has something specific in mind.

The particles **-то** and **-нибудь** may be added to other words:

кто́-то	*somebody*	кто́-нибудь	*somebody, anybody*
како́й-то	*some (kind of)*	како́й-нибудь	*some (any)*
где-то	*somewhere*	где́-нибудь	*somewhere, anywhere*
когда́-то	*at some time*	когда́-нибудь	*at some time, at any time*
ка́к-то	*somehow*	ка́к-нибудь	*somehow, anyhow*
куда́-то	*(to) somewhere*	куда́-нибудь	*(to) somewhere, anywhere*

Note that although the words on the right may translate as 'anything' etc., they are not used with the negative. 'He did not say anything' is **Он ничего́ не сказа́л.**

2. Irregular plurals

The plurals of the following nouns are irregular in some way.

Nom. sg.		Nom. pl.	Gen. pl.
брат	(brother)	бра́тья	бра́тьев
друг	(friend)	друзья́	друзе́й
сосе́д	(neighbour)	сосе́ди	сосе́дей
сын	(son)	сыновья́	сынове́й
стул	(chair)	сту́лья	сту́льев
утёнок*	(duckling)	утя́та	утя́т
глаз	(eye)	глаза́	глаз
во́лос	(hair)	во́лосы	воло́с
раз	(time)	разы́	раз
дочь	(daughter)	до́чери	дочере́й
мать	(mother)	ма́тери	матере́й

---

* The suffix **-ёнок,** plural **-я́та,** is commonly found in words denoting the young of animals: *cf.* **котёнок** 'kitten', *pl.* **котя́та,** and **поросёнок** 'piglet', *pl.* **порося́та.**

тётя	(aunt)	тёти	тётей
де́рево	(tree)	дере́вья	дере́вьев
крыло́	(wing)	кры́лья	кры́льев
пла́тье	(dress)	пла́тья	пла́тьев
не́бо	(sky, heaven)	небеса́	небе́с

For the Genitive plural of **год** 'year', **лет** i.e. the Genitive plural of **ле́то** 'summer' is mostly used: **мно́го лет** *many years*. The Genitive plural of **челове́к** 'person' is normally **люде́й**: **мно́го люде́й** *many people*. But after numerals and the words **ско́лько** 'how many' and **не́сколько** 'some, several' the Genitive plural remains as **челове́к**: **ско́лько челове́к?** *how many people?* **Ребёнок** 'child' has as its plural **де́ти** or **ребя́та**.

The Genitive of the plural word **кани́кулы** 'holidays' is **кани́кул**.

3. Numerals

one	оди́н, одна́,		
	одно́; одни́	*eleven*	оди́ннадцать
two	два, две	*twelve*	двена́дцать
three	три	*thirteen*	трина́дцать
four	четы́ре	*fourteen*	четы́рнадцать
five	пять	*fifteen*	пятна́дцать
six	шесть	*sixteen*	шестна́дцать
seven	семь	*seventeen*	семна́дцать
eight	во́семь	*eighteen*	восемна́дцать
nine	де́вять	*nineteen*	девятна́дцать
ten	де́сять	*twenty*	два́дцать
	twenty-one	два́дцать оди́н/одна́/одно́	

Ordinals: 13th трина́дцатый; 14th четы́рнадцатый; 15th пятна́дцатый; 16th шестна́дцатый; 17th семна́дцатый; 18th восемна́дцатый; 19th девятна́дцатый; 20th два́дцатый; 21st два́дцать пе́рвый.

Numerals will be dealt with more fully in a later lesson, but note:

(i) The numbers from five to twenty are followed by the Genitive plural:

пять столов	*five tables;*
шесть лет	*six years;*
двадцать человек	*twenty people.*

(ii) There is a masculine form for 'one' **один** for use with masculine nouns; **одна** is feminine, and **одно** is neuter. There is even a plural form **одни** which is used with nouns like **каникулы** which are plural in form but may have a singular meaning. Thus: один стол *one table;* одна комната *one room;* одно окно *one window;* одни каникулы *one vacation.* Одни may also mean 'some': одни ... другие ... *some... others...*

(iii) See also page 40, Lesson 4, Grammar note 3, iv.

(iv)

двадцать одна копейка (копейка — *nom. sing.*)	*twenty-one copecks*
двадцать две копейки (копейки — *gen. sing.*)	*twenty-two copecks*
двадцать шесть копеек (копеек — *gen. pl.*)	*twenty-six copecks*

4. Age

To express a person's age the following construction which puts the person into the Dative case is used:

ему один год	*he is one year old*
мне восемнадцать лет	*I am eighteen*
Соне двадцать два года	*Sonya is twenty-two*

Remember that in this construction **the** Genitive plural of 'years' is **лет**.

EXERCISES—УПРАЖНЕНИЯ

1. Answer the question, first repeating the Model, then saying 'two years old' etc. up to 'twelve years old':

   Model: Сколько ему лет? Ему один год.

2. Put the following phrases into the plural:

от ребёнка до отца́
от студе́нтки до стару́шки
от отделе́ния до министе́рства
от горы́ до мо́ря
от револю́ции до землетрясе́ния
от москвича́ до иностра́нца

по́сле э́того свида́ния
по́сле э́той встре́чи
по́сле э́того молодца́
по́сле э́того спекта́кля

вплоть до после́днего рабо́чего
вплоть до рожде́ственской инде́йки
вплоть до мини́стра и учёного
вплоть до де́тской хи́трости

ми́мо на́шей грани́цы
ми́мо тролле́йбуса и трамва́я
ми́мо ры́нка и пло́щади
ми́мо села́ и дере́вни

без дождя́ и без сне́га
без ска́зки и без исто́рии
без ча́шки и без ча́йника
без спа́льни и без ку́хни
без копе́йки и без биле́та
без мне́ния и без иде́и

для взро́слого челове́ка
для ли́нии маршру́та
для телефо́нной свя́зи
для изве́стного музе́я

у ва́шего роя́ля
у на́шего ме́ста
у твоего́ заве́дующего
у моего́ сотру́дника

3. Change the following sentences according to the Model:

> *Model*: Эту систему совершенствовали два месяца
> Эту систему усовершенствовали за два месяца.

   (i) Эту систему совершенствовали два месяца.
 (ii) Их учили шесть лет.
(iii) Цены повышали несколько дней.
(iv) Наш город рос девять лет.
 (v) Контракт обсуждали несколько недель.
(vi) Этот завод строили два года.

4. (a) Put the following phrases into the Nominative plural:

> моя спальня; мой сын; твоя дочь; его стул; дорогое платье; глупый утёнок; ваше дерево; весёлый ребёнок; её сосед; бедный крестьянин.

  (b) Now put them into the Genitive plural.

5. (a) Complete the sentences with the words given in brackets:

    (i) Сколько на берегу (ducklings)?
   (ii) Сколько в кухне (chairs)?
  (iii) Сколько в том доме (kitchens)?
  (iv) Сколько у тебя (aunts)?
   (v) Сколько у неё (sisters)?
  (vi) Сколько у них (daughters)?
 (vii) Сколько он уже написал (good songs)?
(viii) Сколько в этой области (large villages)?
  (ix) Сколько здесь (extra children)?
   (x) Сколько в городе (wide gates)?
  (xi) Сколько в году (Sundays)?
 (xii) Сколько у вас (bedrooms)?
(xiii) Сколько у вас будет сегодня (people)?
(xiv) Сколько в лесу (different trees)?
 (xv) Сколько в Москве (long queues)!

  (b) Answer the first ten questions above according to the Model:

Model: Ско́лько здесь ру́сских враче́й?
Здесь нет никаки́х ру́сских враче́й.

6. Give the present tense of **избега́ть** and use the following phrases to make complete sentences:

все ми́лые тёти; э́ти молоды́е англича́не; его́ дороги́е сыновья́; ва́ши ску́чные сосе́ди; типи́чные ста́рые крестья́не; их ми́лые бра́тья.

7. Translate into Russian:

   (i) There will be nobody there but my brothers.
   (ii) Sooner or later children are a source of joy for (their) parents.
   (iii) After the winter vacation my brother will enter the institute.
   (iv) Someone has come to see you. He wants to tell you something.
   (v) Sonya is always dissatisfied with something.
   (vi) My acquaintance has five sons.
   (vii) Don't sing those noisy modern songs.
   (viii) I don't like the colour of her hair at all.
   (ix) How many times have I told you that it is useful to have good friends and neighbours.
   (x) If anyone comes, don't buy anything.

8. Answer in Russian the following questions on the text:

   (i) Почему́ у Та́ни нет никаки́х сомне́ний,. что она́ хо́чет быть врачо́м?
   (ii) Почему́ у Со́ни нет никаки́х конкре́тных пла́нов?
   (iii) Как к э́тому отно́сится Та́ня?
   (iv) Чему́ ка́ждое молодо́е живо́тное должно́ научи́ться и как они́ э́тому у́чатся?
   (v) Отку́да произошло́ выраже́ние «га́дкий утёнок»?
   (vi) Почему́ Со́ня не хо́чет продолжа́ть разгово́р о любопы́тстве молоды́х живо́тных?
   (vii) Права́ ли Та́ня, когда́ она́ говори́т, что лу́чше быть вообще́ без кры́льев?

(viii)   Какие русские выражения вы теперь знаете из области физики?

(ix)   Как можно измерить физический труд и полезность человека?

(x)   Что лучше, по мнению Сони, электростанции или песни?

(xi)   Чем маленькие дети сильно отличаются от своих родителей?

(xii)   Сколько энергии тратит Соня на разные чувства?

(xiii)   Удаётся ли ей убедить Таню, что Таня не совсем права?

(xiv)   Как вы должны относиться ко всему человечеству, по мнению Тани?

(xv)   Почему?

(xvi)   Считает ли Соня, что Таня права?

(xvii)   Кто вам нравится, Таня или Соня, и почему?

LESSON 18 — УРÓК ВОСЕМНÁДЦАТЫЙ

Опáсные игрýшки

В кóмнате пóлный беспорядок. Джон дéржит в зубáх спúсок номерóв лотерéйных билéтов, котóрый он вúписал из газéты, а рукáми он чтó-то úщет в ящиках столá, в кармáнах костюма, котóрый висúт в шкафý, под кнúгами и бумáгами, котóрые лежáт на пóлках этажéрки, под брюками и рубáшками, котóрые лежáт на стýльях, и, наконéц, на полý под кровáтью, под стáрыми газéтами и средú тýфель и грязных носкóв. Как раз когдá он стоúт на колéнях пéред кровáтью, он поднимáет глазá и замечáет своúх сосéдей, котóрые остановúлись в дверях и наблюдáют с нéкоторым любопытством, но молчáт.

— Ты мóлишься? Или ты прóсто с умá сошёл? — спрáшивает наконéц Борúс.

— Не совсéм, — бормóчет Джон сквозь зýбы. — Я потерял лотерéйный билéт.

— Тогдá не стóит егó искáть, — говорúт Волóдя. — Лотерéя — врéдное явлéние. Онá развивáет в людях жáдность к имýществу, к вещáм. А что ты хóчешь выиграть в лотерéю, — автомобúль?

— Я не прóтив. А кто хóчет быть моúм водúтелем?

— Не я, — отвечáет Борúс. — Лýчше не связывайся с автомобúлями. Не знáю, чтó ты об этом дýмаешь, но я считáю их опáсными игрýшками и, при нáших услóвиях, почтú бесполéзными. Хорóших дорóг мéжду городами у нас ещё мало, а зимой даже в городах машинам трудно ездить; все ездят на автобусах, троллейбусах. За городом, в деревнях, дороги зимой почти исчезают под снегом, а осенью и весной там такая грязь, что они превращаются в болота. А во многих местах, в настоящих болотах, в северной тундре или в сибирской тайге, например, вообще нет дорог — ни автомобильных, ни железных. Через них не проедешь, и единственная возможность — лететь над ними. Там широко пользуются самолётами и вертолётами. С нашим суровым климатом, большими расстояниями и плохими дорогами автомашины являются и неудобными, и непрактичными.

— Но в других странах с такими же географическими условиями, в Соединённых Штатах, скажем, или в Канаде, давно привыкли к автомобилям. У людей с машинами больше свободного времени: им совсем просто ездить за покупками, на экскурсию в конце недели или даже в церковь по воскресеньям.

— Да, тем, кто водит машины, не мешает молиться Богу. Признаюсь, машина — удобная вещь, но нас пугают количество аварий и катастроф, цифры несчастных случаев, особенно в буржуазных странах. Ни конструкторам, ни психологам ещё не удалось справиться с проблемами скорости и безопасности. К тому же, перед нами открылась возможность создать жизнь со всеми удобствами, и я лично хочу жить не в густых облаках газов от двигателей и среди вечного шума и дыма уличного движения.

— Когда-нибудь все автомобили будут выпускать с электрическими моторами.

— Может быть, но всё равно главная опасность, мне кажется, не в машинах, а в людях. Владельцы хвастаются своими машинами, любят показать себя опытными водителями. Раньше они были общительными людьми, разговаривали со своими друзьями в автобусах, но теперь они стали грубыми, нетерпеливыми эгоистами, они только стараются прибыть на место как можно быстрее. Частная собственность вредно влияет на личность, а

автомобили оказываются особенно вредными для воспи-
тания моральных качеств и для социалистических идей.
Вот почему я против частных автомобилей.

— Но почему же тогда в социалистическом государстве в государственную лотерею можно выиграть част-
ную машину?

— А чёрт его знает...

WORDS AND PHRASES

восемнадцатый = eighteenth
игрушка = toy
полный = complete
беспорядок = disorder
зуб = tooth
список = list
лотерейный билет = lottery ticket
выписывать/выписать = to write out
ящик = box; drawer
костюм = suit
шкаф = cupboard, wardrobe
под книгами = under the books
бумага = paper
полка = shelf
этажерка = book-case
брюки = trousers
рубашка = shirt
стул pl. стулья, gen. стульев = chair
кровать (fem.) = bed, bedstead
среди +gen. = among
грязный = dirty
стоять/по- на коленях = to kneel
перед кроватью = in front of, before the bed
поднимать/поднять = to lift, raise; to pick up
    (/подниму, поднимешь)
останавливаться/остановиться = to stop, come to a halt
дверь (fem.) = door   в дверях = in the door

наблюда́ть = to observe
моли́ться/по- = to pray
  (молю́сь, мо́лишься)
сходи́ть/сойти́ с ума́ = to go out of one's mind, go mad
лотере́я = lottery
вре́дное явле́ние = harmful phenomenon
развива́ть/разви́ть = to develop
  (/разовью́, разовьёшь)
жа́дность (*fem.*) = greed
иму́щество = possession(s)
выи́грывать/вы́играть = to win
про́тив + *gen.* = against
свя́зываться/связа́ться = to tie oneself to, get mixed up in, with
  in, with
  (/свяжу́сь, свя́жешься)
при усло́виях = under conditions
доро́га = road
маши́на = car, vehicle
грязь (*fem.*) = dirt, mud
превраща́ться/преврати́ться в + *acc.* = to be transform-ed into
  ed into
боло́то = marsh, bog
се́верный = northern
ту́ндра = tundra
сиби́рская тайга́ = Siberian taiga
автомоби́льная доро́га = road
желе́зная доро́га = railway (iron road)
проезжа́ть/прое́хать = to get through
возмо́жность (*fem.*) = possibility, opportunity
широко́ = widely, extensively
по́льзоваться/вос- + *instr.* = to use, make use of
  (по́льзуюсь, по́льзуешься)
вертолёт = helicopter
суро́вый кли́мат = grim climate
автомаши́ны = vehicles
непракти́чный = impractical
тако́й же = the same
географи́ческий = geographical

Соединённые Штаты (Америки) = United States (of America)

скажем = (let's) say

Канада = Canada

привыкнуть *Pf. of* **привыкать** = to get used to (*Pf. past* **привык, привыкла**)

свободное время = free time

ездить за покупками = to go shopping

в конце недели = at the weekend

церковь (*fem.*) = church

по воскресеньям = on Sundays

водить машину = to drive (a car)

не мешает = it won't do any harm

Бог = God

удобный = convenient, comfortable

пугать/ис- = to frighten

количество = quantity

авария = breakdown, crash

цифра = figure, number

несчастный случай = accident

буржуазный = bourgeois

конструктор = designer

психолог = psychologist

справляться/справиться с проблемами = to deal with problems (/**справлюсь, справишься**)

скорость (*fem.*) = speed

безопасность (*fem.*) = safety

к тому же = in addition to which

удобство = comfort

лично = personally

густое облако = dense cloud

газ = gas

двигатель (*masc.*) = engine

вечный = eternal

дым = smoke

уличное движение = traffic

мотор = motor

владелец = owner

хва́статься/по- + *instr.* = to boast of
о́пытный = experienced
общи́тельный = sociable
гру́бый = coarse, vulgar, rude
нетерпели́вый = impatient
эгои́ст = egoist
как мо́жно быстре́е = as quickly as possible
ча́стная со́бственность = private property
влия́ть/по- на + *acc.* = to influence
ли́чность (*fem.*) = personality
ока́зываться/оказа́ться + *instr.* = to manifest oneself as
воспита́ние = education
мора́льное ка́чество = moral quality
госуда́рственный = state (*adj.*)
чёрт = devil

GRAMMAR—ГРАММА́ТИКА

1. Declension of nouns in the plural

Masculine	(заво́д)	(словарь)	(музе́й)
Nom.	заво́ды	словари́	музе́и
Gen.	заво́дов	словаре́й	музе́ев
Dat.	заво́дам	словаря́м	музе́ям
Acc.	заво́ды	словари́	музе́и
Instr.	заво́дами	словаря́ми	музе́ями
Prep.	(о) заво́дах	словаря́х	музе́ях

Feminine	(ко́мната)	(бу́ря)
Nom.	ко́мнаты	бу́ри
Gen.	ко́мнат	бу́рь
Dat.	ко́мнатам	бу́рям
Acc.	ко́мнаты	бу́ри
Instr.	ко́мнатами	бу́рями
Prep.	(о) ко́мнатах	бу́рях

		(фотогра́фия)	(о́чередь)
Nom.		фотогра́фии	о́череди
Gen.		фотогра́фий	очереде́й
Dat.		фотогра́фиям	очередя́м
Acc.		фотогра́фии	о́череди
Instr.		фотогра́фиями	очередя́ми
Prep.	(о)	фотогра́фиях	очередя́х

Neuter		(де́ло)	(мо́ре)	(мне́ние)
Nom.		дела́	моря́	мне́ния
Gen.		дел	море́й	мне́ний
Dat.		дела́м	моря́м	мне́ниям
Acc.		дела́	моря́	мне́ния
Instr.		дела́ми	моря́ми	мне́ниями
Prep.	(о)	дела́х	моря́х	мне́ниях

In the plural the Accusative of animate nouns, whether
masculine or feminine, is like the Genitive.

It will be seen from the above tables that the Dative
plural of nouns ends in **-ам** for 'hard' nouns and in
-ям for 'soft' nouns. The Instrumental plural ends in
-ами or **-ями**. The Prepositional plural ends in **-ах** or **-ях**.

2. Declension of adjectives in the plural

		Hard	Soft	
		(но́вый)	(си́ний)	(тре́тий)
Nom.		но́вые	си́ние	тре́тьи
Gen.		но́вых	си́них	тре́тьих
Dat.		но́вым	си́ним	тре́тьим
Acc.		Like Nom. or Gen.		
Instr.		но́выми	си́ними	тре́тьими
Prep.	(о)	но́вых	си́них	тре́тьих

Note the declension of **э́ти** 'these', **те** 'those', **мой** 'my',
на́ши 'our', **все** 'all':

Nom.	э́ти	те	мой	на́ши
Gen.	э́тих	тех	мойх	на́ших
Dat.	э́тим	тем	мойм	на́шим
Acc.	Like Nom. or Gen.			
Instr.	э́тими	те́ми	мойми	на́шими
Prep.	(об) э́тих	тех	мойх	на́ших

Nom.	все
Gen.	всех
Dat.	всем
Acc.	Like Nom. or Gen.
Instr.	все́ми
Prep.	(обо) всех

Твой and **свой** decline like **мой**; **ва́ши** declines like **на́ши**.

3. Stress in the plural of nouns

The stress on a Russian noun often moves from one syllable to another. Note the following patterns of stress on some nouns in the plural:

	трава́ *grass*	страна́ *country*
Nom. pl.	тра́вы	стра́ны
Gen.	трав	стран
Dat.	тра́вам	стра́нам
Acc.	тра́вы	стра́ны
Instr.	тра́вами	стра́нами
Prep. (о)	тра́вах	стра́нах

	сестра́ *sister*	звезда́ *star*
Nom. pl.	сёстры	звёзды
Gen.	сестёр	звёзд
Dat.	сёстрам	звёздам
Acc.	сестёр	звёзды
Instr.	сёстрами	звёздами
Prep. (о)	сёстрах	звёздах

	нога́ *foot, leg*	рука́ *arm, hand*	стена́ *wall*
Nom. pl.	но́ги	ру́ки	сте́ны
Gen.	ног	рук	стен
Dat.	нога́м	рука́м	стена́м
Acc.	но́ги	ру́ки	сте́ны
Instr.	нога́ми	рука́ми	стена́ми
Prep. (o)	нога́х	рука́х	стена́х

The Accusative singular of these nouns has the stress: но́гу, ру́ку, сте́ну.

	волна́ *wave*	река́ *river*
Nom. pl.	во́лны	ре́ки
Gen.	волн	рек
Dat.	волна́м or во́лнам	река́м or ре́кам
Acc.	во́лны	ре́ки
Instr.	волна́ми or во́лнами	река́ми or ре́ками
Prep. (o)	волна́х or во́лнах	река́х or ре́ках

The Accusative singular of волна́ is волну́.
The Accusative singular of река́ is реку́ or ре́ку.

Note the stress on ка́мни 'stones', пло́щади 'squares', о́череди 'queues':

	ка́мни	пло́щади	о́череди
Nom. pl.	ка́мни	пло́щади	о́череди
Gen.	камне́й	площаде́й	очереде́й
Dat.	камня́м	площадя́м	очередя́м
Acc.	ка́мни	пло́щади	о́череди
Instr.	камня́ми	площадя́ми	очередя́ми
Prep. (o)	камня́х	площадя́х	очередя́х

Ло́шади 'horses' follows the same pattern as пло́щади except that the Instrumental is either лошадя́ми or лошадьми́.

Similarly, the Instrumental of до́чери 'daughters' is дочерьми́ (дочеря́ми is colloquial). The plural of мать 'mother' is: ма́тери, матере́й, матеря́м, матере́й, матеря́ми, (о) матеря́х. До́чери follows the same pattern of stress.

The plural of вещь 'thing' is affected by the rules of spelling:

ве́щи, веще́й, веща́м, ве́щи, веща́ми, (о) веща́х.

4. Some irregular plural declensions

друг	*friend*:	друзья́, друзе́й, друзья́м, друзе́й, друзья́ми, (о) друзья́х
стул	*chair*:	сту́лья, сту́льев, сту́льям, сту́лья, сту́льями, (о) сту́льях
сосе́д	*neighbour*:	сосе́ди, сосе́дей, сосе́дям, сосе́дей, сосе́дями, (о) сосе́дях
коле́но	*knee*:	коле́ни, коле́ней, коле́ням, коле́ни, коле́нями, (о) коле́нях
о́блако	*cloud*:	облака́, облако́в, облака́м, облака́, облака́ми, (об) облака́х

The declension of лю́ди 'people' is:
лю́ди, люде́й, лю́дям, люде́й, людьми́, (о) лю́дях.

The declension of де́ньги 'money' is:
де́ньги, де́нег, деньга́м, де́ньги, деньга́ми, (о) деньга́х.

5. The declension of це́рковь 'church'

	Sg.	Pl.
Nom.	це́рковь	це́ркви
Gen.	це́ркви	церкве́й
Dat.	це́ркви	церква́м
Acc.	це́рковь	це́ркви
Instr.	це́рковью	церква́ми
Prep. (о)	це́ркви	церква́х

6. Declension of neuter nouns in -мя

Neuter nouns in -мя decline as follows:

	Sg.	Pl.
Nom.	вре́мя	времена́
Gen.	вре́мени	времён
Dat.	вре́мени	времена́м
Acc.	вре́мя	времена́
Instr.	вре́менем	времена́ми
Prep.	(о) вре́мени	времена́х

EXERCISES—УПРАЖНЕ́НИЯ

1. Using the words given below, form phrases according to the Models:

   (a)   *Model A*: Среди́ бума́г и под бума́гами

   бума́га; о́блако; костю́м; рубль; письмо́; брю́ки; покупка; носо́к; пе́сня; де́ньги; пла́тье; руба́шка; ка́мень; ту́фля.

   (b)   *Model B*: По моря́м и волна́м

   мо́ре и волна́; го́род и дере́вня; столи́ца и село́; лес и гора́; по́ле и боло́то; проспе́кт и пло́щадь; доро́га и у́лица; ка́мень и трава́; це́рковь и музе́й; храм и галере́я; у́тро и ве́чер; суббо́та и воскресе́нье; среда́ и четве́рг; понеде́льник и пя́тница.

   (c)   *Model C*: Он за хоро́ших друзе́й (*Acc.*) и про́тив всех враго́в

   хоро́шие друзья́ — все враги́; глубо́кие чу́вства — ли́шние сожале́ния; ру́сские крестья́не — все кита́йцы; армя́нские собо́ры — ра́зные це́ркви; свои́ англича́не — все иностра́нцы; ли́чные интере́сы — социа́льные револю́ции.

2. Using the phrases given (with **в** or **на**) complete the
sentence:

Они уже побывали ...

Соединённые Штаты; южная Украйна; горы Кавказа; все столицы; буржуазные страны; многие
экскурсии; государственные музеи; частные галереи; северные районы; опасные места; сибирские
области; некоторые заводы; известные электростанции; московские парикмахерские; старые церкви;
наши театры; утренние спектакли; ваши почты;
знаменитые академии; украинские кинофильмы.

3. Using the groups of words given, form sentences,
according to the Model, replacing **его, её, их** by the
correct form of **свой**:

Model: Он хвастался своим образованием перед
этими крестьянами.

он — его образование — эти крестьяне; она — её
платья — все подруги; он — его работа — простые
рабочие; она — её мебель — местные жители; он —
его мастерство — другие люди; она — её вещи —
мой сёстры; они — их гостиница — советские туристы; они — их строительстро — другие страны.

4. (a) Put the following sentences into the plural (except
for the forms of **это**):

    (i) Сестра говорила об этом своей подруге.

    (ii) Мой знакомый говорит об этом вашему брату.

   (iii) Конструктор будет объяснять это молодому
водителю.

   (iv) Психолог объясняет это владельцу автомо-
биля.

    (v) Сын долго не признавался в этом строгому
родителю.

   (vi) Мать не признаётся в этом своей дочери.

  (vii) Ребёнок надоедает этим и маме и бабушке.

 (viii) Брат жаловался на это опытному врачу.

(ix) Эгоист будет надоедать этим своему новому соседу.

(x) Бизнесмен жалуется на это знакомому англичанину.

(b) Replace all the verbs in your plural sentences with the appropriate form of **разговаривать об этом с** and the Instrumental case.

5. Substitution drill:

Они любят показать себя опытными водителями

.... (конструктор)

....(психолог)

.... (хороший) ....

.... (родитель)

.... (строгий) ....

.... пугать его ....

.... (несчастный) ....

.... (случай)

.... (опасный) ....

.... (игрушка)

6. Fill in the blanks with the appropriate form of **тот** and **который** as in the Model:

Model: Это та авария, которая превратилась в катастрофу.

(i) Это : ... гид, ... всегда что-то бормочет.

(ii) Это ... количество, ... мне сегодня нужно.

(iii) Это ... туфля, под ... я нашёл носок сына.

(iv) Это ... беспорядок, к ... он уже привык у брата.

(v) Это ... полка, на ... оказался список его вещей.

(vi) Это ... явление, ... я ещё не понимаю.

(vii) Это ... человек, ... она считает общительным.

(viii) Это ... удобство, к ... я привык в городе.

(ix) Это ... цифра, от ... мне становится страшно.

(x) Это ... вертолёт, на ... он летит через тундру.

(xi) Это ... этажёрка, к ... я ещё не привыкла.

(xii) Это ... животное, ... она от всей души ненавидит.

(xiii) Это ... качество, ... он особенно отличается.

(xiv) Это ... кровать, ... она выиграла в лотерею.

(xv) Это ... государство, в ... сейчас быстро развивается торговля.

(xvi) Это ... двигатель, ... избегает наш конструктор.

(xvii) Это ... мотор, с ... не может справиться сам чёрт.

7. (a) Put the words in brackets in the following passage into the correct case.

(b) Read the passage and translate it into English.

(c) Note the underlined expressions.

Во (многие газеты) вы можете прочитать о (жизнь) (простые люди) в (Советский Союз). Не так часто пишут о (советские женщины), в то время, как деятельность (советские женщины) занимает важное место в (экономические планы) (страна). В (города и деревни) (Советский Союз) женщины являются (эффективная рабочая сила). Они занимаются как (умственный), так и (физический труд).

При (помощь) (современные машины) с (электрические двигатели и моторы) женщины легко справляются даже с (некоторые особенно тяжёлые физические работы), например, в (стройтельство) (города и электростанции) и в (тяжёлая промышленность). Современное поколение (советские женщины) смотрит на (своя общественная и рабочая деятельность) с (некоторое) или даже с (большое удовлетворение). Возникают, конечно, и некоторые проблемы; например, в (связь) с недостаточно (быстрый рост) (население), или с (воспитание) (дети). (Матери) с (большое количество) (дети) государство помогает всем, чем оно только может, но э́того, к (сожале́ние), недоста́точно. Поэ́тому, и среди́ (совреме́нное поколе́ние) нахо́дятся же́нщины, кото́рые получа́ют ма́ло (удовлетворе́ние) от (своя́ рабо́та) и име́ют ма́ло (ра́дость) в (жизнь). Они́ про́сто покоря́ются (обы́чные зако́ны) о́бщества и не выража́ют ни (свои́ сомне́ния), ни (бесполе́зные сожале́ния).

8. Translate into Russian:

(i) I don't advise you to buy these cheap iron toys for children.

(ii) It isn't worth spending money on lottery tickets; you won't win any cars.

(iii) Even if you do win a car, you will not be able to go to Siberia in it.

(iv) In spring Heaven knows* what happens on some of the roads; they turn into real bogs.

(v) Just before the war he lost all his teeth and it was very difficult for him to learn to eat without his teeth.

(vi) He often has to resort to various tricks, but he usually manages to avoid his colleagues and spend the evening with pleasant and interesting people.

(vii) In ancient times people prayed to many different gods and sometimes even to the devil, but now most Soviet people do not pray to anyone at all.

(viii) The grandchild sits on (his) grandmother's knee and listens to fairy tales about ancient times.

9. Answer in Russian the following questions on the text:

(i) Отку́да вы зна́ете, что в ко́мнате Джо́на по́лный беспоря́док?

(ii) Где Джон де́ржит свои́ костю́мы, брю́ки, руба́шки и гря́зные носки́?

(iii) Где он де́ржит кни́ги, бума́ги и ста́рые газе́ты?

*The normal Russian is Бог зна́ет.

(iv) Где список лотерейных билетов?

(v) Что Джон делает?

(vi) Где стоят соседи Джона?

(vii) Почему они наблюдают его с любопытством?

(viii) Что спрашивает Борис?

(ix) Если Джон не молится, то почему он стоит на коленях?

(x) Как относится к лотереям Володя, и почему?

(xi) Что Джон может выиграть?

(xii) Кто хочет быть водителем Джона?

(xiii) Что советует Джону Борис?

(xiv) Что рассказывает Борис о дорогах в Советском Союзе?

(xv) Каким видом транспорта пользуется городское население зимой?

(xvi) Каким видом транспорта лучше пользоваться весной и осенью между городами и деревнями?

(xvii) Какими видами транспорта можно пользоваться летом?

(xviii) В каких районах Советского Союза вообще нет дорог?

(xix) Что делают жители этих районов?

(xx) При каких географических условиях автомобильный транспорт непрактичен?

(xxi) Как проводят субботу и воскресенье владельцы автомашин?

(xxii) В чём состоит главная опасность, и почему?

(xxiii) Кому приходится заниматься этими проблемами?

(xxiv) Что ещё имеет Борис против частных автомобилей?

(xxv) Чем ему на это возражает Джон?

(xxvi) Кто из них прав?

(xxvii) Имеете вы лично что-нибудь против автомобилей?

(xxviii) Как можно разрешить транспортные проблемы в крупных городах?

LESSON 19 — УРОК ДЕВЯТНАДЦАТЫЙ

Откройте рот, больной!

— Который час? — кричит Володя у двери Джона. Из-за двери слышится стон. Володя стучит в дверь. — Эй, ты! Вставай! Ты болен, что-ли?

Володя входит в комнату и подходит к постели Джона. Ничего не видно кроме неподвижной фигуры под одеялом.

— Что ты спишь, как медведь в берлоге? Уже, должно быть, поздно. Мы не успеем на лекцию. Она начинается в девять часов, а мы должны выйти без четверти девять.

В ответ Джон только кашляет и стонет из-под одеяла.

— В чём дело? Ты в самом деле болен? Что у тебя болит? Может быть врача вызвать?

— Нет, не стоит, — бормочет Джон. — У меня только голова болит немножко.

— Но ты же кашляешь. Я пойду и вызову врача, всё-таки. Вдруг у тебя что-то серьёзное...

— Нет, я никогда ничем серьёзным не болею, — протестует Джон. — Скоро пройдёт. Я боюсь только, что я тебя заражу. Отойди лучше от меня.

— Не беспокойся. Мы тебя вылечим. Я позвоню врачу по дороге на лекцию.

Через час приходит врач — пожилая женщина в белом халате и с большой сумкой в руке.

— А ну, откройте рот, больной! — говорит она и

223

смо́трит ему́ в го́рло. — Как вас зову́т? Ско́лько вам лет? Вы отку́да? Покажи́те язы́к!

— Ааа-гаа, — отвеча́ет Джон с откры́тым ртом.

— Из А́нглии? Интере́сно! У вас там медици́нское обслу́живание то́же беспла́тное, ка́жется. Э́то хорошо́. Дава́йте изме́рим температу́ру. Из Ло́ндона, вы говори́те? Вы зна́ете, я никогда́ не была́ за грани́цей. Мне про́сто сты́дно. Я так хочу́ посмотре́ть Ло́ндон, Пари́ж! Да, у вас небольша́я температу́ра: три́дцать семь и пять. А вы не скуча́ете по ро́дине? Тепе́рь хочу́ прослу́шать ва́ши лёгкие и се́рдце. Разде́ньтесь до по́яса! Вот так. А тепе́рь дыши́те глубоко́! Что с ва́ми? Почему́ вы дрожи́те? Ах! Из-за холо́дного стетоско́па. Не бу́дьте ребёнком! Вам же два́дцать оди́н год. Хорошо́! Се́рдце рабо́тает норма́льно. Одева́йтесь! Вы никако́го лека́рства не принима́ли сего́дня?

— Вчера́ ве́чером я при́нял не́сколько табле́ток аспири́на...

— Я вы́пишу вам пеницилли́н. Не волну́йтесь! У вас в го́рле ма́ленькая инфе́кция. Вы си́льно простуди́лись. Наве́рное, без зи́мнего пальто́ ходи́ли. На у́лице гра́дусов де́сять моро́за. Молодёжь! Тепе́рь лежи́те! Ваш това́рищ схо́дит в апте́ку за лека́рством. Принима́йте по табле́тке ка́ждые четы́ре часа́. Я приду́ за́втра у́тром часо́в в оди́ннадцать. Гуд бай!

В час прибега́ет Воло́дя.

— Ну, как дела́? Не умрёшь? Что она́ сказа́ла?

— Мы зря беспоко́или её. Вот реце́пт, кото́рый она́ оста́вила. Сбе́гай в апте́ку, пожа́луйста!

Воло́дя бы́стро прино́сит лека́рство.

— На! По́льзуйся услу́гами беспла́тной медици́нской слу́жбы! Лека́рство сто́ило три́дцать копе́ек, одна́ко. Как ты себя́ чу́вствуешь?

— Нева́жно. Глаза́ боля́т, невозмо́жно чита́ть. Остаётся то́лько спать. От ску́ки, наве́рное, умру́...

— В тако́м слу́чае, рекоменду́ю рю́мочку во́дки.

— Ой нет! Во́дка вредна́ для здоро́вья. Тебе́ придётся

вызвать скорую помощь, если я начну пить крепкие напитки. И курить тоже мне рекомендуешь? Я не хочу в больницу!

— Наоборот. Немножко водки или крепкого вина — очень эффективное средство и от скуки, и от любой болезни. На! Пей! За твоё здоровье!

В эту ночь оба спят крепким сном. Утром Джону с трудом удаётся разбудить Володю.

— Умираю, — бормочет тот слабым голосом из-под одеяла. — Который час?

— Пол девятого, — отвечает Джон. — Пора мне принимать лекарство.

— А оно помогает от головной боли?

— Ох, какой у тебя нездоровый вид, Володя! Ты заболел, что ли?

WORDS AND PHRASES

девятнадцатый = nineteenth
рот, *gen.* **рта** = mouth
больной (*adj.*) = a patient, invalid
который час? = what is the time?
из-за +*gen.* = from behind; because of
стон = groan
стучать/по- = to knock
  (**стучу, стучишь**)
болен (**больна, больны**) = ill
подходить/подойти к +*dat.* = to go up to
постель (*fem.*) = bed, bedding
неподвижный = motionless, immobile
фигура = figure
одеяло = blanket
медведь (*masc.*) = bear
берлога = bear's winter lair
лекция = lecture
без четверти девять = quarter to nine
ответ = answer

ка́шлять = to cough
стона́ть/про- *or* за- = to groan
  (стону́, сто́нешь)
из-под +*gen.* = from under
в чём де́ло? = what is the matter?
боле́ть/за- = to hurt, ache
  (боли́т, боля́т; past боле́л, боле́ла)
у меня́ боли́т голова́ = I have a headache
вызыва́ть/вы́звать = to call, summon
  (/вы́зову, вы́зовешь)
немно́жко = a little
боле́ть/за- = to be ill
  (боле́ю, боле́ешь; past боле́л, боле́ла)
протестова́ть/за- = to protest
  (протесту́ю, протесту́ешь)
заража́ть/зарази́ть = to infect
  (/заражу́, зарази́шь)
отходи́ть/отойти́ = to move away
беспоко́иться/за- = to trouble oneself, worry
лечи́ть/вы́- = to cure
звони́ть/по- (врачу́) = to ring (the doctor)
че́рез час = an hour later
пожило́й = elderly, middle-aged
хала́т = (doctor's) white coat; dressing gown
су́мка = bag
го́рло = throat
как вас зову́т? = what is your (first) name?
ско́лько вам лет? = how old are you?
язы́к = tongue; language
медици́нское обслу́живание = medical service
беспла́тный = free, gratis
температу́ра = temperature
за грани́цей = abroad
Пари́ж = Paris
три́дцать семь и пять = (a temperature of) thirty-seven
  point five
скуча́ть/соску́читься по ро́дине = to be homesick
лёгкие (*adj. used as noun*) (г *pronounced as* x[kh]) = lungs

се́рдце = heart
по́яс = belt, waist
дрожа́ть/дро́гнуть = to tremble
   (дрожу́, дрожи́шь)
стетоско́п = stethoscope
вам два́дцать лет = you are twenty (years old)
норма́льный = normal
принима́ть/приня́ть лека́рство = to take medicine
   (/приму́, при́мешь)
табле́тка аспири́на = aspirin tablet
выпи́сывать/вы́писать = to prescribe
пеницилли́н = penicillin
инфе́кция = infection
(си́льно) простужа́ться/простуди́ться = to catch a (bad)
   cold
гра́дусов де́сять = about ten degrees
молодёжь (*fem.*) = youth, the young
сходи́ть (*Pf.*) = to go (there and back)
по табле́тке = a pill at a time
ка́ждые четы́ре часа́ = every four hours
часо́в в оди́ннадцать = at about eleven o'clock
прибега́ть/прибежа́ть = to come running
как дела́? = how are things?
умира́ть/умере́ть = to die
   (/умру́, умрёшь; *past* у́мер, умерла́, у́мерло; у́мерли)
зря = in vain, for nothing
беспоко́ить/по- = to trouble, worry
реце́пт = prescription
сбе́гать (*Pf.*) = to run
приноси́ть/принести́ = to bring
услу́га = good turn, favour
медици́нская слу́жба = medical service
нева́жно = not too good
невозмо́жно = impossible
ску́ка = boredom
в тако́м слу́чае = in that case
рекомендова́ть/по- = to recommend

рю́мочка (*diminutive* of **рю́мка**) = small glass, spirit glass

здоро́вье = health

ско́рая по́мощь = first aid; ambulance

кре́пкий напи́ток = strong drink

кури́ть/за-, вы́- (курю́, ку́ришь) = to smoke

я не хочу́ в больни́цу = I don't want to go to hospital

вино́ = wine

эффекти́вное сре́дство = effective remedy

боле́знь (*fem.*) = illness

за твоё здоро́вье! = to your health!

спать кре́пким сном = to sleep soundly

сла́бый го́лос = weak voice

пол or **полови́на девя́того** = half past eight

головна́я боль = headache

нездоро́вый вид = unhealthy appearance

GRAMMAR — ГРАММА́ТИКА

1. Numerals

30	три́дцать	30th	тридца́тый
35	три́дцать пять	35th	три́дцать пя́тый
40	со́рок	40th	сороково́й
50	пятьдеся́т	50th	пятидеся́тый
60	шестьдеся́т	60th	шестидеся́тый
70	се́мьдесят	70th	семидеся́тый
80	во́семьдесят	80th	восьмидеся́тый
90	девяно́сто	90th	девяно́стый
100	сто	100th	со́тый

2. Expressions of time

кото́рый час?
what time is it?

в кото́ром часу́?
at what time?

час *one o'clock*
два часа́ *two o'clock*
шесть часо́в *six o'clock*

в час *at one o'clock*
в два часа́ *at two o'clock*
в шесть часо́в *at six o'clock*

половина первого	*half past twelve*
в половине первого	*at half past twelve*
половина второго	*half past one*
в половине второго	*at half past one*
четверть третьего	*a quarter past two*
в четверть третьего	*at a quarter past two*
без четверти три	*a quarter to three*
без четверти три	*at a quarter to three*

The word **половина** 'half' may be abbreviated to **пол**:

пол девятого   *half past eight*

'At 1.15; at 3.40; at 5.55' etc. may be rendered by the equivalent of the English construction: **в час пятнадцать; в три сорок; в пять пятьдесят пять.**

'One o'clock, two o'clock, three o'clock in the morning' are: **час ночи, два часа ночи, три часа ночи** (or **три часа утра).**
'Four o'clock in the morning' is **четыре часа утра.**
'One o'clock, two o'clock in the afternoon' are **час дня; два часа дня.**

Evening begins at six o'clock and lasts till midnight, so that 'six in the evening, ten o'clock at night' are **шесть часов вечера, десять часов вечера.**

'Midday' is **полдень** or **двенадцать часов дня.**
'Midnight' is **полночь** or **двенадцать часов ночи.**

Note: через три часа   *in three hours' time*
         через день   *every other day* or
                               in a day's time

         раз в каждые пять
           недель   *once every five weeks*
         пять раз в неделю   *five times a week*

3. With numeral constructions it is possible to express the idea of 'approximately, about' by inverting the word order so as to place the noun before the numeral:

лет тридцать	*about thirty years*
часо́в в оди́ннадцать	*at about 11 o'clock*
Ива́ну лет два́дцать	*Ivan is about twenty*

4. Больно́й

The adjective больно́й has two meanings: 'sick' and 'painful':

| больно́й ребёнок | *a sick child* |
| больно́й зуб | *a sore tooth* |

Больно́й in the long form may be used for 'a sick person, invalid, patient':

| Она́ больна́я. | *She is an invalid, patient.* |

The short, predicative form of this adjective (бо́лен, больна́; больны́) is used for 'I am ill, he is unwell' etc.

The verbs боле́ть (-е́ю, -е́ешь) and боле́ть (-и́т, -я́т): The First conjugation verb боле́ть means 'to be ill, ailing'. Thus:

| Он уже́ давно́ боле́ет. | *He has been ailing a long time.* |

The Second conjugation verb боле́ть means 'to ache, be sore, painful':

У меня́ боли́т голова́.	*My head aches.*
У неё боля́т зу́бы.	*Her teeth are aching.*
У него́ боли́т рука́.	*His hand hurts.*

5. The verb сходи́ть

Сходи́ть is a Perfective verb meaning 'to go somewhere and come back soon', usually to fetch something:

| сходи́ть за лека́рством | *to go and get the medicine* |

Note that the idea of 'to fetch, to get' is rendered by за and the Instrumental case.

There is a similar verb съе́здить for 'to go and return' by vehicle. And сбе́гать is 'to slip out and return'. Both are Perfective.

These verbs must not be confused with **сходи́ть/сойти́** 'to go/come down *or* off', **съезжа́ть/съе́хать** 'to go/ come down' and **сбега́ть/сбежа́ть** 'to run down'.

6. Verbs with the suffix -нуть

Perfective verbs describing sudden, single action may be formed with the suffix -**нуть**. Examples are: from **дрожа́ть** 'to shiver' — **дро́гнуть** 'to give a shudder'; from **ка́шлять** 'to cough' — **ка́шлянуть** 'to give a cough'; from **крича́ть** 'to shout' — **кри́кнуть** 'to shout, to give a shout'; from **стуча́ть** 'to knock' — **сту́кнуть** 'to knock once'.

For these verbs there are also Perfective verbs formed with the prefix **за-** which describe the beginning of the action: **задрожа́ть, зака́шлять, закрича́ть, за-стуча́ть** — 'to start shivering, coughing, shouting, knocking'.

Not all verbs with the suffix -**нуть** are Perfective: **па́хнуть** 'to smell', for example, is Imperfective.

In the past tense, some verbs in -**нуть** drop the suffix as follows:

возника́ть/возни́кнуть   *to arise*
Past: возни́к, возни́кла, возни́кло, возни́кли

па́хнуть/запа́хнуть   *to smell*
(за)па́х па́хла, па́хло, па́хли *or* па́хнул, -а, -о, -и

исчеза́ть/исче́знуть   *to disappear*
исче́з, исче́зла, исче́зло, исче́зли

проника́ть/прони́кнуть   *to penetrate*
прони́к, прони́кла, прони́кло, прони́кли

привыка́ть/привы́кнуть   *to become accustomed*
привы́к, привы́кла, привы́кло, привы́кли

The present or Perfective future tense of verbs in

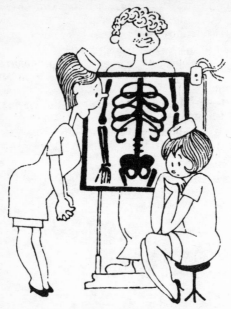

— И что ты в нём нашла, не понимаю!

-нуть ends in -ну, -нешь, -нет, -нем, -нете, -нут, or, if
stressed on the ending, -ну́, -нёшь, нёт, etc:

привы́кнуть   привы́кну, привы́кнешь...
верну́ться   верну́сь, вернёшься...

EXERCISES — УПРАЖНЕ́НИЯ

1. Answer the question 'What time is it?' first repeating
   the Model and then using '2 o'clock' etc. up to '12
   o'clock' in your answers:

   Model: Кото́рый сейча́с час? Сейча́с час.

2. Answer the questions by using the time shown in brackets:

   (i) В котóром часý вы прихóдите в столóвую?
        (1 p.m.)
   (ii) В котóром часý вы кончáете обéдать? (2 p.m.)
   (iii) В котóром часý вы обсуждáете контрáкты?
        (3 p.m.)
   (iv) В котóром часý вам принóсят чáшку чáя?
        (4 p.m.)
   (v) В котóром часý вы кончáете рабóту? (5 p.m.)
   (vi) В котóром часý вы возвращáетесь домóй?
        (6 p.m.)
   (vii) В котóром часý вы встаёте? (7 a.m.)
   (viii) В котóром часý вы зáвтракаете? (8 a.m.)
   (ix) В котóром часý вы прихóдите на рабóту?
        (9 a.m.)
   (x) В котóром часý вы освобождáетесь от дел?
        (10 a.m.)
   (xi) В котóром часý вы пьёте кóфе? (11 a.m.)
   (xii) В котóром часý вы хотúте спать? (12 noon)

3. Change the following sentences according to the Models:

   (a) *Model A*: Онá пошлá в аптéку на чéтверть часá.
               Онá вернýлась оттýда чéрез чéтверть
               часá.

       (i) Онá пошлá в аптéку на чéтверть часá.
       (ii) Он поéхал за granicy на недéлю.
       (iii) Онú побежáли в больнúцу на 45 минýт.
       (iv) Мы пошлú в университéт на два часá.

   (b) *Model B*: Онá пошлá в аптéку на чéтверть
               часá.
               Онá сходúла в аптéку за чéтверть
               часá.

   (c) Now rewrite the sentences in the future tense.

4. Write out the following numerals:

(a) 40th; 42nd; 50th; 53rd; 54th; 60th; 65th; 66th;
70th; 77th; 78th; 80th; 89th; 90th; 100th.

(b) 13, 14, 15, 16, 17, 18, 19 hours;
20, 21, 22, 23, 24, 25, 26, 27, 28, 29 years;
30, 31, 40, 42, 50, 53 minutes;
60, 64, 70, 75, 80, 86 roubles;
90, 97, 98, 99, 100 copecks.

5. Using the 24-hour clock, complete the sentence:

По́езд отхо́дит в... 1.35; 12.43; 5.51; 17.24; 8.39;
4.19; 15.41; 11.20; 14.57; 2.13;
2.28 p.m.; 3.46 a.m.; 3.25 p.m.;
11.32 a.m.; 7.40 a.m.; 12.19 p.m.;
6.53 a.m.; 7.14 p.m.; 11.25 p.m.;
5.11 a.m.

6. (a) Using the prices indicated, complete the sentence:

Э́то сто́ит ...   1р.25к.;   17р.3к.;   94р.56к.;
77р.25к.;   43р.12к.;   45р.37к.;
19р.33к.;   62р.29к.;   95р.40к.;
8р.96к.

(b) Using the information given below, state approximate ages:

Model: Она́ — 40. Ей лет со́рок.

она́ — 40; вы — 35; он — 42; мы — 13; Со́неч-
ка — 17; ма́ма —24; Па́вел — 70; Еле́на — 63;
Пётр — 28; Алекса́ндр — 47.

7. Translate into Russian:

In 2 hours' time; in a day's time; in about 17 weeks'
time;
in about 25 years' time; every other day;
every 5 weeks; every 3 months; every 100 years;
4 roubles per day; a tablet every 3 hours;
about 20 times per month; about 5 months per year;

about 18 days per month; once a year; once in every 100 years.

8. Using the following words and phrases make sentences according to the Models:

> *Model A*: Она всегда носит белый халат.
> *Model B*: Сегодня на ней белый халат.
> *Model C*: Она сегодня в белом халате.

белый халат; тёплое пальто; неудобный костюм; серые носки; коричневые брюки; белая рубашка; модные туфли; дешёвое платье; длинная юбка.

9. (a) Using the following words, answer the question

Что у вас болит? according to the Model:

> *Model*: сердце. Я чувствую боль в сердце.

сердце; лёгкие; левое колено; горло; левая рука; правый глаз.

(b) Using the words given in brackets, answer the questions according to the Model:

> *Model*: Ты больна? (рука)
> Нет, но у меня болит рука.

Ты больна? (рука).
Вы больны? (глаза).
Они больны? (голова).
Вы были больны? (руки).
Они были больны? (зубы).
Ты была больна? (всё тело).
Она больна? (зуб).
Он болен? (язык).
Ты был болен? (горло).
Она была больна? (колено).
Он был болен? (весь рот).

10. Rewrite in the past tense the complete sentences contained in the following lines of the text:

Page 223 — lines 1, 2, 4, 8-9, 10.

Page 224 — lines 8-10,19,26,30,34.

Take special care with the choice of aspect.

11. Translate into Russian:

    (i) Are there still real bears in Siberia?

   (ii) How many degrees of frost did you have in December?

  (iii) On that day he came running to tell me that he had a son.

   (iv) I began to miss my home a long time ago. I am dying from boredom here.

    (v) Please slip out and call the doctor for our middle-aged neighbour, because he caught a cold yesterday. He has been coughing and groaning all night. Be careful, don't catch it from him.

   (vi) You have a normal temperature. You are not ill at all.

  (vii) I shall treat you to (some) strong wine. Please leave a little vodka for Volodya. You know he likes to drink a glass of vodka before (he goes to) sleep.

 (viii) Don't worry, I shall buy another bottle on my way home.

   (ix) I have avoided drinking vodka since the night when I drank a little after some tablets or other, and my friend had to call an ambulance. Rather, let us drink a glass of wine to our neighbour's health.

12. Write the story of John's illness in the third person, reducing the length by about half.

LESSON 20 — УРОК ДВАДЦА́ТЫЙ

Толсто́й и́ли Достое́вский

— Куда́ ты бежи́шь, Та́ня?

— В библиоте́ку. Не заде́рживай меня́! Я не успе́ю отнести́ кни́гу, е́сли не поспешу́. Иди́ со мной!

— Неуже́ли у тебя́ хвата́ет вре́мени чита́ть кни́ги? Я с трудо́м успева́ю сде́лать дома́шние зада́ния.

— А я всегда́ ложу́сь спать с кни́гой. У меня́ о́чень просто́е пра́вило: ка́ждую неде́лю я беру́ кни́гу из библиоте́ки. Иногда́ конча́ю её, иногда́ нет. Е́сли кни́ги интересу́ют меня́, чита́ю их или по вечера́м, или по воскре́сеньям. Чита́ть хоро́шую кни́гу интере́снее, чем смотре́ть телеви́зор. Ита́к, бо́лее интере́сные кни́ги я дочи́тываю до конца́, а ме́нее интере́сные я броса́ю посереди́не — зато́ ра́ньше засыпа́ю. Хоро́шая систе́ма, не пра́вда ли?

— Ничего́... Но есть кни́ги, кото́рые невозмо́жно прочита́ть за одну́ неде́лю. Ты, что? Предпочита́ешь детекти́вы?

— Наоборо́т! Сейча́с увлека́юсь бо́лее серьёзными кни́гами. На про́шлой неде́ле я взяла́ из библиоте́ки пе́рвый том «Войны́ и ми́ра» и перечита́ла его́ бо́лее внима́тельно, с бо́льшим интере́сом, чем в пе́рвый раз. Толсто́й — мой люби́мый писа́тель. Когда́ я чита́ю его́, я чу́вствую себя́ бли́же к пра́вде, чем когда́ чита́ю любо́го совреме́нного а́втора.

— А мне бо́льше нра́вится Достое́вский. В свои́х романах он смелее и глубже Толстого проникает в самую душу человека. Он труднее Толстого, его философский подход к жизни сложнее, он волнует меня сильнее, но всё-таки, по-моему, он более человечно, более понимающе изображает своих героев...

— Да, но не все мы слабые, грешные. Большинство из нас более здоровые и более нормальные, чем бедные, несчастные герои Достоевского. Он старается всё глубже проникнуть в нездоровую душу человека, а Толстой пытается всё выше поднять дух людей. Никто не описывает жизнь и чувства человека более чутко и более реалистически, чем Толстой.

— А вообще, по-моему, поэт лучше всех передаёт человеческие чувства и переживания. В лирических стихах поэт чаще всего выражает свои мысли — и передаёт их и короче, и тоньше, чем писатель в прозе. Я страстно люблю поэзию. Помнишь стихи Пушкина:

«Выпьем, добрая подружка
Бедной юности моей,
Выпьем с горя; где же кружка?
Сердцу будет веселей.
Спой мне песню, как синица
Тихо за морем жила;
Спой мне песню, как девица
За водой поутру шла.»

Сколько тоски в этих простых словах! Правда?

— Романтическая ты натура! Это всё зависит от настроения. По-моему, всё-таки прозу легче понять, чем поэзию. Но я согласна с тобой: в художественной литературе рассказывают о современном обществе ещё проще и яснее, чем в учебнике истории...

— И описывают психологические процессы не хуже и гораздо понятнее, чем в учебнике психологии.

WORDS AND PHRASES

двадца́тый = twentieth
библиоте́ка = library
заде́рживать/задержа́ть = to delay
 (/задержу́, заде́ржишь)
относи́ть/отнести́ = to take (back)
спеши́ть/по- = to hurry
неуже́ли? *emphatic introduction to question* = really?
 surely not?
дома́шнее зада́ние = home work
ложи́ться/лечь = to lie down
 (/ля́гу, ля́жешь,...ля́гут; past лёг, легла́)
пра́вило = rule
брать/взять = to take
 (беру́, берёшь/возьму́, возьмёшь)
интере́снее, чем телеви́зор = more interesting than the
 television (set)
бо́лее интере́сный = more interesting
ме́нее интере́сный = less interesting
дочи́тывать/дочита́ть = to read to the end, finish off
 (a book)
броса́ть/бро́сить = to throw; abandon
 (/бро́шу, бро́сишь)
посереди́не = in the middle
засыпа́ть/засну́ть = to fall asleep
за одну́ неде́лю = in one week, within a week
предпочита́ть/предпоче́сть = to prefer
 (/предпочту́, предпочтёшь; *past* предпочёл, предпочла́)
детекти́в = detective novel
на про́шлой неде́ле = last week
том = volume
«Война́ и мир» = *War and Peace*
перечи́тывать/перечита́ть = to re-read
внима́тельно = attentively
бо́льший = greater
люби́мый писа́тель = favourite writer
а́втор = author

рома́н = novel

смеле́е = bolder; more boldly

глу́бже Толсто́го = deeper, more profoundly than Tolstoy

проника́ть/прони́кнуть = to penetrate
  (*past,*/прони́к, прони́кла)

филосо́фский подхо́д = philosophical approach

челове́чный = humane

понима́юще = understandingly

изобража́ть/изобрази́ть = to depict
  (/изображу́, изобрази́шь)

геро́й = hero; character

гре́шный = sinful

несча́стный = unfortunate

всё глу́бже = deeper and deeper, ever more profoundly

пыта́ться/по- = to attempt

вы́ше = higher

дух = spirit

опи́сывать/описа́ть = to describe

чу́ткий = sensitive

реалисти́ческий = realistic

поэ́т = poet

лу́чше всех = better than anyone; best of all

передава́ть/переда́ть = to transmit, convey
  (передаю́, передаёшь/переда́м, переда́шь)

лири́ческие стихи́ = lyrical poem

ча́ще всего́ = more often than anything, most often

то́ньше = more subtly; thinner

коро́че = shorter, more briefly

про́за = prose

стра́стно = passionately

до́брый = kind

подру́жка (*affectionate diminutive of* подру́га) = friend
  (*fem.*)

ю́ность (*fem.*) = youth, young days

с го́ря = from grief

кру́жка = mug, tankard

веселе́й = more cheerful (*comparative in* -ей *occurs mainly
  in poetry*)

спеть *Pf. of* петь = to sing
как (*here*) = of how, about how
синица = blue tit
девица = maiden
поутру = of a morning (normal stress поутру́)
тоска = melancholy, yearning
слово = word
романтическая натура = romantic character
настроение = mood
легче (г *as* х [kh]) = easier, lighter
согласен = in agreement
художественная литература = literature, belles lettres
проще = simpler
яснее = clearer
психологический процесс = psychological process
хуже = worse
гораздо понятнее = much more comprehensibly
психология = psychology

GRAMMAR — ГРАММАТИКА

1. Comparative of adjectives and adverbs

There are two forms of the comparative of Russian adjectives. One is formed with the word **более** which in itself means 'more' (or with **менее** meaning 'less').

интересный	*interesting*
более интересный	*more interesting*
менее интересный	*less interesting*

это более интересная книга *this is a more interesting book*

эта книга более интересная *this book is more interesting*

In this construction the adjective declines in the normal way, but более does not change:

Я читал более интересную книгу.
I was reading a more interesting book.

The second form of the comparative ends in **-ee** or **-e** and it is not declinable. It can only be used predicatively as a complement.

э́та кни́га интере́снее	*this book is more interesting*
э́то сложне́е	*this is more complicated*

(It is important to remember that if the comparative adjective is required in any case other than the nominative, then the form with **бо́лее** should be used:

они́ живу́т в бо́лее но́вом до́ме *they live in a newer house*.)

The stress on the predicative comparative is on the first **e** of the suffix if the feminine short form of the adjective is stressed on the **-a**; e.g. from **но́вый** — **нова́ — нове́е**.

In practice, this means that the comparative of a two-syllable adjective like **но́вый** has the stress on the suffix: **но́вый** — **нове́е**; **сло́жный** — **сложне́е**. If the adjective is a word of three or more syllables, then the stress on the comparative is probably on the same syllable as in the positive: **интере́сный — интере́снее**; **удо́бный — удо́бнее**; **есте́ственный — есте́ственнее**.

But note **веселе́е** 'gayer' from **весёлый**, **тяжеле́е** from **тяжёлый** 'heavy', **холодне́е** 'colder' from **холо́дный**. There is an alternative form of this comparative which ends in **-ей**; e.g. **нове́й**, **веселе́й**, mostly found in poetry. Some adjectives, e.g. those ending in **-ский**, do not have this short, predicative comparative, so that 'more realistic' has to be rendered with **бо́лее: бо́лее реалисти́ческий**.

The comparative of the adverb is the same as the predicative comparative adjective. Thus:

ясне́е *more clearly*;   веселе́е *more gaily*.

If there is no predicative form of the adjective, then the comparative form of the adverb has to be formed with **бо́лее**:

более реалистически   *more realistically*

(Note that adverbs are formed from adjectives in **-ский** by dropping the final **-й**: **реалистический** 'realistic', **реалистически** 'realistically'.)

2. Irregular comparatives

близкий	*near*	ближе
богатый	*rich*	богаче
большой	*big*	больше
высокий	*high*	выше
глубокий	*deep*	глубже
громкий	*loud*	громче
густой	*thick*	гуще
далёкий	*distant, far*	дальше
дешёвый	*cheap*	дешевле
долгий	*long*	дольше
дорогой	*dear*	дороже
жаркий	*hot*	жарче
короткий	*short*	короче
крепкий	*strong*	крепче
лёгкий	*easy, light*	легче
мягкий	*soft, mild*	мягче
низкий	*low*	ниже
плохой	*bad*	хуже
простой	*simple*	проще
ранний	*early*	раньше
сладкий	*sweet*	слаще
строгий	*strict*	строже
твёрдый	*hard, firm*	твёрже
тихий	*quiet*	тише
тонкий	*thin, fine*	тоньше
хороший	*good*	лучше
частый	*frequent*	чаще
чистый	*clean, pure*	чище
широкий	*wide*	шире

As well as meaning 'bigger', **больше** means 'more'. 'Less' is **меньше**.

3. 'Than'

One way to express 'than' is to put the object of the comparison into the Genitive case:

Он вы́ше меня́.	*He is taller than I am.*
Пётр лу́чше Ива́на.	*Peter is better than Ivan.*

'Than' can also be rendered by **чем**:

Он вы́ше, чем я.	*He is taller than I am.*
Пётр лу́чше, чем Ива́н.	*Peter is better than Ivan.*

If the long comparative with **бо́лее** is used, then **чем** and not the Genitive of comparison must be used for 'than':

Достое́вский бо́лее интере́сный писа́тель, чем Толсто́й.
Dostoevsky is a more interesting writer than Tolstoy.

Чем must be used in translating 'than his, than hers, than theirs': **чем его́, чем её, чем их.**

4. Чем... тем...

Note the use of **чем ... тем ...** in the following examples:

Чем нове́е, тем лу́чше.	*The newer, the better.*
Чем да́льше в лес, тем бо́льше дров.	*The farther into the forest (one goes) the more wood there is.*
	(i.e. *the further one goes, the more complications arise*)

5. Гора́здо

In comparative constructions 'much' is expressed by **гора́здо**:

гора́здо ясне́е	*much clearer;*
гора́здо бо́льше	*much bigger, much more.*

6. Как мо́жно...

The comparative is used with **как мо́жно** to express 'as , ... as possible':

как мо́жно скоре́е   *as quickly as possible*
как мо́жно бо́льше   *as much as possible*

Proverb:

Ти́ше е́дешь, да́льше   *More haste, less speed.*
бу́дешь.   (literally, *the more calmly you*
                       go, the further you will be)

EXERCISES — УПРАЖНЕ́НИЯ

1. Using the following phrases, form sentences with a comparative as in the Model:

   Model: расска́зывать ску́чно

   A. Он бу́дет расска́зывать ещё скучне́е.
   B. Расскажи́те как мо́жно скучне́е.

   расска́зывать ску́чно; стара́ться усе́рдно; передава́ть свобо́дно; опи́сывать однообра́зно; броса́ть осторо́жно; брать реши́тельно; поднима́ть ме́дленно; изобража́ть конкре́тно; перечи́тывать внима́тельно; засыпа́ть ско́ро; бе́гать бы́стро.

2. Using the words in brackets, form sentences according to the Models:

   Model: Наш проце́сс сло́жный (их)

   A. Наш проце́сс тако́й же сло́жный, как их.
   B. Наш проце́сс сложне́е, чем их.

   Наш проце́сс сло́жный (их).
   Моя́ сестра́ легкомы́сленная (твоя́).
   Центра́льная библиоте́ка но́вая (ме́стная).
   Э́та боле́знь серьёзная (про́шлая).
   Э́тот рома́н интере́сный (любо́й детекти́в).
   Твоя́ крова́ть удо́бная (его́).
   Хала́т Бори́са дли́нный (Джон).
   Второ́й том тяжёлый (тре́тий).

   C. As B, but now replace чем with the Genitive of comparison wherever possible.

3. (a) Using the following groups of words, form sentences according to the Model.

> *Model A*: пенициллѝн — аспирѝн — дорогóй
> Пенициллѝн горáздо дорóже аспирѝна.

пенициллѝн — аспирѝн — дорогóй; зимá — óсень — холóдный; отéц — мать — ýмный; моя́ рабóта — твоя́ — лёгкий; Тáня — Сóня — красѝвый; учѝтельница — дирéктор — стрóгий; вóдка — винó — крéпкий; твоя́ одéжда — её — старомóдный; пéрвый том — вторóй — тóнкий; Алексéй — Вѝктор — культýрный.

(b) Continue as before, but according to Model B.

> *Model B*: вставáть мéдленно
> Я встаю́ горáздо мéдленнее.

вставáть мéдленно; одевáться прилѝчно; рабóтать усéрдно; проводѝть ýтро прия́тно; есть чáсто; бывáть общѝтельным; ложѝться спать пóздно; засыпáть бы́стро; спать дóлго; чýвствовать себя́ плóхо.

(c) Continue as before, but according to Model C.

> *Model C*: слóжный процéсс — он дорогóй
> Чем сложнéе процéсс, тем он дорóже.

слóжный процéсс — он дорогóй; дешёвое лекáрство — онó бесполéзное; свéжий сыр — он хорóший; большóй гриб — он вкýсный; мя́гкая постéль — э́то прия́тно; неóпытный водѝтель — опáсная поéздка; длѝнные нóчи — корóткие дни; чáсто идёт дождь — травá густáя; плохáя ученѝца — онá мáло занимáется; пóезд идёт бы́стро — мы приезжáем рáно.

4. Complete a second sentence in such a way as to form a comparison, as in the Model:

> *Model*: Понима́ть по-украи́нски тру́дно.
> Говори́ть ...
> Понима́ть по-украи́нски тру́дно.
> Говори́ть по-украи́нски гора́здо труднѐе, чем понима́ть.

(i) Понима́ть по-украи́нски тру́дно. Говори́ть ...

(ii) Пе́тя и Ве́ра сего́дня чи́стые. Бо́ря и Со́ня...

(iii) Он негра́мотный челове́к. Его́ това́рищ...

(iv) Вы челове́к высо́кого ро́ста. Мой брат...

(v) Ма́ша хорошо́ игра́ет на скри́пке. На пиани́но...

(vi) На за́паде СССР уже́ тепло́. На ю́ге...

(vii) У э́того арти́ста гро́мкий го́лос. У дире́ктора...

(viii) Вы рабо́таете бли́зко от больни́цы. Михаи́л Петро́вич...

(ix) В ю́жной А́нглии холо́дный кли́мат. В се́верной А́нглии...

(x) Ве́чером в лесу́ темно́. Но́чью...

(xi) На́ши у́лицы широ́кие. Моско́вские...

(xii) Е́хать на по́езде удо́бно. Лете́ть на самолёте...

(xiii) У нас мно́го сомне́ний. У него́...

(xiv) Вам вре́дно пить вино́. Пить во́дку...

5. (a) With the words and phrases given in brackets make comparisons as in the Model. Wherever possible use the Genitive of comparison; otherwise use **чем**:

> *Model*: Э́та у́лица широ́кая (гла́вная у́лица).
> Э́та у́лица ши́ре гла́вной у́лицы.

(i) Э́та у́лица широ́кая (гла́вная у́лица).

(ii) Пирожки́ с гриба́ми вку́сные (пирожки́ с мя́сом).

(iii) Наш перево́дчик о́пытный (ваш).

(iv) Ста́рые больни́цы плохи́е (но́вые).

(v) Её брат высо́кий (она́).

(vi) Мы живём далеко́ от апте́ки (вы).

(vii) Мы разговариваем друг с другом осторожно
(дети).

(viii) Новая библиотека хорошая (старая).

(ix) Эти дома низкие (те).

(x) Старое здание близко от реки (современные).

(xi) Эти дети разговаривают естественно (взрослые).

(xii) Министр объясняет это ясно (заместитель).

(xiii) У неё к этому критический подход (у него).

(xiv) Поэт описывает чувства лирически (этот
писатель).

(xv) Они относятся к этому философски (я).

(b) Now form comparisons according to the following
Model.

Model: Эта улица менее широкая, чем главная.

(c) Omitting the last three of the above sentences,
form comparisons with **всех** as in the following
Model.

Model: Эта улица шире всех.

6. Translate into Russian:

(i) She began to work less than she should and plunged still deeper into her emotional experiences.
Her yearning began to worry him and he began to
treat her more seriously and more sensitively.

(ii) My native land is dearer to me than everything else
in the world. There the fields are greener, the air
cleaner. Our flowers are more beautiful, our wine is
stronger, and our girls are gayer and lovelier than
all others.

(iii) In my opinion, Tolstoy describes people better
than Dostoyevsky.

(iv) Perhaps my acquaintances are no worse than his
characters, but in the majority of cases they don't
even attempt to be kinder or more attentive to

people, and they are not ashamed of their weak-
nesses.

(v) I admit that the skill of our young writers is not
very high yet, but they are creating new historical
literature. They are more interested in the history
of the Revolution than in the history of art.

(vi) The simpler the word, the more natural it is; and
the more understandable it is, the clearer it will
express the author's thought.

7. Answer in Russian the following questions on the text:

(i) Почему́ у Та́ни нет вре́мени разгова́ривать с
подру́гой?

(ii) Её подру́га мно́го чита́ет?

(iii) Когда́ у Та́ни быва́ет вре́мя чита́ть кни́ги?

(iv) Та́ня всегда́ дочи́тывает кни́ги до конца́?

(v) Она́ всегда́ ра́но ложи́тся спать?

(vi) Каки́е кни́ги она́ предпочита́ет?

(vii) Та́ня увлека́ется детекти́вами?

(viii) Почему́ рома́н «Война́ и мир» ещё бо́льше по-
нра́вился ей, когда́ она́ прочита́ла его́ второ́й
раз?

(ix) Нра́вится ли Толсто́й подру́ге Та́ни?

(x) Что ей нра́вится в рома́нах Достое́вского?

(xi) Как опи́сывает Достое́вский жизнь и чу́вства
челове́ка по мне́нию Та́ни?

(xii) Почему́ подру́га Та́ни лю́бит поэ́зию?

(xiii) Что вы́разил Пу́шкин в стиха́х, кото́рые она́
так лю́бит?

(xiv) Како́го вы мне́ния о про́зе и поэ́зии?

(xv) Согласны́ ли вы с после́дними мне́ниями Та́ни
и её подру́ги о литерату́ре? Мо́жно ли сказа́ть
то же са́мое о совреме́нной литерату́ре ва́шего
наро́да?

LESSON 21 — УРОК ДВАДЦАТЬ ПЕРВЫЙ

Игра в шахматы

Уже кончились школьные экзамены и начались летние каникулы. У Владимира Михайловича Макарова время более или менее свободное. Это самое приятное время года для него, самое спокойное. По крайней мере теперь по вечерам он не должен думать об уроках и слабых учениках. Самое большое удовольствие для него — это погулять по бульвару. Бульвар — это широкая аллея, обычно посередине улицы. Там растут цветы и деревья. Недалеко от его дома находится такой бульвар. Здесь можно подумать, что ты находишься в зелёном парке. В квартире Владимира Михайловича летом душно, и, когда он открывает окна, у соседа громко играет радио или проигрыватель, или кто-то на дворе починяет мотоцикл. Итак, Владимир Михайлович часто приходит на бульвар по вечерам.

Сначала он идёт за газетой в ближайший киоск, а если жарко, он покупает по дороге мороженое или пьёт из автомата газированную воду. Потом он находит свободное место на скамейке в тени деревьев и спокойно читает газету. Бывает, конечно, что прямо перед ним играют в мяч и шумят дети, но для Владимира Михайловича детский крик самый обычный звук; он давно привык к их громкому крику, и ему даже странно, когда они не кричат. Они ему ничуть не мешают, и только если мяч подлетает к нему, он поднимает его, спрашивает, чей э́то мяч, и, незави́симо от отве́та, всегда́ броса́ет его́ са́мому ма́ленькому ма́льчику и́ли де́вочке. Пото́м он дочи́тывает газе́ту и идёт да́льше. Он счита́ет себя́ са́мым до́брым челове́ком.

С тех пор, как он бро́сил кури́ть, его́ тру́бка пуста́я, но он ча́сто де́ржит её в руке́ и́ли во рту. Он уже́ не ду́мает о том, что он чита́л в газе́те, а любу́ется захо́дом со́лнца.

— Эй, Шерло́к Холмс! — зовёт его́ вдруг и ма́шет ему́ руко́й челове́к, кото́рый сиди́т на скаме́йке на друго́й стороне́ алле́и. Влади́мир Миха́йлович узнаёт по го́лосу одного́ знако́мого, кото́рого он ча́сто встреча́ет здесь, автомати́чески смо́трит на часы́ и де́лает вид, что коле́блется. «Глу́по», — ду́мает он; он зна́ет, что просиди́т полве́чера с э́тим челове́ком, с кото́рым он знако́м, но о кото́ром ничего́ не зна́ет. «Кто он тако́й? — ча́сто спра́шивает он себя́. — Просто́й рабо́чий? Мини́стр се́льского хозя́йства? Мо́жет быть, э́то крупне́йший фи́зик? И́ли изве́стнейший худо́жник? А мо́жет опа́снейший престу́пник? Чёрт его́ зна́ет!»

Он здоро́вается с ним, выбира́ет са́мое чи́стое ме́сто на скаме́йке, снима́ет пиджа́к и гото́вится к жесточа́йшей борьбе́. Де́ло в том, что они́ о́ба шахмати́сты и, хотя́ не из са́мых лу́чших, но и далеко́ не из ху́дших; и, пока́ в по́лночь не вы́ключат свет, здесь бу́дет происходи́ть са́мая сло́жная, са́мая увлека́тельная игра́ с са́мым интере́сным игроко́м, с са́мым то́нким знатоко́м ша́хмат во всей Москве́.

WORDS AND PHRASES

два́дцать пе́рвый = twenty-first
игра́ в + *acc.* = game of
ша́хматы (*pl.*), *gen.* ша́хмат = chess
шко́льный экза́мен = school exam
ле́тний = summer (*adj.*)
бо́лее и́ли ме́нее свобо́дный = more or less free

са́мый большо́й = the biggest, greatest, largest
удово́льствие = pleasure
бульва́р = boulevard
алле́я = avenue
зелёный = green
парк = park
ду́шный = stuffy
прои́грыватель (*masc.*) = record-player
двор = yard, court
на дворе́ = outside
починя́ть *or* чини́ть/почини́ть = to mend
мотоци́кл = motorcycle
ближа́йший кио́ск = the nearest kiosk, news-stand
жа́рко = hot
моро́женое = ice cream
из автома́та = from a vending machine
газиро́ванная вода́ = fizzy drink
скаме́йка = bench
тень (*fem.*) = shade, shadow
споко́йный = calm, peaceful
быва́ет = it happens
мяч = ball
шуме́ть/за- = to make a noise
   (шумлю́, шуми́шь)
де́тский крик = children's shouting
звук = sound
ничу́ть = not in the least
подлета́ть/подлете́ть к +*dat.* = to fly up to
чей э́то мяч? = whose ball is this?
незави́симый = independent
де́вочка = little girl
да́льше = further
с тех пор как = since, from the time when
тру́бка = pipe
захо́д со́лнца = sunset
маха́ть/махну́ть + *instr.* = to wave; swing, sweep
   (машу́, ма́шешь)
сторона́ = side

узнавать по голосу = to recognize by (his) voice
автоматический = automatic
часы = watch, clock
колебаться/по- = to hesitate
  (колеблюсь, колеблешься)
просидеть полвечера = to sit through half the evening
кто он такой? = who is he?
сельское хозяйство = agriculture
крупный физик = important physicist
крупнейший = most important
а может...? = or perhaps...?
преступник = criminal
здороваться/по- = to greet, shake hands
  (здороваюсь, здороваешься)
снимать/снять = to take off (clothing)
пиджак = jacket
жестокая борьба = cruel struggle
дело в том, что = the fact is that
шахматист = chess player
лучший = best
далеко не = far from
худший = worst
в полночь = at midnight
свет = light
увлекательная игра = fascinating game
игрок = player
тонкий = subtle
знаток = connoisseur

GRAMMAR—ГРАММАТИКА

1. The superlative degree of adjectives

There are two forms of the superlative of adjectives.
One is formed with самый:

самый интересный писатель   *the most interesting writer*

са́мая тру́дная рабо́та	*the most difficult work*
са́мое я́сное объясне́ние	*the clearest explanation*
мой са́мые но́вые носки́	*my newest socks*

Both **са́мый** and the adjective decline in the normal way; e.g.

кни́га о са́мом интере́сном писа́теле в Росси́и
a book about the most interesting writer in Russia.

This form may be used predicatively:

Э́та рабо́та са́мая тру́дная. *This job is the most difficult.*

The second form of the superlative ends in **-ейший** (or **-айший** after **ж, ч, ш** or **щ**) and it is declinable:

интере́снейший рома́н   *a most interesting novel.*

This form is usually used as an intensifying adjective where no real comparison is being made, as in the above example and in the phrase

чисте́йший вздор   *the sheerest rubbish*

in which the rubbish in question is not being described as sheerer than other rubbish.
Sometimes, however, this second form may be used for a true superlative, as in **ближа́йший путь** *the nearest way.*

Note the following examples of this form of superlative:

глубо́кий — глубоча́йший; коро́ткий — кратча́й-ший; кре́пкий — крепча́йший; лёгкий — легча́й-ший; ма́ленький — мале́йший; стро́гий — строжа́й-ший; то́нкий — тонча́йший.

The prefix **наи-** may be used to intensify the force of the superlative:

наисложне́йшая рабо́та   *most complicated work.*

The prefix **пре-** may be added to the positive to form a kind of superlative: **преста́рый** 'very old'. It may also be used to intensify a superlative: **престарейший** 'very, very old'.

These forms of the superlative may also be used predicatively.

2. Some exceptional comparatives and superlatives

Note the following. The first comparative given is the indeclinable predicative form; the second is the declinable form which may be used attributively or predicatively. Where more than one superlative is given the several forms are interchangeable unless indication to the contrary is shown:

Positive	Comparative	Superlative
хоро́ший *good*	лу́чше лу́чший	лу́чший са́мый лу́чший са́мый хоро́ший
плохо́й *bad*	ху́же ху́дший	ху́дший са́мый ху́дший са́мый плохо́й
большо́й *big*	бо́льше бо́льший	са́мый большо́й велича́йший
ма́ленький *little*	ме́ньше ме́ньший	са́мый ма́ленький мале́йший
высо́кий *high, tall*	вы́ше бо́лее высо́кий вы́сший (figurative)	са́мый высо́кий вы́сший (figurative) высоча́йший
ни́зкий *low*	ни́же бо́лее ни́зкий ни́зший (figurative)	са́мый ни́зкий ни́зший (figurative) нижа́йший

| молодо́й
 young | моло́же (ог мла́д-
 ше) бо́лее молодо́й
 мла́дший брат *younger brother*
 мла́дший *junior* | са́мый молодо́й |

| ста́рый
 old | ста́рше
 старе́е (*of thing*)
 бо́лее ста́рый

 ста́рший брат *elder brother*
 ста́рший *senior* | са́мый ста́рый
 са́мый ста́рший
   (*of person*)
 старе́йший |

3. The superlative of adverbs

The superlative of the adverb is expressed by the comparative followed by the Genitive of comparison **всего́** 'than everything' or **всех** 'than everybody', 'than all':

Он игра́ет в футбо́л лу́чше всего́.	*He plays football best (i.e. better than he plays anything else).*
Он игра́ет в футбо́л лу́чше всех.	*He plays football best (i.e. better than everyone else).*
Я люблю́ поэ́зию бо́льше всего́.	*I like poetry most (of all).*
Я люблю́ поэ́зию бо́льше всех.	*I like poetry most (i.e. more than anyone else does).*

4. The reflexive pronoun себя́

Себя́ is the reflexive pronoun. There is only one form for all genders in the singular and for the plural:

Nom.		None
Gen.		себя́
Dat.		себе́
Acc.		себя́
Inst.		собо́й, собо́ю
Prep.	(о)	себе́

Я спрашиваю себя.	*I ask myself.*
Она купила себе новую шляпу.	*She bought herself a new hat.*
Они привезли с собой все свои вещи.	*They brought all their things with them.*

The person(s) denoted by **себя** must, of course, be the same person as the subject of the verb.

When the action is one which is normally reflexive, i.e. is normally done to the self, rather than to someone else, for example, 'to dress', then a reflexive verb ending in **-ся** is used instead of the separate pronoun **себя**.

Она одевалась.	*She was dressing.*

5. Чей 'whose'

Чей is an interrogative word meaning 'whose'. The masculine is **чей,** the feminine is **чья,** the neuter is **чьё,** and the plural is **чьи:**

Чей это словарь?	*Whose dictionary is this?*
Чья это газета?	*Whose newspaper is this?*
Чьё это пальто?	*Whose coat is this?*
Чьи это фотокарточки?	*Whose photographs are these?*

Notice that in the above construction the word **это** in the middle does not change.

Чей may be found used as a relative pronoun, but this usage in modern Russian is elevated or poetic:

человек, чьё имя известно всем
a person whose name is known to all

The declension of **чей** is:

	Masc.	Fem.
Nom.	чей	чья
Gen.	чьего	чьей
Dat.	чьему	чьей
Acc.	чей/чьего	чью

Instr.	чьим	чьей
Prep.	(о) чьём	чьей

	Neut.	Pl.
Nom.	чьё	чьи
Gen.	чьего	чьих
Dat.	чьему	чьим
Acc.	чьё	чьи/чьих
Instr.	чьим	чьйми
Prep.	(о) чьём	чьих

Thus:

Чью газету вы читаете?
Whose paper are you reading?

6. Самый 'the very ...'

Самый by itself means 'the very ...':

на самом берегу реки   *on the very bank of the river.*

Used with этот or тот же it means 'the same ...':

в том же самом месте   *in the same place.*

EXERCISES—УПРАЖНЕНИЯ

1. (a) Form a Comparative phrase from the following
   adjectives and adverbs according to the Model:

   Model: низкий: всё ниже и ниже

   низкий; простой; дорогой; крепкий; короткий;
   чистый; строгий; лёгкий; сладкий; громкий;
   поздно; рано; глубоко; часто; мягко; плохо;
   густо; близко; тихо; хорошо.

   (b) Give the Positive degree of the following compara-
   tives and then rewrite the phrases using самый
   and the appropriate adjective:

   Model: выше всех — высокий — самый
   высокий

вы́ше всех; то́ньше всех; бога́че всех; деше́вле всех; до́льше всех; тве́рже всех; ши́ре всех; жа́рче всех.

2. (a) Rewrite the following adjectives using the Superlative degree ending in **-ейший** or **-айший:**

(b) Choose 10 phrases and compose sentences with them:

ску́чный рома́н; ста́рая часть; лёгкий сон; то́нкие образцы́; поле́зное сре́дство; ужа́сные престу́пники; стро́гий игро́к; высо́кие го́ры; ма́ленькое подозре́ние; увлека́тельная игра́; вку́сный ко́фе; бли́зкая парикма́херская; глубо́кий интере́с; тру́дный экза́мен; коро́ткая доро́га; бога́тая страна́; по́лный беспоря́док; кре́пкая во́дка; ни́зкая скаме́йка.

3. (a) Note the usage of the following irregular Comparative forms and rewrite the sentences according to the Model:

Model: Э́тот поэ́т ху́же Маяко́вского.
Маяко́вский лу́чше э́того поэ́та.

Э́тот поэ́т ху́же Маяко́вского.
Их план лу́чше на́шего.
Э́то зда́ние ме́ньше но́вого.
Она́ говори́т по-армя́нски ху́же, чем по-ру́сски.
Он зна́ет фи́зику лу́чше, чем эконо́мику.
Пе́тя протесту́ет ме́ньше Са́ши.
Лю́да боле́ет бо́льше Ма́ши.
Никола́й ста́рше Влади́мира.
Ве́ра мла́дше Еле́ны.
Моя́ кру́жка старе́е твое́й.

(b) Rewrite the above sentences to convey the Superlative degree. Use всего́ or всех as appropriate, as in the Model:

Model: Э́тот поэ́т ху́же всех.

4. Translate into Russian:

(i) He lives in the oldest area of the town.

(ii) Volodya's mother is five years younger than his father.

(iii) They return home with even more frightful ideas.

(iv) There are no stronger wines in the foodstore today.

(v) Sonya admitted this to her more understanding friends.

(vi) They were cleverer than she and looked at life more realistically.

(vii) Feeding (trans. 'to feed') the smallest children with a spoon is very difficult.

(viii) Sometimes it seems to me that the dirtiest and stupidest children are ours, that there cannot be dirtier or stupider children in the whole world.

(ix) He is more or less known amongst Moscow youth.

(x) In the years of (his) youth, life was more complex and less normal, but it was more absorbing.

5. Using the following groups of words, compose questions according to the Model (watch the tenses):

> *Model*: шáхматы — он — принестú позавчерá
> Чьи шáхматы он принёс позавчерá?

(i) шáхматы — он — принестú позавчерá.

(ii) сын — он — махáть рукóй сейчáс.

(iii) пóмощь — он — искáть послезáвтра.

(iv) морóженое — он — съесть вчерá по ошúбке.

(v) часы́ — он — чинúть весь день зáвтра.

(vi) дочь — он — мúло улыбáться зáвтра.

(vii) в ... сапогú — он — поéхать вчерá у́тром в пóле.

(viii) с ... постéль — он — снять вчерá одея́ло.

(ix) с ... женá — он — тóлько что здорóваться.

(x) о ... прóйгрыватель — он — скóро забы́ть.

(xi) без ... автомобúль — он — обходúться сегóдня.

(xii) под ... костю́м — он — позавчерá найтú егó рубáшку.

6. Insert the correct form of себя and then translate into English:

По вечерам он возвращался к ... в комнату и, как он привык делать у ... на родине, сам готовил для ... что-нибудь простое на ужин. Он зарабатывал достаточно, но не позволял ... ничего лишнего. Он очень любил сына, никогда не думал о ..., а посылал сыну все лишние деньги. После ужина он обычно продолжал сидеть за столом и играл сам с ... в шахматы, или думал о сыне. Иногда он открывал рот, начинал сам с ... разговаривать, вспоминал, что сын уехал, и сам смеялся над своей слабостью.

7. Answer in Russian the following questions on the text:

(i) Где работает Макаров, и чем он обычно занимается по вечерам?

(ii) В какое время года он более или менее свободен, и почему?

(iii) Что такое бульвар, и почему Макаров так любит проводить там летние вечера?

(iv) Где он покупает газету, и что он ещё покупает, когда ему жарко?

(v) Где стоят скамейки на бульваре, и можно ли там сидеть и спокойно читать или готовить уроки?

(vi) Почему Макаров всегда бросает мяч самому маленькому мальчику или девочке?

(vii) Почему Макаров берёт с собой трубку, когда он идёт гулять?

(viii) Как называет Макарова его знакомый, и почему?

(ix) Как Макаров узнаёт своего знакомого и рад ли он его видеть?

(x) Кем он может быть, и кто он действительно?

(xi) Почему они часто проводят вечера вместе?

(xii) Как проходят такие вечера?

LESSON 22 — УРОК ДВАДЦАТЬ ВТОРОЙ

«Анна Каренина»

Начало восемнадцатой главы первой части романа Л. Н. Толстого:

Вронский пошёл за кондуктором в вагон и при входе в отделение остановился, чтобы дать дорогу выходившей даме. С привычным тактом светского человека, по одному взгляду на внешность этой дамы, Вронский определил её принадлежность к высшему свету. Он извинился и пошёл было в вагон, но почувствовал необходимость ещё раз взглянуть на неё — не потому, что она была очень красива, не по тому изяществу и скромной грации, которые видны были во всей её фигуре, но потому, что в выражении миловидного лица, когда она прошла мимо его, было что-то особенно ласковое и нежное. Когда он оглянулся, она тоже повернула голову. Блестящие, казавшиеся тёмными от густых ресниц, серые глаза дружелюбно, внимательно остановились на его лице, как будто она признавала его, и тотчас же перенеслись на подходившую толпу. В этом коротком взгляде Вронский успел заметить сдержанную оживлённость, которая играла в её лице и порхала между блестящими глазами и чуть заметной улыбкой, изгибавшею её румяные губы. Как будто избыток чего-то так переполнял её существо, что мимо её воли выражался то в блеске взгляда, то в улыбке.

Она́ потуши́ла умы́шленно свет в глаза́х, но он све-
ти́лся про́тив её во́ли в чуть заме́тной улы́бке.

Да́же в э́том ма́леньком отры́вке сра́зу броса́ется в глаза́
отлича́ющийся све́жестью стиль э́того писа́теля — пи-
са́теля настоя́щего, хорошо́ зна́ющего и лю́бящего люде́й
и чу́вствующего мале́йшие пережива́ния, трево́жащие
челове́ческие сердца́. Драмати́ческий подхо́д, употребля́е-
мый Толсты́м в описа́нии э́той пе́рвой встре́чи А́нны и
Вро́нского, даёт возмо́жность чита́телю ви́деть, как бу́дто
свои́ми глаза́ми, сце́ну, опи́сываемую а́втором. Инстинк-
ти́вные чу́вства, не анализи́руемые писа́телем, но заме́-
ченные чита́телем в откры́том взгля́де А́нны, поздне́е на-
чина́ют развива́ться в бога́той нату́ре, в просну́вшемся
се́рдце её. В э́том рома́не, напи́санном сто лет наза́д и
посвящённом пробле́ме сча́стья, занима́вшей тогда́ са-
мого́ Толсто́го, заинтересова́вшийся чита́тель мо́жет за-
ме́тить иде́и, не лишённые значе́ния и в на́ши дни.

(The following translation of the excerpt from Tolstoy is
nearly word-for-word and may prove helpful in sorting
out this example of a literary style. The same applies for
the texts of Lessons 23 and 27.)

Vronsky went after the attendant into the carriage and
at the entrance to the passenger compartment he stopped
to make way for a lady who was going out. With the customary tact of as a man of society, with one glance at the
appearance of this lady Vronsky defined her as belonging to
the highest society. He apologized and was about to go
into the carriage but felt a need to look at her once again
— not because she was very beautiful, not on account
of that refinement and modest grace which were visible
in all her figure, but because in the expression of her comely face when she walked past him there had been something
particularly kind and gentle. When he looked round
she, too, turned her head. Her flashing grey eyes, which
seemed dark from her thick eyelashes, paused amicably
and attentively on his face as if she recognized him and at

once transferred themselves to the approaching crowd. In this short glance Vronsky had time to notice the restrained vivacity which played in her face and flitted between her shining eyes and the scarcely noticeable smile which curved her flushed lips. As if an excess of something so overfilled her being that it expressed itself against her will now in the flash of her glance, now in her smile. She deliberately extinguished the light in her eyes, but it shone against her will in her just noticeable smile.

WORDS AND PHRASES

двадцать второй = twenty-second

глава = chapter

кондуктор = sleeping-car attendant (*modern Russian* — **проводник**)

вагон = carriage

при входе = on entering

отделение (*here*) = compartment

чтобы = in order to

дать дорогу = to give way

выходившая дама = the lady (who was) coming out

привычный такт = customary tact

светский человек = a person from society

по одному взгляду = at one glance

внешность (*fem.*) = (external) appearance

определять/определить = to determine

принадлежность (*fem.*) = adherence

высший свет = highest society

извиняться/извиниться = to apologize

пошёл было = was about to go

необходимость (*fem.*) = necessity

ещё раз = once more

взглядывать/взглянуть = to glance
   (/**взгляну, взглянешь**)

изящество = elegance, refinement

грация = grace

миловидный = pretty
мимо его = past him (*modern Russian* — мимо него)
ласковый = tender
нежный = gentle
оглядываться/оглянуться = to look round
  (/оглянусь, оглянешься)
блестеть/блеснуть = to shine, glitter
ресница = eyelash
дружелюбный = amicable
внимательный = attentive
признавать/признать = to recognize, acknowledge
тотчас же = at once, at the same moment
переноситься/перенестись = to be transferred
взгляд = glance
сдерживать/сдержать = to hold back, withhold
оживлённость (*fem.*) = liveliness
порхать/порхнуть = to flit
чуть = scarcely
заметный = noticeable
изгибать/изогнуть = to curve
румяный = rosy, glowing
губа = lip
как будто = as if
избыток = excess
переполнять/переполнить = to fill to overflowing
существо = being
мимо её воли = against her will
блеск = brilliance
улыбка = smile
тушить/по- = to extinguish, dampen
умышленный = deliberate
светиться/за- = to shine
отрывок = excerpt
бросаться/броситься в глаза = to strike one
свежесть (*fem.*) = freshness
стиль (*masc.*) = style
малейший = least
тревожить/вс- = to disturb, alarm

драмати́ческий = dramatic
употребля́емый = used
описа́ние = description
инстинкти́вный = instinctive
анализи́ровать/про- = to analyse
чита́тель (*masc.*) = reader
бога́тая нату́ра = generous nature
просыпа́ться/просну́ться = to wake up
сто лет наза́д = a hundred years ago
посвяща́ть/посвяти́ть +*dat.* = to dedicate, devote to
сча́стье = happiness
лиша́ть/лиши́ть +*gen.* = to deprive of

GRAMMAR — ГРАММА́ТИКА

Participles

Russian participles are verbal adjectives which serve to
identify, define, a person or thing as the one doing something or having something done to it, as, for example, in the
phrase:

> челове́к, чита́ющий газе́ту, ...
> *the man reading* (i.e. *who is reading*) *the newspaper*

Чита́ющий is the Present Active Participle.
There are also Present Passive, Past Active and Past
Passive Participles. The passive participles may be used
to form the passive voice (see below).

1. The Present Active Participle

The Present Active Participle is formed by removing
-т from the end of the third person plural, present
tense, and adding -щий, -щая, -щее, -щие.

чита́ют	—	чита́ющий;
несу́т	—	несу́щий;
пи́шут	—	пи́шущий;
говоря́т	—	говоря́щий.

For First Conjugation verbs this participle has the same stress as the third person plural; for Second Conjugation verbs the stress is on the same syllable as in the Infinitive (except лю́бящий from люби́ть).

2. The Past Active Participle

The Past Active Participle is formed from the past tense by removing -л and adding -вший. This participle may be formed from either aspect:

читáвший, прочитáвший;
говори́вший, поговори́вший.

With verbs whose past tense does not end in -л add -ший to the past tense, masculine:

нести́: нёс — нёсший;
везти́: вёз — вёзший.

But note the following exceptions: идти́ — шéдший; произойти́ — происшéдший; вести́ — вéдший.

And: пáхнуть — пáхший *or* пáхнувший; возни́кнуть — возни́кший *or* возни́кнувший; прони́кнуть — прони́кший *or* прони́кнувший; but only исчéзнувший *and* привы́кший.

Reflexive participles always end in -ся, never -сь:

занимáющийся, занимáющаяся

3. The Present Passive Participle

The Present Passive Participle is formed by adding the adjectival ending -ый to the first person plural of the present tense: читáемый, люби́мый, терпи́мый.

Note the following exceptions for verbs with the suffix -ва:

давáемый; продавáемый; признавáемый.

As a rule this Present Passive Participle is formed only from regular verbs of the First Conjugation and from some

Second Conjugation verbs, especially **носи́ть, вози́ть, води́ть** and their prefixed forms, e.g. **приноси́ть, увози́ть**. On the whole, irregular First Conjugation verbs and verbs of the Second Conjugation do not have this participle. Thus, there are no Present Passive Participles from **писа́ть, мыть, говори́ть, стро́ить** and many other verbs.

4. The Past Passive Participle

(a) First Conjugation

To form the Past Passive Participle of a regular First Conjugation verb remove **-л** from the past tense and add **-нный**:

> чита́л: чи́танный, прочи́танный;
> писа́л: пи́санный, напи́санный;
> потеря́л: поте́рянный.

The stress is on the stem.

Note that the Past Passive Participles from **нести́, везти́, вести́** end in **-ённый: внесённый, привезённый, уведённый**. And the Past Passive Participle from **найти́** 'to find' is **на́йденный**.

Past Passive Participles may be formed from either Aspect, but most of them are Perfective.

Some Past Passive Participles of the First Conjugation are formed with the suffix **-тый**:

> бить — би́тый   *hit, broken*;
> вы́пить — вы́питый   *drunk*;
> взять — взя́тый   *taken*;
> греть — гре́тый   *warmed*;
> закры́ть — закры́тый   *closed*;
> мыть — мы́тый   *washed*
> откры́ть — откры́тый   *opened*;
> нача́ть — на́чатый   *begun*;
> оде́ть — оде́тый   *dressed*;
> поня́ть — по́нятый   *understood*;
> приня́ть — при́нятый   *accepted*;

заня́ть — за́нятый *occupied*;
забы́ть — забы́тый *forgotten*;
изогну́ть — изо́гнутый *curved.*

(b) Second Conjugation

Remove from the past tense **-ил, -ел** and add **-енный** or **-ённый**. The suffix **-енный** is added when the verb is stressed on the stem in the second and third person of the present or Perfective future tense:

изучи́ть: изучу́, изу́чишь, изу́чит — изу́ченный.

The suffix **-ённый** is added when the verb is stressed on the ending throughout the present or Perfective future tense: **определи́ть,** оеределю́, определи́шь, определи́т — **определённый.**

Where there is a consonant change in the first person singular of these tenses, the same change occurs in the Past Passive Participle:

встре́тить: встре́чу, встре́тишь — **встре́ченный;**
удиви́ть: удивлю́, удиви́шь — **удивлённый.**

Note that (у)ви́денный is an exception.
Perfective verbs formed from **держа́ть** (Second Conjugation) have the Past Passive Participle in **-анный**: **сде́ржанный** 'restrained'.

5. The uses of participles

(a) Participles may replace relative clauses:

the man (who is) reading the newspaper ...
челове́к, чита́ющий газе́ту, ...

the woman (who is) speaking Russian ...
же́нщина, говоря́щая по-ру́сски, ...

the man (who was) reading the newspaper ...
челове́к, чита́вший газе́ту, ...

the man who read (and finished) the newspaper ..
челове́к, прочита́вший газе́ту, ...

*the newspaper (which is) being read by the
student...*
газе́та, чита́емая студе́нтом, . . .

*the newspaper (which was/has been) read by the
student . . .*
газе́та, прочи́танная студе́нтом, . . .

In general, the present participles refer to actions
contemporaneous with the main verb and past
participles refer to actions prior to the main verb:

The man reading the paper does not hear anything.
Челове́к, чита́ющий газе́ту, ничего́ не слы́шит.

*The paper being read by the student is lying on the
table.*
Газе́та, чита́емая сту́дентом, лежи́т на столе́.

*The man who was reading the paper has now gone
away.*
Челове́к, чита́вший газе́ту, тепе́рь ушёл.

*The man who read (and finished) the paper has now
gone away.*
Челове́к, прочита́вший газе́ту, тепе́рь ушёл.

The book read by the student is now lying on the table.
Кни́га, прочи́танная студе́нтом, тепе́рь лежи́т на
столе́.

It should be noted, however, that when the main
verb is in the past tense, the Imperfective Past
Active Participle is often used for an action which is
not prior to the main verb, but is contemporaneous
with it:

*The man reading the paper did not understand all he
read.*
Челове́к, чита́вший газе́ту, не понима́л всего́,
что он чита́л.

In the above sentence the Past Active Participle
could be replaced by the Present Active Participle.

Participles may stand in front of the nouns they qualify:

Читавший газету человек теперь ушёл.
Вронский остановился, чтобы дать дорогу выходившей даме.

It will have been noticed that participles agree, like adjectives, with the nouns they qualify. They all have adjectival endings:

Masc. sg.	Fem. sg.
читающий	читающая
читаемый	читаемая
читавший	читавшая
прочитанный	прочитанная

Neut. sg.	Pl.
читающее	читающие
читаемое	читаемые
читавшее	читавшие
прочитанное	прочитанные

(b) Use of the short form of passive participles:
The short form of the Past Passive Participle (e.g. **прочитан,** прочитана, прочитано, прочитаны; **открыт,** открыта, открыто, открыты) is used with the appropriate form of **быть** to form the Passive Voice in the Perfective aspect:

The novel was written in Russian.
Роман был написан по-русски.

The book is written/has been written in Russian.
Книга написана по-русски.

The letter will be written in Russian.
Письмо будет написано по-русски.

The new library was opened in September.
Новая библиотека была открыта в сентябре.

The Imperfective passive participles are not often

used to form the passive voice, because the Imperfective passive is usually rendered by reflexive verbs:

A house was being built on the corner.
Дом стро́ился на углу́.

In fact, the passive voice is used much less in Russian than in English. Often what would be a passive construction in English is active in Russian, and it would be quite natural to render the above example by:

Дом стро́или на углу́.

6. Adverbs formed from the Present Active Participle

Adverbs may be formed from the Present Active Participle by replacing the adjectival ending by **-e.** Thus:

понима́юще *understandingly;*   зна́юще *knowingly;*
блестя́ще   *brilliantly.*

7. Participles often become adjectivalized

This can be seen in the following examples:

пи́шущая маши́нка   *typewriter*
би́тая посу́да два   *cracked crocks last two centuries*
    ве́ка живёт   or *creaking gates hang longest*

8. The particle бы́ло

The particle **бы́ло** may be used with a verb in the past tense to indicate that the action was intended, but was not carried out, or that it began, but was interrupted and not completed:

Он пошёл бы́ло, да останови́лся.
He was about to go, but stopped.
He set off, but stopped.

EXERCISES — УПРАЖНЕ́НИЯ

1. From the following verbs form:

   (a) Present Active Participles;
   (b) Past Active Participles.

   > игра́ть; стуча́ть; ка́шлять; пить; скуча́ть; зво-
   > ни́ть; моли́ться; каза́ться; пыта́ться; стоя́ть;
   > свети́ться; хвата́ть; по́льзоваться; лежа́ть; хва́с-
   > таться; знако́миться; разгова́ривать; вы́глядеть;
   > висе́ть; петь; учи́ться; сле́довать; жа́ловаться;
   > лете́ть; избега́ть; стыди́ться; выходи́ть; удивля́ть-
   > ся; приезжа́ть.

2. Form Past Active Participles from the following verbs:

   > идти́; вы́йти; найти́; произойти́; принести́; про-
   > вести́; переноси́ть; перенести́сь; отнести́; отвезти́;
   > увести́; привы́кнуть; запа́хнуть; прони́кнуть; ис-
   > че́знуть; мочь; помо́чь; лечь; умере́ть; расти́;
   > увле́чься.

3. Form Past Active Participles, both Imperfective and Perfective, from the following verbs. Where two distinct Perfectives are possible, give both:

   > *Model*: дрожа́вший, задрожа́вший (дро́гнувший)

   > дрожа́ть; брать; поступа́ть; признава́ться; блес-
   > те́ть; влия́ть; ка́шлять; подходи́ть; извиня́ть; пор-
   > ха́ть; засыпа́ть; горе́ть; буди́ть; свя́зываться; пре-
   > враща́ться; остана́вливаться; боя́ться; стона́ть; ло-
   > жи́ться; надоеда́ть; сохраня́ться; разруша́ться;
   > отлича́ться; крича́ть; протестова́ть; проника́ть;
   > умира́ть; бе́гать; исчеза́ть; ока́зываться.

4. (a) Rewrite the following phrases, using the appropriate participle (Present Active or Past Active):

   > (i) молодёжь, кото́рая хо́чет созда́ть пре-
   > кра́сное бу́дущее.
   > (ii) храм, кото́рый хорошо́ сохрани́лся.

(iii) ребёнок, который дрожит от ужаса.

(iv) дети, которые крепко спали.

(v) студенты, которые учатся в вашем университете.

(vi) больной, который жаловался на сильные боли.

(vii) цветы, которые хорошо пахнут.

(viii) та часть романа, которая следует за этой.

(ix) женщина, которая приехала недавно из Канады.

(x) дама, которая всегда скучает.

(xi) инженер, который отвёз вашего представителя на станцию.

(xii) психолог, который ничему не удивляется.

(xiii) девушка, которая две недели смотрела за подругой.

(xiv) поэт, который вчера прилетел из Москвы.

(xv) ученица, которая всего боялась.

(xvi) девочка, которая всегда будила бабушку очень рано.

(xvii) проблемы, которые возникли недавно.

(xviii) писатель, который давно умер.

(xix) случай, который произошёл вчера.

(xx) учитель, который принёс в школу змею.

(b) Now rewrite the sentences and precede each set of four by:

(i) Я увидел там ...

(ii) Я не нашёл ...

(iii) Я позвоню ...

(iv) Я говорил недавно с ...

(v) Нам рассказывали о ...

5. (a) Form Present Passive Participles from the following verbs:

знать; терпеть; делать; вспоминать; любить; наблюдать; приносить; обещать, уводить; ввозить.

(b) Rephrase the following sentences using Present Passive Participles:

    (i) Я не знаю молодого человека, которого она любит.

    (ii) Я нахожу халат под одеялом, которое поднимает Соня.

    (iii) Мы никогда не видели романа, который ты читаешь.

    (iv) В процессе, который мы наблюдаем, много интересного.

    (v) С ужасом мы слушаем идеи, которые он объясняет.

    (vi) Мы разговариваем о промышленности, которую усердно развивают в нашей стране.

    (vii) Он услышал её голос за дверью, которую он закрывал.

    (viii) Напиши письмо товарищу, которого никто из нас не забывает.

6. (a) Form Past Passive Participles from the following verbs:

закрыть; вымыть; надеть; начать; занять; выпить; выписать; испугать; сдержать; рекомендовать; собрать; послать; потерять; найти; провести; отнести; поносить; заметить; посетить; купить; решить; заподозрить; выкурить; заразить; разбудить.

(b) Now give the short forms of the participles, all genders.

7. Rewrite the following phrases using Past Passive Participles:

    (i) герой, которого описали в газете.
    (ii) в истории, которую давно забыли.
    (iii) товарищу, которого ты поздравила.
    (iv) без книги, которую она спрятала.

(v) мать, которую взволновали письмом.

(vi) к словам, которые вы услышали в театре.

(vii) с врачом, которого вызвали по телефону.

(viii) от сожалений, которые он выразил вчера.

(ix) на вечере, который устроили в институте.

(x) студентов, которых это обеспокоило.

(xi) перед человеком, которого он задержал.

(xii) о машинах, которые мы усовершенствовали.

(xiii) для кондуктора, которого заподозрили в этом.

(xiv) под туфлями, которые ты бросил на пол.

(xv) ребёнка, которого вылечили этим лекарством.

(xvi) детям, которых всем обеспечили.

(xvii) о свете, который потушили рано.

(xviii) для поэта, которого признали знаменитым.

8. (a) Rewrite the following sentences, using appropriate participles:

(i) Я не люблю рук, которые не помыли.

(ii) Вы слышали об инженере, которого недавно послали в Париж?

(iii) Я не хочу грибов, которые жарили в масле.

(iv) Он радуется сестре, которая успела заехать к нему.

(v) Она думала о стихах, которые её интересовали.

(vi) Он любовался девушками, которые гуляли у моря.

(vii) Не встречайся с этим человеком, которого я ненавижу.

(viii) Я интересуюсь судьбой народов, которые здесь жили в древние времена.

(ix) Она вспомнила о картине, которая принадлежит брату.

(x) Это хорошо удалось артисту, который играет героя.

(b) Change the verb in the following sentences from active to passive in the appropriate tense:

Model: Ребёнка уже́ накорми́ли.
Ребёнок уже́ нако́рмлен.

(i) Ребёнка уже́ накорми́ли.
(ii) Пото́м дверь широко́ откры́ли.
(iii) Его́ при́няли в институ́т.
(iv) Ско́ро все забу́дут о ней.
(v) Вчера́ свет включи́ли ра́но.
(vi) Тебя́ не заме́тят среди́ други́х.
(vii) Ско́ро Бо́рю найду́т.
(viii) Костю́м до сих пор не почини́ли.
(ix) Крестья́нам обеща́ли зе́млю.
(x) Това́рищи ку́пят для него́ всё необходи́мое.

9. Translate into Russian (Use participles wherever possible):

(i) I did not see the letter which you received yesterday.
(ii) The boy was pleased with the money found in the street.
(iii) I don't like guides who mumble. They should all speak loudly and clearly.
(iv) The car won in the lottery by our neighbour turned out to be much better than ours.
(v) For Sonya, used to all possible domestic comforts, it was not easy to live in a small village with peasants who did not understand her well. After a year spent in this dull area she decided to take the children to their father who missed them greatly. Places were found for them on the helicopter flying into town on Saturday.
(vi) The man in charge of this department, who has distinguished himself by his good work and is considered a typical representative of our young people, is being sent for a month to Moscow.
(vii) The students entering and leaving the building were stopping in front of the open doors. Some talked about the vacations spent in the South, others about their plans for the future.

(viii) He finished the novel, which he began in the summer, eight months later. In it there were many psychological and philosophical ideas, developed by the author with his usual mastery, but we were more interested in the social ideas taken from the life of high society.

10. Answer in Russian the following questions on the text:

(i) Где встречаются в пе́рвый раз Вро́нский и А́нна?

(ii) При каки́х усло́виях А́нна впервы́е уви́дела его́?

(iii) Что мо́жно бы́ло определи́ть по вне́шности А́нны?

(iv) Почему́ э́то бы́ло так легко́ для Вро́нского?

(v) Он то́тчас же прошёл в вагон на своё ме́сто?

(vi) Почему́?

(vii) Опиши́те вне́шность, глаза́ и выраже́ние лица́ А́нны, когда́ она́ проходи́ла ми́мо Вро́нского.

(viii) Кто из них огляну́лся?

(ix) А́нна до́лго смотре́ла на Вро́нского?

(x) Что ему́ осо́бенно понра́вилось во взгля́де и в лице́ А́нны?

(xii) На что, по мне́нию Вро́нского, ука́зывала оживлённость А́нны?

(xiii) Как по-ва́шему, А́нна умы́шленно хоте́ла увле́чь Вро́нского?

LESSON 23 — УРÓК ДВÁДЦАТЬ ТРÉТИЙ

«Анна Карéнина»

Отрывок из четвёртой главы трéтьей чáсти ромáна:

На другóе ýтро Константин Лéвин встал рáньше обыкновéнного, но хозяйственные распоряжéния задержáли его, и когдá он приéхал на покóс, косцы шли ужé по вторóму рядý.

По мéре тогó, как он подъезжáл, емý открывáлись шéдшие друг за дрýгом растянутою вереницей и различно махáвшие кóсами мужики, кто в кафтáнах, кто в одних рубáхах. Он насчитáл их сóрок два человéка.

Они мéдленно двигались по нерóвному низу лýга. Нéкоторых своих Лéвин узнáл. Тут был старик Ермил в óчень длинной бéлой рубáхе, согнýвшись, махáвший косóй; тут был молодóй мáлый Вáська, бывший у Лéвина в кучерáх, с размáха брáвший кáждый ряд. Тут был и Тит, мáленький, хýденький мужичóк. Он, не сгибáясь, шёл передóм, как бы играя косóй, срéзывая свой ширóкий ряд.

Лéвин слез с лóшади и, привязáв её у дорóги, сошёлся с Титом, котóрый, достáв из кустá вторýю косý, подáл её.

— Готóва, бáрин; брéет, самá кóсит, — сказáл Тит, с улыбкой снимáя шáпку и подавáя емý косý.

— Постарáюсь не отстáть, — сказáл Лéвин, становясь за Титом и выжидáя врéмени начинáть.

Тит освободил мéсто, и Лéвин пошёл за ним. Травá

былá нúзкая, придорóжная, и Лéвин, давнó не косúв-
ший и смущённый обращёнными на себя взглядами,
в пéрвые минýты косúл дýрно, хотя и махáл сúльно.

Травá пошлá мягче, и Лéвин, слýшая, но не отвечáя
и стараясь косúть как мóжно лýчше, шёл за Тúтом.
Онú прошлú шагóв сто. Тит всё шёл, не останáвливаясь,
не выкáзывая ни малéйшей устáлости; но Лéвину ужé
стрáшно становúлось, что он не вýдержит: так он
устáл.

Тит шёл мах за мáхом, не останáвливаясь и не уста-
вáя. Лéвин шёл за ним, стараясь не отставáть, и емý
становúлось всё труднéе и труднéе: наступáла минýта,
когдá он чýвствовал, у негó не остаётся бóлее сил, но
в э́то врéмя Тит останáвливался и точúл.

Не понимáя, что э́то и откýда, в середúне рабóты он
вдруг испытáл приятное ощущéние хóлода по жáрким
вспотéвшим плечáм. Он взглянýл на нéбо во врéмя
натáчиванья косы́. Набежáла нúзкая тяжёлая тýча,
и шёл крýпный дождь. Однú мужикú пошлú к кафтá-
нам и надéли их; другúе, тóчно так же, как Лéвин,
тóлько рáдостно пожимáли плечáми под приятным
освежéнием.

The next morning Konstantin Levin got up earlier
than usual, but household arrangements delayed him
and when he arrived at the haymaking the mowers were
already going along their second row.

As he rode up there were revealed to him peasants who
were walking one after the other in an extended line and
swinging their scythes in various ways, some in kaftans,
some in shirts only. He counted forty-two of them.

They were moving slowly along the uneven bottom end
of the meadow. Some of his own (peasants) Levin recognized. Here was the old man Yermil in a very long white
shirt, who was swinging his scythe, stooped. Here was the
young fellow Vas'ka who had been in Levin's coachmen,
taking each row with all his might. Here, too, was Titus, a
small thin little peasant. He without stooping was walking

ahead, as if playing with his scythe, cutting down his broad row.

Levin dismounted his horse and, having hitched it by the road, joined up with Titus who, having fetched from a bush a second scythe, held it out to him.

'It's ready, master; it shaves, it scythes by itself', said Titus, with a smile, taking off his hat and handing him the scythe.

'I'll try not to lag behind,' said Levin, going and standing behind Titus and waiting for the moment to begin.

Titus freed a space and Levin set off behind him. The grass was low growing on the verge of the road and Levin who had not scythed for a long time and who was embarrassed by the glances directed at him, mowed badly in the first minutes, although he was swinging hard.

The grass began to come softer and Levin, listening, but not answering and trying to scythe as well as possible, walked after Titus. They walked about a hundred paces. Titus kept on going without stopping, without showing the slightest tiredness; but Levin was already becoming frightened that he would not hold out: so tired was he.

Titus went on, swing after swing, not stopping and not tiring. Levin went after him trying not to lag behind, and it was becoming more and more difficult for him: there would come a moment when he felt he had no strength left, but then Titus would stop and sharpen his scythe.

Not realizing what it was and where it came from, in the middle of his work he suddenly felt a pleasant sensation of cold on his hot, sweating shoulders. He glanced up at the sky during the sharpening of his scythe. A low dark storm cloud had covered the sky and it was raining heavily. Some peasants had gone for their kaftans and put them on; others, exactly in the same way as Levin, just shook their shoulders cheerily under the refreshing shower.

WORDS AND PHRASES

двадцать трети́й = twenty-third
на друго́е у́тро = the next morning
хозя́йственный = household
распоряже́ние = instruction, arrangements
поко́с = haymaking
косе́ц = haymaker
по ме́ре того́, как = as, in proportion as
открыва́ться/откры́ться = to be revealed
ше́дший = who was going
растя́гивать/растяну́ть = to stretch out, extend
верени́ца = line, file
разли́чный = various
коса́ = scythe
мужи́к = peasant (*pre-revolutionary*)
кафта́н = caftan
руба́ха = shirt
насчи́тывать/насчита́ть = to count
со́рок = forty
дви́гаться/дви́нуться = to move
неро́вный = uneven
низ = lower end
луг = meadow
не́которых свои́х он узна́л = he recognized some of his
    own (peasants)
сгиба́ться/согну́ться = to stoop
ма́лый (*adj. used as a noun*) = fellow
бы́вший в кучера́х = who was a coachman
с разма́ха = with all his might
мужичо́к (*diminutive of* мужи́к) = little peasant
передо́м = ahead
как бы = as if
сре́зывать/сре́зать = to mow
слеза́ть/слезть с +*gen.* = to climb down from
    (/сле́зу, сле́зешь; *past* слез, сле́зла)
привя́зывать/привяза́ть = to tie up
    (/привяжу́, привя́жешь)

сходи́ться/сойти́сь с + *instr.* = to meet up with
достава́ть/доста́ть = to get
   (достаю́, достаёшь/доста́ну, доста́нешь)
куст = bush
подава́ть/пода́ть = to give, hand
   (подаю́, подаёшь/пода́м, пода́шь)
брить/с- = to shave (*v.t.*)
   (бре́ю, бре́ешь)
коси́ть/с- = to scythe
   (кошу́, ко́сишь)
станови́ться/стать = to (go and) stand, take one's place
   (становлю́сь, стано́вишься/ста́ну, ста́нешь)
выжида́ть/вы́ждать + *gen.* = to wait
   (/вы́жду, вы́ждешь)
освобожда́ть/освободи́ть = to make free
   (/освобожу́, освободи́шь)
ни́зкий = low
придоро́жный = near the road
смуща́ть/смути́ть = to embarrass
   (/смущу́, смути́шь)
обраща́ть/обрати́ть = to direct
   (/обращу́, обрати́шь)
дурно́й = bad
трава́ пошла́ мя́гче = the grass began to get softer
выка́зывать/вы́казать = to manifest
   (/вы́кажу, вы́кажешь)
уста́лость (*fem.*) = fatigue
выде́рживать/вы́держать = to hold out
   (/вы́держу, вы́держишь)
мах = sweep, swing
наступа́ть/наступи́ть = to come (of time)
точи́ть/на- = to sharpen, whet
испы́тывать/испыта́ть = to experience
ощуще́ние = sensation
поте́ть/вс- = to sweat
плечо́, *pl.* пле́чи = shoulder
ната́чиванье = whetting
набега́ть/набежа́ть = to cover

ту́ча = storm cloud
шёл кру́пный дождь = it was raining heavily
ра́достный = joyful
пожима́ть/пожа́ть плеча́ми = to shrug one's shoulders
  (**/пожму́, пожмёшь**)
  (**пожима́ть ру́ку** = to shake hands)
освеже́ние = refreshing process

GRAMMAR—ГРАММА́ТИКА

1. Gerunds

Unlike participles, which do the work of relative clauses, gerunds are verbal adverbs and may be said to replace adverbial clauses which would be introduced by a conjunction, as, for example, in the sentence 'Reading the letter, she burst out laughing'. Here the phrase 'Reading the letter' could be replaced by 'While she was reading the letter', a clause introduced by the conjunction 'while'. Thus, in the phrase 'Reading the letter ...', the word 'reading' would be rendered in Russian by a gerund. In Russian the subject of a gerund must be the same as the subject of the main verb.

There are in Russian a present gerund and a past gerund. The past gerund may be formed from both Imperfective and Perfective verbs, but the Perfective past gerund is the more common.

(a) The present gerund

The present gerund may be formed from the third person plural of the present tense by removing the last two letters and adding **-я** (or **-а** if the rules of spelling do not allow **-я**):

> **чита́ют** — **чита́я**; **де́лают** — **де́лая**;
> **интересу́ют** — **интересу́я**;
> **несу́т** — **неся́**; **говоря́т** — **говоря́**;
> **пла́чут** — **пла́ча**.

Gerunds from reflexive verbs end in **-сь: занима́ясь.**
The stress is the same as in the Infinitive, but note
си́дя from **сиде́ть,** and **лёжа** from **лежа́ть.**
Monosyllabic verbs such as **бить, пить,** and First
Conjugation verbs in which there is a consonant
change, e.g. **писа́ть, пишу́, пи́шешь,** rarely form
the present gerund.
The present gerund of **быть** is **бу́дучи.**
The present gerund of verbs in **-авать** ends in
-авая: дава́ть — дава́я; уставать — устава́я.

(b)   The past gerund

The past gerund may be formed from the past
tense by removing **-л** and adding **-в** (or **-вши,**
although this form is the less common):

> **чита́л — чита́в; прочита́л — прочита́в;**
> **говори́л — говори́в; поговори́л — поговори́в.**

The past gerund of reflexive verbs ends in **-вшись:**

> **оде́вшись; заинтересова́вшись.**

Where the past tense does not end in **-л** add **-ши:**

> **нёсши; вёзши.**

But note, from **идти́ — ше́дши;** from **вести́ —**
ве́дши.
The prefixed Perfective verbs from **идти́, нести́,**
везти́, вести́ have a past gerund ending in **-я:**

> **войти́ — войдя́; прийти́ — придя́;**
> **пройти́ — пройдя́; пронести́ — пронеся́;**
> **отвезти́ — отвезя́; увести́ — уведя́,** *etc.*

There is an alternative form in **-ши** (пронёсши,
отвёзши, уведши) but it is less common.

2. The use of gerunds

The present gerund describes action contemporaneous with the main verb. The main verb may be in any tense:

Читáя письмó, онá засмеáлась.
Reading the letter, she burst out laughing.

Говорá э́то, он открывáет áщик.
Saying this, he opens the box.

The past gerund describes action prior to the main verb:

Прочитáв письмó, онá засмеáлась.
Having read the letter, she burst out laughing.

Сказáв э́то, он открóет áщик.
Having said this, he will open the box.

Gerunds can have shades of meaning other than the purely temporal:

Не знáя, чтó сказáть, он встал и вы́шел.
Not knowing what to say, he got up and went out.
(i.e. *Because he did not know...*)

Ничегó не сказáв, он встал и вы́шел.
Without saying anything, he got up and went out.

3. Conjunctions

Do not confuse prepositions and conjunctions. The words **пóсле, до, с** are prepositions and are followed by nouns in the Genitive case. To introduce an adverbial clause starting with 'after', 'before', 'since', 'until' and so on, you need conjunctions, which are:

after — **пóсле тогó как**

Пóсле тогó как он приéхал, он заболéл.
After he had arrived, he fell ill.

before — **прéжде чем** *or* **пéред тем как** *or* **до тогó как**

Пре́жде чем я получи́л его́ письмо́, я уже́ реши́л
пое́хать к нему́.
*Before I received his letter, I had already decided to go
to him.*

Note that when the subject of the two clauses is the
same these conjunctions may be followed by the infinitive:

Пре́жде чем посла́ть ему́ кни́гу, я прочита́л её.
Before sending him the book, I read it through.

since — **с тех пор как**

С тех пор как они́ уе́хали, я не зна́ю, что́ де́лать.
Since they went away, I do not know what to do.

until — **пока́ ... не**

Подожди́, пока́ он не придёт.
Wait until he comes.

(**Не** may be omitted from this construction).

while—**пока́**

Пока́ он ел, он не хоте́л говори́ть.
While he was eating, he did not want to talk.

4. Кто... кто...

Note the use of **кто ... кто ...** for 'some ... others...'
in the text. There is a saying **Кто в лес, кто по дрова́.**
which means 'Some (went) into the forest, others to get
firewood' and is used to imply that people are not
working together, but are pulling in different directions.

EXERCISES—УПРАЖНЕ́НИЯ

1. (a) Give the present gerund of the following verbs:
замеча́ть; изуча́ть; проси́ть; включа́ть; стоя́ть;
продава́ть; сиде́ть; подходи́ть; предлага́ть; обсуж-
да́ть; интересова́ть; стро́ить; занима́ться; слы́шать;

уставать; брить; становиться; смущать; точить; потеть.

(b) Give the past gerund (Imperfective) of the above verbs.

(c) Give the past gerund (Perfective) of the above verbs.

2. Replace the gerunds in the following sentences by making suitable clauses, as in the Model. Wherever possible, use conjunctions other than **когда**.

> *Model*: Написав письмо, он пошёл на почту.
>
> После того как он написал письмо, он пошёл на почту.

   (i) Написав письмо, он пошёл на почту.

  (ii) Подъезжая к городу, мы заметили, что некоторые дома горят.

 (iii) Подойдя к дому, он постучал в дверь.

  (iv) Он ничего не делал, не зная, что ему делать.

   (v) Идя по лугу, я нашёл косу.

  (vi) Сначала я ничего не видел, но, согнувшись, я увидел синий цветок.

 (vii) Сидя на траве, он заснул.

(viii) Он бросил газету на пол, прочитав её.

  (ix) Уставая, он работал всё медленнее.

   (x) Устав, она стала двигаться медленнее.

  (xi) Думая, что она спит, я тихо вышел из комнаты.

 (xii) Он косил быстрее, стараясь не отставать.

(xiii) Зная все правила, вы не будете делать ошибок.

(xiv) Он очень обрадовался, достав типичную русскую рубаху.

3. (a) Replace the underlined clauses by gerund constructions:

   (i) Так как она заболела, она не пришла на урок.

  (ii) Если вы это хорошо выучите, вы будете хорошо знать русскую грамматику.

(iii) По мѐре тогò как он сходѝлся с косцàми, он испы̀тывал всё бòльшее нетерпѐние.

(iv) Пòсле тогò как онà надѐла шàпку, дѐвочка увѝдела, что ужѐ сиѣет сòлнце.

(v) Когдà Лѐвин приѐхал на покòс, он слез с лòшади.

(vi) Так как он знал э̀тих францу̀зов, он подошёл к ним.

(vii) В то врѐмя когдà он точѝл косу̀, он взгляну̀л на нѐбо.

(viii) С тех пор как онà брòсила курѝть, онà чу̀вствует себѧ горàздо лу̀чше.

(ix) Пòсле тогò как он нашёл себѐ удòбную скамѐйку, он снял пиджàк.

(x) Как раз в ту мину̀ту когдà он стал на колѐни пѐред кровàтью, он пòднял глазà и замѐтил Вàську.

(xi) Покà я бу̀ду в Тамбòве, я бу̀ду мнòго рабòтать.

(xii) Когдà он привѧзывал лòшадь, он увѝдел чёрную ту̀чу.

(b) Rephrase the following sentences in such a way as to replace the underlined words by gerund constructions:

(i) Он отвѐтил ей, но не встал со сту̀ла.

(ii) Он стоѧл и не двѝгался, и дышàл как мòжно тѝше.

(iii) Он проспàл всю ночь и не проснỳлся.

(iv) Он не вы̀держал тяжёлой рабòты и заболѐл.

(v) Он не останàвливался и не поднимàл глаз, когдà он шёл по пòлю и косѝл.

(vi) По воскресѐньям он сидѝт дòма и не брѐется.

(vii) Он ничу́ть не смути́лся и посмотре́л на неё не́жным взгля́дом.

(viii) Он не испы́тывал ни мале́йшего удовлетво- ре́ния и ел уста́ло и ме́дленно.

(ix) Е́сли он не побре́ется, он не пойдёт на буль- ва́р.

(x) Он вы́шел из ваго́на, но не извини́лся и не сказа́л ни сло́ва.

4. Answer the following questions, first in the affirmative, then in the negative:

(i) В перепо́лненном ваго́не всегда́ ду́шно?

(ii) Нам бу́дет тепло́ на дворе́?

(iii) Вам ста́ло веселе́е, когда́ прие́хали да́мы?

(iv) Им бы́ло жа́рко, когда́ они́ коси́ли на лугу́?

(v) Ему́ ста́нет хо́лодно, когда́ он вспоте́ет?

(vi) Вам не хо́лодно в одно́й руба́хе?

(vii) Мне бы́ло поле́зно порабо́тать с крестья́нами?

(viii) Ей ста́нет стра́шно, е́сли мы поту́шим свет?

(ix) Тебе́ бу́дет интере́сно наблюда́ть, как он ко́сит траву́?

(x) Им ста́ло прия́тно, когда́ набежа́ли ту́чи?

5. Translate into Russian (using gerunds whenever pos- sible):

(i) Having finished their work, the peasants were resting in the shade of the trees.

(ii) As I approached the school, I noticed that the boys were waving their caps.

(iii) Slowly, but without stopping, the bus moved along the uneven road.

(iv) When I was trying to understand the fourth chapter of the textbook, somebody outside was mending a car and in the dining room a record- player was playing.

(v) Having taken off his jacket and trousers he is about to go to bed.

(vi) Listening to the music, I was thinking of the blue sea, the boat and the first lesson in our book.

(vii) When I enter the institute, I shall start to study zoology.

(viii) When he arrived in Suzdal', John for the first time saw a real Russian winter.

(ix) Having drunk the coffee, Volodya got up and switched on the radio.

(x) Having worked out a contract with the deputy minister in Kiev, Peter Norris flew to Yerevan. Since then he has visited many Soviet cities and soon he will return home.

6. Answer in Russian the following questions on the text:

(i) Почему́ Ле́вин прие́хал на поко́с по́здно?

(ii) Кака́я карти́на открыва́лась ему́, по ме́ре того́ как он подъезжа́л к лу́гу?

(iii) Ско́лько там бы́ло мужико́в?

(iv) Опиши́те Ермѝла, Ва́ську и Ти́та!

(v) Как коси́л Тит?

(vi) Что до́лжен был сде́лать Ле́вин, пре́жде чем он мог нача́ть коси́ть?

(vii) Где лежа́ла коса́?

(viii) Почему́ Ле́вин в пе́рвые мину́ты коси́л ду́рно?

(ix) За кем пошёл Ле́вин?

(x) Он разгова́ривал с Ти́том?

(xi) Ско́лько шаго́в они́ прошли́ на пе́рвом приёме?

(xii) Почему́ Ле́вину станови́лось стра́шно?

(xiii) Почему́ Ле́вин вдруг испыта́л прия́тное ощу-ще́ние?

(xiv) Что сде́лали мужики́, по́сле того́ как пошёл дождь?

LESSON 24 — УРÓК ДВÁДЦАТЬ ЧЕТВЁРТЫЙ

Концá не вúдно

Зáвтра Пúтер Нóррис покидáет Совéтский Сою́з, закóнчив свои́ делá. Зáвтра он опя́ть бу́дет сидéть в удóбном крéсле огрóмного реакти́вного лáйнера, летя́щего с невероя́тной скóростью на высотé почти́ десяти́ киломéтров, и ему́ принесу́т обéд симпати́чные блонди́нки-стюардéссы. За послéдние недéли он привы́к к такóму óбразу жи́зни, но на э́тот раз он ся́дет в самолёт не с обы́чным беспокóйством, продолжáющимся всю дорóгу, а с чу́вством большóго облегчéния. Ведь зáвтра он лети́т домóй, к своéй семьé. Чéрез нéсколько часóв он ужé бу́дет у себя́ дóма.

Об э́том ду́мает Нóррис, ужé не слы́ша дли́нную речь, котóрую произнóсит товáрищ Захáров на официáльном обéде, отмечáющем завершéние визи́та гру́ппы инострáнных бизнесмéнов.

— Итáк, — говори́т Захáров, — мы считáем, что междунарóдная торгóвля явля́ется сáмым надёжным, сáмым необходи́мым спóсобом разви́тия ми́рных·отношéний мéжду нáшими нарóдами. В Совéтском Сою́зе за послéдние дéсять лет...

«Хвáтит, — ду́мает Нóррис про себя́. — Когдá он наконéц ся́дет?»

Во врéмя своегó пребывáния в СССР Нóррис успéл уви́деть сóбственными глазáми всё, что хотéл, а э́то удáётся не каждому. Он подписал контракт, узнал о возможности выставки новых машин в Москве и пригласил советских инженеров к себе в Манчестер. Многие из его мнений о Советском Союзе изменились. «Нечего там смотреть, — говорили ему сотрудники перед его отъездом. — А если есть, то тебе не покажут». Конечно, на много вопросов он не получил ответа. Нечему удивляться: у каждой страны есть свой секреты. Текстильные машины не то, что ядерная физика, из них не сделаешь бомбу, но каждый имеет право скрывать, что хочет. В общем Норрис доволен результатами поездки.

— Мы надеемся, — всё ещё говорит Захаров, — что в результате вашего визита ваши фирмы и организации согласятся с нами в том, что коммерческие контакты с Советским Союзом принесут пользу и нам, и вам.

«Успею ли я завтра на самолёт? — думает Норрис. — Скоро ли он перестанет повторять одно и то же?» Сегодня в магазинах Норрис покупал сувениры и подарки для жены, сына и дочери: он купил банку икры, маленький электрический самовар, пластинки русских народных песен, деревянные игрушки. Он жалел только, что с ним нет жены. С каждого аэропорта он посылал ей открытки, получал от неё письма, но ему самому некогда было писать. Без неё ему было трудно найти даже самые необходимые вещи: некого было спросить, где платок, где галстук. Не с кем было поговорить о своих личных впечатлениях.

— ... и мы надеемся, что вы приедете к нам в гости ещё раз, уже не по делам, а по собственному желанию, — заканчивает свою речь тов. Захаров. — Желаю вам счастливого пути, здоровья и успехов в работе. («И спокойной ночи», — думает Норрис.)

— А теперь, — прибавляет Захаров, садясь, — я попрошу господина Питера Норриса высказать мнение наших гостей о пользе таких визитов.

Норрис не ожидал этого, и ему нечего было сказать и некогда подумать.

— Я очень рад, — начинает он автоматически, —

иметь возможность официально поблагодарить за всё наших добрых хозяев и особенно уважаемого товарища Захарова. Во многом мы обязаны лично ему. Благодаря ему наша поездка оказалась такой удачной, не говоря уже о том, что все мы без исключения провели время так приятно. («Надеюсь, — думает Захаров, — что он не собирается говорить всю ночь. Когда же мы ляжем спать? Некогда будет отдохнуть, а самолёт вылетает рано».)

— ... а это напомнило мне один анекдот, — продолжает Норрис двадцать минут спустя.

«Хватит, — думает про себя Захаров. — Когда он наконец сядет?»

WORDS AND PHRASES

двадцать четвёртый = twenty-fourth
конца не видно = there is no end in sight
покидать/покинуть = to leave, quit
заканчивать/закончить = to finish, finish off
кресло, *gen.pl.* **кресел** = armchair
огромный реактивный лайнер = huge jet-liner
невероятный = improbable
высота = height, altitude
десять километров = ten kilometres
блондинка-стюардесса = blonde stewardess, air hostess
образ жизни = way of life
садиться/сесть = to sit down
   (**сажусь, садишься/сяду, сядешь**; *past* **сел, села**)
беспокойство = anxiety
облегчение = relief
речь (*fem.*) = speech
произносить/произнести = to pronounce
отмечать/отметить = to mark
   (**/отмечу, отметишь**)
завершение = completion, culmination
визит = visit

междунаро́дный = international
надёжный спо́соб = reliable method
разви́тие = development
ми́рные отноше́ния = peaceful relations
ду́мать про себя́ = to think to oneself
пребыва́ние = stay
подпи́сывать/подписа́ть = to sign
вы́ставка = exhibition
приглаша́ть/пригласи́ть = to invite
  (/приглашу́, пригласи́шь)
изменя́ться/измени́ться = to change (*v.i.*)
не́чего смотре́ть (г *as* в [v]) = there is nothing to see
пе́ред отъе́здом = before (his) departure
вопро́с = question
не́чему удивля́ться = there is nothing to be surprised at
секре́т = secret
я́дерная бо́мба = nuclear bomb
име́ть пра́во = to have the right
скрыва́ть/скрыть = to conceal
  (/скро́ю, скро́ешь)
в о́бщем = in general
результа́т = result
наде́яться/по- = to hope
организа́ция = organization
комме́рческий конта́кт = commercial contact
по́льза = benefit, profit
перестава́ть/переста́ть = to stop, cease
  (перестаю́, перестаёшь/переста́ну, переста́нешь)
повторя́ть/повтори́ть = to repeat
одно́ и то́ же = one and the same thing
сувени́р = souvenir
сын, *pl.* сыновья́, *gen.* сынове́й = son
ба́нка икры́ = pot of caviar
самова́р = samovar
пласти́нка наро́дных пе́сен = record of folk songs
деревя́нный = wooden
жале́ть/по- = to regret; pity
аэропо́рт = airport

посыла́ть/посла́ть = to send
(/пошлю́, пошлёшь)
откры́тка = postcard
ему́ не́когда писа́ть = he has no time to write, there is
no time for him to write
не́кого бы́ло спроси́ть = there was no one to ask
плато́к = handkerchief
га́лстук = tie
не́ с кем гозори́ть = there is no one to talk to
впечатле́ние = impression
прие́хать в го́сти = to visit
жела́ние = desire, wish
счастли́вого пути́! = bon voyage!
успе́х = success
споко́йной но́чи = good night
прибавля́ть/приба́вить = to add
(/приба́влю, приба́вишь)
господи́н = Mr (of westerners)
выска́зывать/вы́сказать = to express (in words)
гость (masc.) = guest
ожида́ть + acc. or gen. = to expect
благодари́ть/по- = to thank
хозя́ин, pl. хозя́ева, gen. хозя́ев = host
уважа́емый = respected
обя́занный = obliged
уда́чный = successful
не говоря́ уже́ о том, что = not to mention the fact that
исключе́ние = exception
вылета́ть/вы́лететь = to depart
напомина́ть/напо́мнить = to remind
анекдо́т = joke, story
два́дцать мину́т спустя́ = twenty minutes later

GRAMMAR—ГРАММА́ТИКА

1. Не́кто, не́что

Не́кто means 'somebody', **не́что** means 'something'. **Не́кто** is used only in the Nominative case and it corresponds to **кто́-то**; **не́что** is used in the Nominative and Accusative and it corresponds to **что́-то**.

Не́кто пришёл.
Somebody has come.

В э́том бы́ло не́что стра́нное.
There was something strange in it.

Не́кто and **не́что** are not negative.

2. Не́кого, не́чего

Не́кого, не́чего, however, and other cases apart from the Nominative *are* negative. They are used as follows:

Не́кого ви́деть.
There is nobody to see.

Мне не́кому писа́ть.
There is nobody for me to write to.
I have no one to write to.

Не́ с кем идти́.
There is no one to go with.

Ему́ не́ о ком беспоко́иться.
There is nobody for him to worry about.

Нам не́чего де́лать.
There is nothing for us to do.

Не́чему удивля́ться.
There is nothing to be surprised at.

Не́чем писа́ть.
There is nothing to write with.

Нам не́ о чём говори́ть.
There is nothing for us to talk about.

Note that when these words are used with prepositions they split and the preposition comes after **не.**

Note the Accusative of 'nothing' in the following example:

Ему́ не́ на что наде́яться.
There is nothing for him to hope for.

The past tense of this construction is formed with **бы́ло** and the future with **бу́дет.**

Не́кого бы́ло ви́деть.
There was no one to see.

Не́ о чём бу́дет говори́ть.
There will be nothing to talk about.

Не́чего sometimes has the meaning of 'there is no need to ...' or 'there is no point in ...':

Не́чего теря́ть вре́мя.
There is no point in wasting time.

3. Не́где, не́куда, не́когда

These words have a similar usage:

Мне не́где сесть.
There is nowhere for me to sit.

Не́куда бы́ло идти́.
There was nowhere to go.

Не́когда бу́дет чита́ть рома́ны.
There will be no time for reading novels.

Не́когда, however, may have a positive meaning, 'once, at one time':

Здесь не́когда был лес.
Once there was forest here.

4. Ложи́ться/лечь, сади́ться/сесть, станови́ться/стать

Ложи́ться 'to lie down' has the present tense: **ложу́сь, ложи́шься, ложи́тся, ... ложа́тся.**

Its Perfective is **лечь**; Perfective future **ля́гу, ля́жешь, ля́жет, ... ля́гут;** and past tense **лёг, легла́, легло́, легли́.**
Imperative: **ляг! ля́гте!**

Сади́ться 'to sit down' has the present tense: **сажу́сь, сади́шься, сади́тся, ... садя́тся.**

Its Perfective is **сесть**; Perfective future **ся́ду, ся́дешь, ся́дет, ... ся́дут;** and past tense **сел, се́ла, се́ло, се́ли.**
Imperative: **сядь! ся́дьте!**

Станови́ться 'to take up one's stand' has the present tense **становлю́сь, стано́вишься...**

Its Perfective is **стать**; Perfective future **ста́ну, ста́нешь, ста́нет, ... ста́нут;** its past tense is regular.
Imperative: **стань! ста́ньте!**

These verbs refer to *taking up a position* lying, sitting, standing, and are often used with a preposition followed by the Accusative case:

ложи́ться на крова́ть	*to lie down on the bed*
сади́ться в кре́сло	*to sit down in an armchair*
станови́ться в о́чередь	*to take a stand in the queue*

EXERCISES — УПРАЖНЕ́НИЯ

1. (a) Insert the correct form of **не́чего, не́чему** etc. ('nothing'), where necessary with a preposition:

   (i) Тебе́ ... занима́ться.
   (ii) Здесь ... боя́ться.
   (iii) Вам ... жале́ть.
   (iv) На э́той вы́ставке ... любова́ться.
   (v) Ей ... скрыва́ть.
   (vi) Тепе́рь нам ... наде́яться.
   (vii) Здесь ... удивля́ться.
   (viii) Ло́шадь ... привяза́ть.
   (ix) В магази́нах ... купи́ть.
   (x) Тебе́ ... беспоко́иться тепе́рь.
   (xi) Ему́ ... нести́ пласти́нки.

(xii) Ребёнку ... увлекаться.
(xiii) В кухне ... сидеть.
(xiv) Там ... сесть.
(b) Now put your sentences into the future tense.
(c) Now put your sentences into the past tense.

2. (a) Insert the correct form of **некого**, where necessary with a preposition:

   (i) Нам ... показать эти пластинки.
  (ii) Ей ... идти на концерт.
 (iii) Вам ... ожидать сегодня.
 (iv) Им ... беспокоиться теперь.
  (v) Мне ... пожаловаться на них.
 (vi) Вам ... бояться.
 (vii) Ему ... обсуждать эту проблему.
(viii) Нам ... пригласить на ужин.
 (ix) Ей ... посылать подарки.
  (x) Ей даже ... поздороваться здесь.
 (xi) И скучно, и грустно, и ... руку подать.

(b) Now put your sentences into the future tense.
(c) Now put your sentences into the past tense.

3. Translate into English:

  (i) В море воды много, а нам в лодке пить нечего.
 (ii) Я должен позвонить в министерство; мне некогда играть в шахматы.
(iii) Всё было закрыто; негде было купить необходимые вещи, не к кому было пойти за помощью.
(iv) Везде шумят дети, играя в мяч, и негде сесть и спокойно подумать о серьёзных международных вопросах.
 (v) Мне не с кем было поговорить о своих переживаниях, некому было высказать свои подозрения, и не с кем было обсудить свои сомнения.
(vi) Их не за что благодарить; они для нас ничего не сделали, нам ничем не помогли.
(vii) У неё нет ни мужа, ни детей; ей некому посылать

открытки, некому покупать подарки и игрушки; ей не за кем смотреть.

(viii) Здесь я умираю со скуки: мне некуда пойти; мне нечего делать; я лежу на кровати и слушаю пластинки глупых народных песен.

(ix) Нечему радоваться; наш контракт принесёт нам мало пользы.

4. Insert **некуда, негде, нечего** or **некого** as appropriate, in the correct form and where necessary with a preposition:

   (i) Он ничем не мог помочь хозяину, так как ему просто ... было помочь ему.

  (ii) В этом селе нет ни кафе, ни клуба, и вечером ... пойти веселиться.

 (iii) У него не будет никаких тайн от жены, и поэтому ему ... будет от неё скрывать.

 (iv) Ждать было больше ..., так как все уже пришли и сели на свой места.

  (v) Здесь нет ни одного кресла, и нам ... даже посидеть и отдохнуть.

 (vi) Она никого здесь ещё не знает, и ей ... пойти в гости, ... поговорить или посмеяться.

(vii) Все магазины уже закрыты, и нам ... достать молока.

(viii) Мы забыли пригласить Василия, так что ... теперь ожидать его.

 (ix) Сейчас ... напомнить о контракте, так как все уже ушли домой.

  (x) Мы уже поговорили обо всех знакомых, и нам ... больше разговаривать и ... делать.

5. Translate into Russian:

I am glad I have this opportunity to say that in the opinion of our whole group, the contract which we have just signed will not just benefit our firm and your organization, but will also help to create good conditions for the development of peaceful relations between our countries. Thanks to international trade, useful contacts already exist between people in the West and in the socialist countries, but perhaps personal contacts are more important than commercial ones.

We now have many friends in the Soviet Union, and we understand better the opinions and feelings of Soviet people. We have seen a lot in the Soviet Union. We only regret that there was no time for us to visit some of your interesting old cities, museums and galleries of which we have heard so much. But we shall certainly come to the Soviet Union again, and, of course, we hope that you will come to our country some time and have a look at our factories.

Our visit has been successful and very enjoyable. For this we must thank especially your director and, of course, our interpreter.

And now I shall ask my colleagues to rise and raise their glasses. Aleksey Petrovich, friends, we drink to your health.

6. Answer in Russian the following questions on the text:

   (i) Что делает Норрис завтра?

  (ii) С каким чувством он обычно садится на самолёт?

 (iii) Почему Норрис не слышит всю речь Захарова?

  (iv) Что отмечает обед, на котором Захаров произносит речь?

  (v) О чём говорит в своей речи Захаров?

  (vi) Почему Норрис доволен результатами своей поездки?

 (vii) Что думали сотрудники Норриса о его поездке, и были ли они правы?

(viii) На какие результаты надеется Захаров?

  (ix) Что Норрис покупал в магазинах?

  (x) О чём он жалел, и почему?

  (xi) Он часто писал жене?

(xii) На что надеется Захаров, и чего он желает бизнесменам?

(xiii) Чем последние слова Захарова смутили Норриса?

(xiv) За что именно Норрис благодарит Захарова?

(xv) О чём думает в это время Захаров?

(xvi) Любит ли Захаров английские анекдоты?

LESSON 25 — УРОК ДВАДЦАТЬ ПЯ́ТЫЙ

Уро́к исто́рии

— Ба́ба! Посмотри́, что́ я принёс!

— Что э́то тако́е? Ах, э́то ры́бка. Не клади́ её на стол. Положи́ её на таре́лку, а таре́лку поста́вь на окно́. Э́то ты её пойма́л?

— Я. Па́па мне помога́л. Мы вме́сте лови́ли ры́бу, но я пойма́л пе́рвый.

— Смотри́! А тепе́рь иди́ умо́йся! Ты гря́зный, как поросёнок. А где ты оста́вил у́дочку?

— Я поста́вил её в у́гол за две́рью, ря́дом со щёткой. Я всегда́ ста́влю её туда́.

— Ну! Ты пря́мо молоде́ц, Са́шенька! Покажи́ ру́чки. Хорошо́, сядь, ку́шай су́пик! Хлеб бери́ сам!

— А что на второ́е? Ры́бку бу́дем есть?

— Нет, она́ сли́шком ма́ленькая. Лу́чше отда́й её ко́шке, пуска́й она́ съест. А ты бу́дешь есть яйцо́.

— Не хочу́. Я уже́ тре́тий день ем я́йца. Я хочу́ соси́ски с карто́шкой. Соси́ски — са́мое вку́сное.

— Соси́сок нет. Е́сли не съешь яйцо́, не полу́чишь сла́дкого!

— А что на сла́дкое? Компо́т?

— Не скажу́. Ты ешь! Е́сли ты бу́дешь пло́хо ку́шать, тебя́ не при́мут в шко́лу. Ты всё ещё бу́дешь ходи́ть в де́тский сад, когда́ все остальны́е де́ти бу́дут учи́ться в пе́рвом кла́ссе.

— Отку́да ты зна́ешь?

— Я всё знаю. Я гораздо старше тебя.

— И сколько тебе лет?

— Не скажу! Я старая-престарая. Я родилась давным-давно, в тысяча девятьсот четырнадцатом году. Я родилась под Калинином, то есть под городом, который теперь называется Калинином, а раньше его называли Тверью.

— А почему он теперь называется Калинином?

— Потому что товарищ Калинин родился недалеко от Твери. В городе не хотели забыть эту связь с товарищем Калининым, и поэтому переменили название. То же самое произошло с другими городами: с Кировом, Фрунзе и Горьким, например. Их названия связаны с героями революции Кировым, Фрунзе и с писателем Максимом Горьким. Наша страна называется Советским Союзом, а до революции её называли Россией.

— А что такое революция?

— Революция — это когда народ прогоняет плохое правительство. До революции у нас был царь, и при царе мы жили очень бедно. А в тысяча девятьсот семнадцатом году Ленин вернулся из-за границы и устроил революцию. Ты знаешь, кто такой Ленин?

— Знаю. Это тот дядя, которому поставили памятник в парке. Нам рассказывали о нём в детском саду. А в революцию было очень страшно? Что случилось с царём?

— Я была ещё девочкой, но я помню, что самое страшное было после революции. Началась война, и враги — англичане, чехи, японцы и некоторые русские, так называемые белые, — хотели вернуть царя. Наши не хотели этого и убили царя.

— Ой, бедный царь! Может быть, он убежал?

— Нет, не думаю. Но все мы очень страдали в то время. Все ожидали, что жизнь станет легче, но в первые годы нам было очень трудно. Кончилась война, но есть было нечего, все голодали, и дети плакали от голода. В двадцатые годы перестраивали фабрики, которые были разрушены белыми, а в тридцатые годы мы начали строить новые заводы, каналы, железные дороги, электростанции. Советский Союз постепенно становился богатой и счастливой страной. Но при Сталине опять было плохое правительство. В тридцать седьмом году арестовали многих хороших людей. Моего папу арестовали, посадили в тюрьму, и мы его больше не видели.

— Как не видели? Куда он исчез?

— Он сидел в тюрьме, а потом был где-то в лагере, должен был тяжело работать и там, должно быть, умер.

— Почему его арестовали? Что он сделал?

— Ничего он не сделал. Он был журналистом, даже членом партии. Было много таких случаев, но при новом правительстве всё это признали ошибкой. А в сороковом году я вышла замуж за твоего дедушку.

— За дедушку Сергея, который погиб на фронте?

— Да, в сорок первом году началась война с немцами, и он пошёл в армию. Мой муж служил солдатом на фронте, а двадцать восьмого мая сорок третьего года он был убит.

— Баба, почему ты плачешь?

— Ничего, Сашенька! Ничего, милый. Всё в порядке. Я просто так...

WORDS AND PHRASES

двадцать пятый = twenty-fifth
рыбка (*diminutive of* рыба) = little fish
класть/положить = to put, lay
   (кладу, кладёшь; *past* клал, клала/положу, положишь)
тарелка = plate
поставь на окно! = put it on the window-sill
ловить/поймать = to catch
это ты её поймал? = was it you who caught it?
папа = dad
ловить рыбу = to fish
я поймал первый = I caught one first
смотри! = my word!

умыва́ться/умы́ться = to wash one's hands and face
(/умо́юсь, умо́ешься)
поросёнок, *pl.* порося́та, *gen.* порося́т = piglet
у́дочка = fishing-rod
щётка = brush, broom
ты пря́мо молоде́ц = you *are* a good boy
ру́чка (*diminutive of* рука́) = hand
су́пик (*diminutive of* суп) = soup
бери́! (*imperative of* брать) = take
второ́е = main course
отда́й её ко́шке = give it to the cat
яйцо́, *pl.* я́йца, *gen.* яи́ц = egg
я уже́ тре́тий день ем яйцо́ = it is the third day running
I have had egg
соси́ска = sausage
компо́т = stewed, bottled or canned fruit
ку́шать/с- = to eat
принима́ть/приня́ть = to take; accept
(/приму́, при́мешь)
остальны́е = remaining, others
ста́рше тебя́ = older than you
ста́рая-преста́рая = very, very old
роди́ться (*Impf. and Pf.*) = to be born
называ́ть/назва́ть + *acc.* + *nom.* or *instr.* = to call
(/назову́, назовёшь)
переменя́ть/перемени́ть = to change
назва́ние = name, title
свя́занный = connected
прогоня́ть/прогна́ть = to drive out
прави́тельство = government
царь (*masc.*) = tsar
в ты́сяча девятьсо́т семна́дцатом году́ = in 1917
дя́дя (masc.) = uncle; man (*colloq.*)
стра́шно = frightening
чех = Czech (*fem.* че́шка, *adj.* че́шский)
япо́нец = Japanese (*fem.* япо́нка, *adj.* япо́нский)
так называ́емый = so-called
возвраща́ть/верну́ть = to bring back

убива́ть/уби́ть = to kill
  (/убью́, убьёшь)
убега́ть/убежа́ть = to run away, escape
страда́ть/по- = to suffer
голода́ть/по- = to starve
го́лод = hunger
в двадца́тые го́ды = in the twenties
перестра́ивать/перестро́ить = to rebuild
разруша́ть/разру́шить = to destroy
кана́л = canal
постепе́нно = gradually
счастли́вый = happy
арестова́ть (*Pf. and Impf.*) = to arrest
посади́ть в тюрьму́ = to put in prison
сажа́ть *or* сади́ть/посади́ть = to put, seat
ла́герь (*masc.*) = camp, concentration camp
выполня́ть/вы́полнить = to carry out
журнали́ст = journalist
член па́ртии = member of the party
слу́чай = case; chance
в сороково́м году́ = in 1940
выходи́ть/вы́йти за́муж за + *acc.* = to marry (*when subject
  is a woman*)
де́душка (masc.) = grandfather
погиба́ть/поги́бнуть = to perish
  (/*past* поги́б, поги́бла)
он поги́б на фро́нте = he was killed at the front
пойти́ в а́рмию = to join the army
служи́ть/про- = to serve
солда́т, *gen. pl.* солда́т = soldier
два́дцать восьмо́го ма́я = on the twenty-eighth of May
всё в поря́дке = it's all right
я про́сто так = it's just me

GRAMMAR—ГРАММА́ТИКА

1. Verbs for 'to put'

'To put (standing)', 'to stand' in Russian is **ста́вить/ поста́вить** (present tense **ста́влю, ста́вишь** ...).

> Он поста́вил у́дочку в у́гол.
> *He put his fishing- rod in the corner.*

Note that **ста́вить** is used with **таре́лки** 'plates', and for 'putting on' gramophone records.

'To put (lying)', 'to lay' is **класть/положи́ть.**
The present tense of **класть** is **кладу́, кладёшь, кладёт, ... кладу́т.**
The past tense is **клал, кла́ла, кла́ло, кла́ли.**
There is a change of stress in the Perfective future: **положу́, поло́жишь** ...

> Она́ положи́ла ры́бку на таре́лку.
> *She put the fish on the plate.*

'To put (sitting)', 'to set' is **сажа́ть** (*or* **сади́ть**)/**посади́ть.**
The present tense of **сади́ть** is **сажу́, са́дишь** etc.

Note:

> Его́ посади́ли в тюрьму́.
> *They put him in prison.*

This verb is also used for 'to set' plants.

2. Пуска́й, пусть

What may be called the third-person Imperative — 'let him, her, them, it ...' — is introduced by **пуска́й** or **пусть**, which are interchangeable, although **пуска́й** may be the more colloquial.
If the Imperfective is required, **пуска́й** or **пусть** is followed by the present tense:

> Пусть она́ говори́т.
> *Let her talk.*

If the Perfective is required, the Perfective future is used:

> Пусть она скажет, что она хочет.
> *Let her say what she wants.*

Пусть будет так 'Let it be so' is exceptional in that it uses the Imperfective future.

3. Есть and кушать

Есть is the usual verb for 'to eat'. Кушай(-те)! — the Imperative of кушать 'to eat' — may be used in addressing children; or in addressing adults, in which it is more genteel than ешь(-те)!

4. Verbs in -нять

Note the Perfective future and Perfective past tenses of the following verbs:

Занимать/занять 'to occupy'
Pf. fut.   займу, займёшь, займёт, ... займут.
Pf. past   занял, заняла, заняло, заняли.

Поднимать/поднять 'to raise, lift'
Pf. fut.   подниму, поднимешь, поднимет, ... поднимут.
Pf. past   поднял, подняла, подняло, подняли.

Понимать/понять 'to understand'
Pf. fut.   пойму, поймёшь, поймёт, ... поймут.
Pf. past   понял, поняла, поняло, поняли.

Принимать/принять 'to take, accept'
Pf. fut.   приму, примешь, примет, ... примут.
Pf. past   принял, приняла, приняло, приняли.

Снимать/снять 'to take off'
Pf. fut.   сниму, снимешь, снимет, ... снимут.
Pf. past   снял, сняла, сняло, сняли.

But note вынимать/вынуть 'to take out' — Pf. fut. выну, вынешь, вынет, ... вынут; past вынул.

5. Declension of surnames

The declension of surnames ending in **-ов** and **-ин** differs from the declension of normal nouns:

		Masc.	Fem.	Pl.
Nom.		Ивано́в	Ивано́ва	Ивано́вы
Gen.		Ивано́ва	Ивано́вой	Ивано́вых
Dat.		Ивано́ву	Ивано́вой	Ивано́вым
Acc.		Ивано́ва	Ивано́ву	Ивано́вых
Instr.		Ивано́вым	Ивано́вой	Ивано́выми
Prep.	(об)	Ивано́ве	Ивано́вой	Ивано́вых

		Masc.	Fem.	Pl.
Nom.		Пу́шкин	Пу́шкина	Пу́шкины
Gen.		Пу́шкина	Пу́шкиной	Пу́шкиных
Dat.		Пу́шкину	Пу́шкиной	Пу́шкиным
Acc.		Пу́шкина	Пу́шкину	Пу́шкиных
Instr.		Пу́шкиным	Пу́шкиной	Пу́шкиными
Prep.	(о)	Пу́шкине	Пу́шкиной	Пу́шкиных

Towns named after people with such surnames are declined like normal nouns, so that the Instrumental case of the city of Kalinin is **Кали́нином** (not **Кали́ниным**).

Surnames which are adjectives in form, such as **Го́рький** and **Толсто́й,** decline like normal adjectives; and so too do places named after them, for example, the city of **Го́рький.**

Some surnames, especially those of foreign origin, do not decline, e.g. **Фру́нзе.**

6. Numerals and dates

100	сто;	100th	со́тый;
200	две́сти;	200th	двухсо́тый;
300	три́ста;	300th	трёхсо́тый;
400	четы́реста;	400th	четырёхсо́тый;
500	пятьсо́т;	500th	пятисо́тый;
600	шестьсо́т;	600th	шестисо́тый;

700	семьсо́т;	700th	семисо́тый;
800	восемьсо́т;	800th	восьмисо́тый;
900	девятьсо́т;	900th	девятисо́тый;
1,000	ты́сяча;	1,000th	ты́сячный.

To express in Russian the year 1917, one says, in effect, 'the one thousand nine hundred and seventeenth year':

ты́сяча девятьсо́т семна́дцатый год

Only the last number is an ordinal.

To say 'in 1917', use в and the Prepositional case:

в ты́сяча девятьсо́т семна́дцатом году́

Similarly,

the year 1939   ты́сяча девятьсо́т три́дцать девя́тый год
in 1939   в ты́сяча девятьсо́т три́дцать девя́том году́

To say 'in October 1917' or 'in September 1939', Russian puts the year into the Genitive case:

в октябре́ ты́сяча девятьсо́т семна́дцатого го́да
в сентябре́ ты́сяча девятьсо́т три́дцать девя́того го́да

The date in the month is expressed by the ordinal numeral in the neuter (**число́** 'number, date' is understood).

пе́рвое ма́я   *the first of May*
два́дцать тре́тье ию́ля   *the twenty-third of July*

But 'on the first of May' etc. requires the ordinal numeral in the Genitive:

пе́рвого ма́я   *on the first of May*

Thus, a complete date is, for example:

деся́того октября́, ты́сяча девятьсо́т три́дцать девя́того го́да
on the tenth of October 1939

EXERCISES — УПРАЖНЕНИЯ

1. (a) Insert the correct form of **класть, сажать** or **ставить** in the present tense:

   (i) Я ... удочку за дверь.
   (ii) Бабушка ... рубашку в шкаф.
   (iii) Они ... газеты на пол.
   (iv) Таня ... тарелку с картошкой на стол.
   (v) Норрис ... жену на колени.
   (vi) Мы ... посуду в шкаф.
   (vii) Крестьяне ... грибы в корзинки.
   (viii) Мы ... новое кресло в столовую.
   (ix) Бабушка ... Сашу в кресло.
   (x) На кресло мальчик ... рыбку.

   (b) Now put your sentences into the Perfective future tense.

   (c) Now put your sentences into the Perfective past tense.

   (d) Using **лежать, сидеть** or **стоять** with the information in your answers to (c), say where each thing or person is, as in the Model.
   Model: Удочка стоит за дверью.

2. Choosing the correct form and aspect, insert **ложиться, садиться, становиться, класть, сажать** or **ставить**:

   (a) (i) Сашенька, не ... на диван в сапогах!
   (ii) ... спать пораньше!
   (iii) ... в кресло и отдохни немножко!
   (iv) Не ... в очередь за рыбой! Мы обойдёмся сегодня без рыбы.
   (v) Я хочу вас сфотографировать. ... перед памятником и ... Машу на плечи!
   (vi) Не ... за стол с грязными руками, и не ... удочку под стол! ... её в угол!

   (b) Сергей ... на автобус и поехал в клуб. У входа стояла очередь. Сергей подошёл и тоже ... в очередь. За ним ... всё больше и больше людей, но, наконец, двери открылись, и все вошли в вестибюль. Сергей плохо видит и обычно ... в первый ряд. Сегодня в первом ряду не было места, и ему пришлось ... в пятый ряд. Рядом с ним ... молодая женщина и ... маленького мальчика к себе на колени, потому что он не хотел ... на стул.

Пластинки всё ещё лежали на шкафу, куда их Максим ..., когда он привёз их из Кирова. Максим ... на стул, достал пластинки со шкафа и ... их на диван. Он ... свою любимую пластинку и ... за стол. Жена перед ним ... тарелку с сосисками. На другую тарелку она ... хлеб с маслом и тоже ... к столу. Она всегда ... спать поздно, но вчера она плохо себя чувствовала и ... спать в девять часов вечера.

(c) Translate (a) and (b) into English.

3. Complete each of the sentences given below with each of the following dates:

14/I/1970; 21/II/1972; 25/III/1958; 30/IV/1940;
12/V/1969; 27/VI/1896; 22/VII/1787; 28/VIII/1935;
24/IX/1823; 26/X/1744; 19/XI/1961; 23/XII/1891.

 (i) Сегодня ...
 (ii) Они пригласили их на ...
 (iii) Это произошло ...
 (iv) Всё было закончено к ...
 (v) Они приехали в Москву между ... и концом следующего месяца.
 (vi) Напомните ему о ...

4. Translate into English:

 (i) Пусть он прячется в своей комнате, как медведь в берлоге; мне всё равно.
 (ii) Пусть он поставит свои вещи в столовую и сядет за стол.

(iii) Не приня́в лека́рства, он поста́вил буты́лку под крова́ть, где лежа́ли ту́фли, и лёг спать, не раздева́ясь.

(iv) У нас в А́нглии в сороковы́е го́ды измени́ли систе́му образова́ния.

(v) Толсто́й роди́лся девя́того сентября́, ты́сяча восемьсо́т два́дцать восьмо́го го́да, а у́мер в ты́сяча девятьсо́т деся́том году́.

(vi) Достое́вский роди́лся оди́ннадцатого ноября́, ты́сяча восемьсо́т два́дцать пе́рвого го́да, а у́мер в феврале́ во́семьдесят пе́рвого го́да.

(vii) Револю́ция произошла́ в ты́сяча девятьсо́т семна́дцатом году́.

(viii) Во вре́мя войны́ ме́жду кра́сными и бе́лыми бы́ли разру́шены обще́ственные зда́ния, жилы́е дома́ и заво́ды, и бы́ли уби́ты ты́сячи люде́й. Э́то бы́ло стра́шное вре́мя.

(ix) В со́рок пе́рвом году́ не́мцы за́няли за́падную часть Сове́тского Сою́за.

(x) Пусть они́ жа́луются на существу́ющее положе́ние. На́ше прави́тельство принима́ет все ну́жные ме́ры, и ско́ро они́ призна́ют, что на́ша страна́ постепе́нно стано́вится бога́той.

5. Translate into Russian:

(i) Put the chair by the window and sit her on it.

(ii) Let them wait a bit. They have come too soon and we shall still be in time for the train, even if we do leave the house after one o'clock.

(iii) She took everything out of the basket, put the can of milk and the bottle of vodka on the first shelf, and the fish on the second.

(iv) Today is the ninth of May; tomorrow will be the tenth.

(v) Norris arrived in the Soviet Union in June and left on the fifteenth of July.

(vi) When Lenin arrived in Russia, Nicholas the Second was no longer tsar.

   (vii) Lenin often discussed these problems with Kalinin and with Stalin.

(viii) This village is situated between Moscow and Kalinin.

   (ix) From the Ivanovs I went first to the Zakharovs and then to the Kozins.

    (x) Between him and the Pushkins there was some (kind of) connexion.

   (xi) At the beginning of the war he was well acquainted with Makarov and Shatalova.

6. Answer in Russian the following questions on the text:

    (i) Что Саша принёс домой?

   (ii) Что он сделал с тарелкой?

  (iii) Что лежало на тарелке?

  (iv) Кто поймал рыбку?

   (v) Где обычно стоит удочка, и откуда вы это знаете?

  (vi) Что Саша должен сделать, прежде чем он может сесть за стол.

 (vii) Кто будет есть рыбу, и почему?

(viii) Из чего состоит сегодня обед?

  (ix) Почему Саша не хочет есть яйцо?

   (x) Чем грозит ему бабушка, и говорит ли она ему правду?

  (xi) Бабушка родилась до Революции?

 (xii) Как назывался город, в котором она родилась?

(xiii) Почему в СССР переменили названия многих городов?

(xiv) Что произошло в России в 1917 году?

 (xv) Что сделали красные с царём?

(xvi) На что надеялся Саша?

(xvii) Что происходило в первые годы после Революции?

(xviii) Что нужно было построить в новом государстве?

(xix) Что рассказывает бабушка о тридцатых годах?

 (xx) Кто был её папа, и что с ним случилось?

(xxi) Расскажите, почему бабушка плачет.

LESSON 26 — УРОК ДВАДЦАТЬ ШЕСТОЙ

Глупый разговор

Дзинь! Дз-з-з-инь!

Таня поднимает телефонную трубку.

— Слушаю, — говорит она.

— Алло! Таня, это ты? Соня говорит.

— Привет! Я думала, ты уже на даче.

— Нет ещё, но поехали вместе на дачу! В городе так душно.

— Да там нечего делать: некуда сходить, даже не с кем поговорить, кроме тебя. Там ужасно скучно.

— Почему? У нас там речка, можно купаться. Поехали!

— Да, речка хорошая, но вода слишком холодная, чтобы купаться. И не стоит ехать туда специально, чтобы купаться: здесь в городе отличные бассейны.

— Ну, тогда будем ходить за грибами...

— Не выдумывай, Сонечка. Там у вас нет никаких грибов.

— Что ты! Грибы всегда бывают после дождя. И ягоды будут.

— Какие там ягоды?! Ни одной ягодки там не найдёшь. Земляника уже давно кончилась, а для малины ещё рано. Надо пройти километров пятнадцать лесом, чтобы найти хорошие места для смородины.

— Ну, тогда будем просто лежать на солнце и загорать.

— Да нет, это не интересно. Надоела мне твоя примитивная деревенская жизнь. Я лучше останусь в городе. Здесь веселее.

— А что ты будешь делать здесь одна? Здесь уже никого нет. Борис уехал на лето на Урал, Володя поехал к себе домой в Ленинград, даже Владимир Михайлович поехал на юг отдыхать. С кем ты будешь время проводить, спрашивается?

— Я? Ни с кем... Не надо мне никаких друзей. Лучше не зависеть ни от каких друзей.

— Ну да! Сомневаюсь, что ты проживёшь тут больше недели без всякой компании.

— А я не сомневаюсь. Я никогда ни в чём не сомневаюсь. В этом вся разница между нами.

— Может быть... Я всё-таки считаю гораздо интереснее, ни в чём не быть уверенной. Разве приятно тебе всё знать? Останешься без мечты, без надежды, без ничего. А ты уверена, например, что знаешь, за кого выйдешь замуж?

— Уверена. Это очень просто. Я ни за кого не выйду. Ни за что! Мужчины все одинаковы.

— Сомневаюсь. А вдруг ты встретишь какого-нибудь парня, с которым ты во всём будешь согласна.

— Как ты отлично знаешь, бедная моя Сонечка, я никогда ни с кем ни в чём не была согласна — и не буду!

— Пусть так! Но это не исключает возможности любви. Неужели ты никогда ни в кого не влюбишься?

— Слушай! Перестань говорить глупости!

— Хорошо, но если ты ни с кем не соглашаешься, это значит, что ты ни к какой философской школе не принадлежишь, ни в какую политическую партию не собираешься вступить? Ты меня слушаешь?

Но Таня уже положила трубку.

WORDS AND PHRASES

дзинь = brr-brr
поднима́ть телефо́нную тру́бку = to pick up the phone
да́ча = dacha, summer cottage
пое́хали! = let's go!
ре́чка (*diminutive of* река́) = river, stream
купа́ться/ис- = to bathe
что́бы = to, in order to
бассе́йн = swimming pool
выду́мывать/вы́думать = to invent, make up
я́года = berry, berries
я́годка (*diminutive of* я́года) = berry
земляни́ка = wild strawberry, -ies
мали́на = raspberry, -ies
проходи́ть/пройти́ = to go
ле́сом = through the forest
сморо́дина = currant(s)
на со́лнце = in the sun
загора́ть = to sunbathe /загоре́ть = to become sunburnt
да нет = n-n-no
примити́вный = primitive
дереве́нский = country
уезжа́ть/уе́хать = to leave
на Ура́л = to the Urals
спра́шивается? = may one ask?
ни с кем = not with anyone, with no one
не на́до мне друзе́й = I don't need friends
сомнева́ться в + *prep.* = to doubt
   (сомпева́юсь, сомнева́ешься)
прожи́ть (*Pf.*) = to live through
без вся́кой компа́нии = without any company
уве́ренный = sure, certain, confident
мечта́ = daydream, fancy
наде́жда = hope
все одина́ковые = (they) are all the same
па́рень (*masc.*), *gen.* па́рня = lad
пусть так = that may be so

любо́вь (*fem.*), *gen.* любви́ = love
влюбля́ться/влюби́ться = to fall for
  (/влюблю́сь, влю́бишься)
глу́пость (*fem.*) = nonsense
филосо́фская шко́ла = school of philosophy, thought
полити́ческий = political
вступа́ть/вступи́ть в па́ртию = to join the party
  (/вступлю́, всту́пишь)
положи́ть тру́бку = to put down the phone, ring off

GRAMMAR—ГРАММА́ТИКА

1. Ничто́, никто́, никако́й used with prepositions

When forms of **ничто́, никто́, никако́й** have to be used with prepositions, they split so that the preposition comes after the **ни**:

Она́ ни на что́ не смо́трит.
She is not looking at anything.

Он ни к кому́ не отно́сится хорошо́.
He does not treat anyone kindly.

Я ни о чём не беспоко́юсь.
I am not worried about anything.

Они́ ни с кем не согласи́лись.
They did not agree with anybody.

Она́ не поступа́ет ни в каку́й университе́т.
She is not going to any university.

But there are some exceptions to the use of **ничто́.** Note:

Из ничего́ не вы́йдет ничего́.
You cannot get something out of nothing.

Он преврати́лся в ничто́.
He became a nonentity.

2. Declension of один 'one'

Один declines and agrees in gender, case and, surprisingly, in number with the noun it qualifies.

	Masc.	Fem.
Nom.	один	одна́
Gen.	одного́	одно́й
Dat.	одному́	одно́й
Acc.	один/одного́	одну́
Instr.	одни́м	одно́й(-о́ю)
Prep.	(об) одно́м	одно́й

	Neut.	Pl.
Nom.	одно́	одни́
Gen.	одного́	одни́х
Dat.	одному́	одни́м
Acc.	одно́	одни́/одни́х
Instr.	одни́м	одни́ми
Prep.	(об) одно́м	одни́х

The plural form is used with nouns like часы́ 'clock, watch', which have no singular form:

одни́ часы́   *one clock/watch*

Thus:

Ты не найдёшь ни одно́й я́годки.
You will not find a single berry.

Я встре́тил там то́лько одного́ студе́нта.
I met there only one student.

Ма́ша купи́ла всё э́то в одно́м магази́не.
Masha bought all this in one shop.

Note that один etc. may be used for 'alone':

Я оста́нусь здесь один.
I shall be left here alone.

Что она́ смо́жет сде́лать одна́?
What will she be able to do by herself?

Они́ бы́ли на да́че одни́.
They were alone at the dacha.

3. Что́бы

This lesson contains examples of the use of **что́бы** with the Infinitive:

Не сто́ит е́хать туда́ специа́льно, что́бы купа́ться.
It is not worth going there specially in order to bathe.

Note the following use:

Он не смо́жет перевести́ э́того без того́, что́бы не сде́лать оши́бок.
He will not manage to translate this without making mistakes.

4. Выходи́ть/вы́йти за́муж 'to get married'

Выходи́ть/вы́йти за́муж is only used for women subjects:

Она́ вы́шла за́муж за Петра́.
(за + Acc.)   *She married Peter.*
Она́ за́мужем за Петро́м.
(за + Inst.)   *She is married to Peter.*

For men subjects **жени́ться на** and the Prepositional case is used:

Он жени́лся на учи́тельнице.   *He married a teacher.*
Он жена́т на учи́тельнице.   *He is married to a teacher.*

But for a couple getting married:

Они́ жени́лись.   *They got married.*

Жени́ться is either Imperfective or Perfective. There is also a Perfective verb **пожени́ться**, which is used for a couple getting married.

EXERCISES—УПРАЖНЕ́НИЯ

1. Replace the forms of э́тот with the appropriate form of ничто́:

    (i) Я в э́том не уве́рен.

    (ii) Мы э́тим не занима́емся.

    (iii) Ты э́того не понима́ешь.

    (iv) Она́ за э́то не поблагодари́ла нас.

    (v) Они́ в э́том не призна́лись.

    (vi) Вы к э́тому не привы́кли.

    (vii) Я не сомнева́юсь в э́том.

   (viii) Он над э́тим не хо́чет размышля́ть.

    (ix) Он от э́того не заболе́ет.

    (x) Она́ с э́тим не соглаша́лась.

2. Replace the forms of я, меня́ etc. with the appropriate form of никто́:

    (i) Я в нём не уве́рен.

    (ii) Она́ не понима́ет меня́.

    (iii) Она́ в меня́ не влюблена́.

    (iv) Они́ со мной не согла́сны.

    (v) Э́та да́ча мне не принадлежи́т.

    (vi) Э́то на меня́ не произвело́ си́льного впечатле́ния.

    (vii) Они́ от меня́ не зави́сят.

   (viii) Я зна́ю, что Бори́с обо мне не беспоко́ится.

    (ix) Та́ня за мной не бу́дет бе́гать.

    (x) Она́ ко мне не зайдёт.

3. Replace the forms of э́тот with the appropriate form of никако́й:

    (i) Они́ не принадлежа́т к э́той гру́ппе.

    (ii) Та́ня не живёт на э́той да́че.

    (iii) Не нра́вится мне э́та дереве́нская жизнь.

    (iv) Он не поступа́ет в э́тот институ́т.

    (v) Я не получа́ю пи́сем от э́тих мужчи́н.

    (vi) В э́том бассе́йне я не хочу́ купа́ться.

   (vii) Наш самолёт не бу́дет лете́ть над э́тими гора́ми.

(viii) Она́ никогда́ не влю́бится в э́того скро́много
па́рня.

(ix) Я не бу́ду покупа́ть пода́рков для э́тих сотру́д-
ников.

(x) Писа́тель не бойтся э́того кри́тика.

4. Insert in the appropriate form **никто́, ничто́, не́кого**
or **не́чего**:

(i) Она́ не собира́лась ... за ... выходи́ть за́муж.

(ii) В дере́вне ему́ ... бу́дет де́лать.

(iii) Её дя́дя ... к ... не хо́дит в го́сти.

(iv) Нам ... на ... жа́рить грибы́.

(v) Солда́ты бра́ли всё и нас ... за ... не благода-
ри́ли.

(vi) Так как Бори́с уе́хал на Ура́л, ей ... с ... бы́ло
е́хать на да́чу.

(vii) Она́ ... с ... не хоте́ла поговори́ть.

5. Translate into Russian:

(i) We decided to spend a day in the forest. We intended to fish in the river and collect mushrooms and
berries, but we did not collect anything. Instead, we
bathed all day and lay on the bank sunbathing.

(ii) For children summer is the best season of the year,
but winter is not good (*trans.* useful) for anybody.
Vladimir Mikhailovich hates winter because then
there is nobody to play chess with on the boulevard.
He never plays chess with anybody in the winter.

(iii) During the war he did not serve on any front, and
after 1945 he did not write anything for any newspa-
pers or journals, although at that time he was a journalist. He has not tried to find work in any factories
or attempted to enter any institute. He is not interested in anything. He is not even interested in me. I
don't know why I married him.

6. Answer in Russian the following questions on the text:

    (i) Кто звони́т кому́?

    (ii) Что ну́жно сде́лать, когда́ звони́т телефо́н?

    (iii) Со́ня говори́т с да́чи?

    (iv) Почему́ Со́ня хо́чет е́хать на да́чу?

    (v) Что ей на э́то возража́ет Та́ня?

    (vi) Почему́ Та́ня не хо́чет купа́ться в ре́чке?

    (vii) Где она́ предпочита́ет купа́ться, и почему́?

    (viii) Что мо́жно собира́ть в дере́вне в э́то вре́мя го́да?

    (ix) Где их друзья́?

    (x) Жале́ет ли Та́ня, что их нет?

    (xi) В чём гла́вная ра́зница ме́жду Со́ней и Та́ней?

    (xii) Со́ня лю́бит всё знать?

    (xiii) Почему́ Та́ня уве́рена, что она́ не вы́йдет за́муж?

    (xiv) Что ей на э́то возража́ет Со́ня?

    (xv) Почему́ Со́ня ду́мает, что Та́ня не собира́ется вступи́ть в па́ртию?

    (xvi) Кто, по-ва́шему, говори́т глу́пости, Со́ня или Та́ня?

LESSON 27 — УРОК ДВАДЦАТЬ СЕДЬМОЙ

Ф. М. Достоевский

Из второй главы первой части «Записок из подполья»:

«Я, например, ужасно самолюбив. Я мнителен и обидчив, как горбун или карлик, но, право бывали со мною такие минуты, что если б случилось, что мне бы дали пощёчину, то, может быть, я был бы даже и этому рад. Говорю серьёзно: наверно, я бы сумел отыскать и тут своего рода наслаждение, разумеется, наслаждение отчаяния, но в отчаянии-то и бывают самые жгучие наслаждения, особенно когда уж очень сильно сознаёшь безвыходность своего положения. Главное же, как ни раскидывай, а всё-таки выходит, что всегда я первый во всём виноват выхожу и, что всего обиднее, без вины виноват и, так сказать, по законам природы. Потому, во-первых, виноват, что я умнее всех, которые меня окружают. (Я постоянно считал себя умнее всех, которые меня окружают, и иногда, поверите ли, даже этого совестился. По крайней мере я всю жизнь смотрел как-то в сторону и никогда не мог смотреть людям прямо в глаза.) Потому, наконец, виноват, что если б и было во мне великодушие, то было бы только мне же муки больше от сознания всей его бесполезности. Я ведь, наверно, ничего бы не сумел сделать из моего великодушия: ни простить, потому что обидчик, может, ударил меня по законам природы, а законов природы нельзя прощать; ни забы́ть, потому́ что хоть и зако́ны приро́ды, а всё-таки оби́дно. Наконе́ц, е́сли б да́же я захоте́л быть во́все не великоду́шным, а напро́тив, пожела́л бы отмсти́ть оби́дчику, то я и отмсти́ть ни в чём никому́ бы не мог, потому́ что, наве́рно, не реши́лся бы что́-нибудь сде́лать, е́сли бы да́же и мог. Отчего́ не реши́л-ся бы?»

Достое́вский обраща́ет на́ше внима́ние на глубоко́ скры́-тые сто́роны челове́ческой души́. В рома́не «Бра́тья Карама́зовы» сам чёрт, кото́рого Ива́н Карама́зов ви́дит во сне, объясня́ет причи́ну своего́ существова́ния:

«Я, наприме́р, пря́мо и про́сто тре́бую себе́ уничтоже́-ния. Нет, живи́, говоря́т, потому́ что без тебя́ ничего́ не бу́дет. Е́сли бы на земле́ бы́ло всё благоразу́мно, то ничего́ бы и не произошло́. Без тебя́ не бу́дет никаки́х происше́ст-вий, а на́до, чтобы бы́ли происше́ствия. Вот и служу́, чтобы бы́ли происше́ствия, и творю́ неразу́мное по прика́зу. Лю́ди принима́ют всю э́ту коме́дию за не́что серьёзное, да́же при всём своём бесспо́рном уме́. В э́том их и траге́дия. Ну и страда́ют, коне́чно, но… всё ж зато́ живу́т, живу́т реа́льно, не фантасти́чески; и́бо страда́ние-то и есть жизнь. Без страда́ния како́е бы́ло бы в ней удово́льствие — всё обрати́лось бы в оди́н бесконе́чный моле́бен: оно́ свя́то, но скучнова́то. Ну а я?… Я отда́л бы всю э́ту надзвёзд-ную жизнь, все чины́ и по́чести за то то́лько, чтобы воплоти́ться в ду́шу семипудо́вой купчи́хи и Бо́гу све́чки ста́вить.»

From Chapter 2 of the first part of *Notes from Underground*:

I am, for example, terribly vain. I am mistrustful and touchy like a hunchback or a dwarf, but to be sure there have been for me such moments that, if it had occurred that someone had given me a slap in the face, then perhaps I would even have been glad of it. I say in all seriousness: probably I would have been able to find here, too, an enjoyment of a sort, of course an enjoyment of desperation, but in despair, too, there are the most burning raptures, particularly when you realize very powerfully the hopelessness of your position. The main thing, however you look at it, but all the same it comes out that I am first to emerge guilty in everything and, what is most hurtful of all, guilty without fault and, so to speak, according to the laws of nature. Firstly I am guilty because I am more intelligent than all who surround me. (I constantly considered myself more intelligent than everyone who surrounded me, and sometimes, can you believe it, was even ashamed of this. At least all my life I used to look to one side somehow and was never able to look people straight in the eyes.) And guilty finally because, if there had been any magnanimity in me, then for me there would have been more torment from the recognition of all its uselessness. For I would probably not have been able to do anything out of my magnanimity: neither to forgive, because the man who had insulted me perhaps had struck me according to the laws of nature and one has no right to forgive the laws of nature; nor to forget about it because, although they may be the laws of nature, it is nevertheless insulting. Finally, if I had even wanted not to be magnanimous at all, but on the contrary had desired to take revenge on my insulter, I would not even then have been able to take revenge on anyone for anything because probably I would not have resolved to do anything even if I had been able to. Why would I not have resolved?

From *The Brothers Karamazov*:

I, for example, directly and simply demand for myself annihilation. 'No, you live', they say, 'because without you there will be nothing. If everything were all right on earth, then nothing would occur. Without you there will be no occurrences, but it is necessary that there should be occurrences.' And here I am, serving in order that there should be occurrences and creating the irrational to order. People accept all this comedy as something serious, even

taking into account their indisputable intelligence. In
this is their tragedy. Well, they suffer, of course, but ...
all the same they do live, they live in reality, not in fantasy;
for suffering is life. Without suffering what pleasure would
there be in it — everything would be turned into one endless
service of thanksgiving: it is holy, but rather boring. And
I? I would give all this supra-celestial life, all my ranks and
honours just to be embodied in the soul of a seven-pood
merchant's wife and put little candles up to God.

WORDS AND PHRASES

«Запи́ски из подпо́лья» = *Notes from Underground*
самолюби́вый = vain
мни́тельный = mistrustful
оби́дчивый = touchy
горбу́н = hunchback
ка́рлик = dwarf
пра́во = it is true
б *or* бы *subjunctive particle*
е́сли б случи́лось = if it were to happen, if it should happen
пощёчина = slap in the face
я был бы э́тому рад = I would be glad of it
и *emphatic particle*
суме́ть *Pf. of* уме́ть = to be able
оты́скивать/отыска́ть = to seek out, find
  (/отыщу́, оты́щешь)
и тут = here too
своего́ ро́да = of its kind
наслажде́ние = enjoyment
отча́яние = despair
жгу́чий burning
уж *emphatic particle*
сознава́ть/созна́ть = to recognize
  (сознаю́, сознаёшь/созна́ю, созна́ешь)
безвы́ходность (*fem.*) = hopelessness
положе́ние = position, situation

как ни = however, no matter how
как ни раскидывай = however you consider it
выхо́дит = it emerges
винова́т (винова́та; винова́ты) во всём = guilty of
  everything, all (my) fault
что всего́ оби́днее = what is most hurtful
вина́ = guilt
так сказа́ть = so to say
окружа́ть/окружи́ть = to surround
постоя́нно = constantly
пове́рите ли = would you believe it
со́веститься/по- + *gen.* = to be ashamed of
как-то в сто́рону = somehow to one side
смотре́ть лю́дям в глаза́ = to look people in the eyes
великоду́шие = magnanimity
бо́льше му́ки = more torment
созна́ние = recognition, admission
бесполе́зность (*fem.*) = uselessness
проща́ть/прости́ть = to forgive
  (прощу́, прости́шь)
оби́дчик = offender
ударя́ть/уда́рить = to strike
хоть и зако́ны приро́ды = although they may be the
  laws of nature
оби́дный = offensive
во́все не великоду́шный = not generous at all
напро́тив = opposite
мстить/от-, ото- = to take revenge
  (мщу, мстишь)
реша́ться/реши́ться = to resolve
отчего́ = why
обраща́ть внима́ние на + *acc.* = to turn (one's, someone's)
  attention to
«Бра́тья Карама́зовы» = *The Brothers Karamazov*
ви́деть во сне = to dream of
причи́на = reason
существова́ние = existence
уничтоже́ние = destruction

на землé = on earth
благоразýмный = reasonable, sensible
происшéствие = occurrence, incident
нáдо, чтóбы бы́ли = it is necessary that there should be
творúть/со- = to create
неразýмный = irrational
по прикáзу = to order, by order
нéчто = something
бесспóрный ум = indisputable intelligence
реáльный = real
фантастúческий = fantastic
úбо = for
страдáние = suffering
-то *emphatic particle*
обращáться/обратúться в + *acc.* = to be transformed into
молéбен = service of thanksgiving, intercession
святóй = sacred
скучновáтый = rather dull
надзвёздный = celestial
чин = rank
пóчесть (*fem.*) = honour
воплощáться/воплотúться = to be incarnated
семипудóвая купчúха = seven-pood (250 *lb.*, 114 *kg.*)
    merchant's wife
свéчка (*diminutive* of свечá) = candle

GRAMMAR — ГРАММÁТИКА

1. Formation of the Subjunctive mood

The Subjunctive in Russian is very easy to form. It consists of the particle бы used with the form of the past tense of the verb. Although it may be formed from either Aspect, there are no other tenses of the Subjunctive in Russian. The Subjunctive of писáть is, therefore, я/ты/он писáл бы; я/ты/онá писáла бы; мы/вы/онú писáли бы; and of говорúть is я/ты/он говорúл бы etc. The Subjunctive of the Perfective **написа́ть** is **я написа́л бы** etc.

2. Uses of the Subjunctive

(a) in hypothetical conditions:

Е́сли бы я э́то знал, я ничего́ не сказа́л бы.
If I had known that, I should not have said anything.

Он не реши́лся бы что́-нибудь сде́лать, е́сли бы да́же и мог.
He would not have made up his mind to do anything, even if he could.

Remember that the Subjunctive is not required if the condition is a real possibility.

Е́сли он придёт, скажи́ ему́.
If he comes, tell him.

Note:

Е́сли бы не он, я упа́л бы.
If it had not been for him, I should have fallen.

(b) after **что́бы**:

We have already met **что́бы** followed by the Infinitive:

Я не хочу́ е́хать туда́ специа́льно, что́бы купа́ться.
I do not want to go there specially in order to bathe.

But where the subject of the verb which follows 'in order to', or 'so that' is different from that of the main verb, then the Subjunctive is used. This means that **что́бы** is followed by the form of the past tense, the **бы** being contained in **что́бы**:

Я э́то сказа́л, что́бы он знал моё мне́ние.
I said it so that he should know my opinion.

(c) after verbs of *wanting, wishing, suggesting, demanding*, where the subject of the verb is different:

Мы хотйм, чтобы вы э́то прочита́ли.
We want you to read this.

Онй предложи́ли, чтобы он пое́хал в Ки́ев.
They suggested that he should go to Kiev.

Я тре́бую, чтобы онй ушлй.
I demand that they go away.

(d) after verbs of *commanding*, the Subjunctive may be used:

Он приказа́л, чтобы я пое́хал в Ки́ев.
He ordered that I should go to Kiev.

Compare:

Он приказа́л мне пое́хать в Ки́ев.
He ordered me to go to Kiev.

Мне сказа́ли, чтобы я пое́хал в Ки́ев.
They told me to go to Kiev.

(e) after verbs of *fearing* **чтобы** + **не** may be used:

Бою́сь, чтобы он не уе́хал.
I am afraid that he might go away.
(or Бою́сь, как бы он не уе́хал)

(f) after such negative words and phrases as **невоз-мо́жно, невероя́тно, не мо́жет быть,** чтобы must be used:

Невозмо́жно, чтобы он пришёл.
It is impossible that he should come.

Невероя́тно, чтобы онй э́то сде́лали.
It is inconceivable that they should do this.

The Subjunctive may also be used after verbs of *thinking* in the negative.

(g) in generalizing clauses:

The Subjunctive is used in generalizing clauses as follows:

Кто бы ни пришёл, я не открою дверь.
Whosoever should come I shall not open the door.

Кого бы он ни видел, он всегда скрывался.
Whomsoever he saw, he always hid.

Что бы он ни сказал, я не соглашусь с ним.
Whatever he says, I shall not agree with him.

Куда бы она ни пошла, она не найдёт места.
Wherever she goes, she will not find a place.

Such clauses may be rendered without the Subjunctive, the appropriate Indicative tense being used instead:

Кто ни придёт, я не открою дверь.
Whoever comes, I will not open the door.

Что они ни делали, она никогда не соглашалась.
Whatever they did, she never agreed.

(h) **чтобы** is often used in expressing *hopes* or *wishes* or *commands* as follows:

Чтобы этого больше не было!
Let there be no more of that!
or *Don't let it happen again!*

3. Note the following uses of бы:

Только бы она была здесь!
If only she were here!

Хоть бы мы успели на поезд!
(or хоть бы нам успеть ...)
If only we catch the train!

Вы бы лучше сказали ему.
You had better tell him.

Ещё бы!
I should just think so!

Давно бы так!
And about time too!

4. **Note that бы and чтобы have alternative forms б and чтоб:**

> Если б я это знал, я б ничего не сказал.
> *If I had known that, I should not have said anything.*

> Чтоб этого больше не было!
> *Don't let it happen again!*

5. **Use of the Imperative form instead of the Subjunctive**

In conditional and generalizing clauses the Imperative form may be used instead of the Subjunctive:

> Скажи я ему это, он бы не поверил.
> *If I were to tell him that, he wouldn't believe it.*

> Что ему ни говори, он всегда всему верит.
> *Whatever they tell him, he always believes everything.*

EXERCISES—УПРАЖНЕНИЯ

1. In the following sentences change the present or future tense to the conditional Subjunctive:

   (i) Если ночь будет тёплой, мы будем спать под открытым небом.

   (ii) Если я не встречу её, я ничего не узнаю о них.

  (iii) Если она ему не нужна, я возьму эту свечку.

  (iv) Если он извинится, она всё простит ему.

   (v) Если у нас будет время, мы зайдём к тебе утром.

  (vi) Я помогу ему, если он расскажет мне об этом.

  (vii) Если у неё есть билеты, мы пойдём в театр.

 (viii) Если он оглянется, он увидит её улыбку.

  (ix) Если ты оставишь их у меня, я успею прочитать эти стихи сегодня вечером.

   (x) Если её взгляд не перенесётся на толпу, она заметит его оживлённость.

  (xi) Если он не потеряет сознание, мы сможем обойтись без врача.

(xii) Если мне не помешают дети, я кончу работу
за один день.

2. (a) Complete the following sentences with subordinate
clauses beginning with **если бы**:

    (i) Володя бы не заболел, . . .
    (ii) Они успели бы на лекцию, . . .
    (iii) У него бы ничего не болело, . . .
    (iv) Она бы решилась на это, . . .
    (v) Вы не приняли бы меня за поэта, . . .
    (vi) Мы бы вас не беспокоили, . . .
    (vii) Она всё сделала бы гораздо проще, . . .
    (viii) Они не простили бы вам этого, . . .

(b) Compose suitable main clauses to complete the
following sentences:

    (i) Если бы Джон не простудился, . . .
    (ii) Если бы мы беспокоились, . . .
    (iii) Если бы ему не было стыдно, . . .
    (iv) Если бы ей было восемнадцать лет, . . .
    (v) Если бы он не курил так много, . . .
    (vi) Если бы вы хотели посмотреть Париж, . . .
    (vii) Если бы с ним произошёл такой случай, . . .
    (viii) Если бы я был на вашем месте, . . .

3. Rewrite the following sentences changing the Imperative or future tense to the Subjunctive according to the
Model:

    Model: Что ему ни говори, он всегда всему верит.
           Что бы ему ни говорили, он всегда
           всему верит.

    (i) Что ему ни говори, он всегда всему верит.
    (ii) Как его ни заставляй, он не будет никому
служить.
    (iii) Как ты ни раскидывай, а всё же выходит, что
он виноват.
    (iv) Что я ни сделай, мне всё прощают.

(v) Где вы ни ищите, вы не отыщете на земле полного великодушия.

(vi) Кому он ни отомстит, ему всё же будет обидно.

(vii) На что они ни решатся, это будет лучше бесконечных сомнений.

(viii) Когда она ни сознаёт свою вину, она придёт в отчаяние.

(ix) Куда (ты) ни посмотри, везде существуют жадность и хитрость.

(x) Где она ни будет, она не сможет забыть его любовь.

4. Rephrase the following sentences by replacing the Infinitive with **чтобы** and the Subjunctive:

(i) Я советую тебе сходить к Анне сегодня.

(ii) Мы советовали бы вам взять сына с собой.

(iii) Я просил бы вас поговорить с ним.

(iv) Мы просим Джона не лететь туда на вертолёте.

(v) Я приказал Вронскому тотчас же извиниться.

(vi) Мы приказываем вам отыскать обидчика.

5. Each of the sentences below indicates a situation to be changed. Using **Я хочу, чтобы ...** form sentences according to the Model.

Model: Здесь ничего нет.
Я хочу, чтобы здесь всё было.

(i) Здесь ничего нет.

(ii) В классе темно.

(iii) Работа сделана плохо.

(iv) Ты опять много куришь.

(v) Письмо ещё не написано.

(vi) За год построено мало жилых домов.

6. Using **чтобы**, link each pair of statements as in the Model.

Model: Им надо было помочь; они встретятся опять.
Им надо было помочь, чтобы они встретились опять.

(i) Его послали на Кавказ; он будет заниматься живописью.

(ii) Они отошли как можно дальше; им никто не будет мешать.

(iii) Нельзя было его так пугать; он начал бояться смерти.

(iv) Всё возможное будет сделано; эффективность высших учебных заведений будет повышена.

7. Replace **что** by **чтобы** and change the verb in the subordinate clause accordingly. Translate both versions into English and compare the meanings:

(i) Врач говорит, что Джон принимает лекарство.

(ii) Вера передала, что братья привезут всё необходимое.

(iii) Инженер напишет, что они купили новые машины.

(iv) Они разговаривали так тихо, что никто не слышал, о чём они говорят.

(v) Она готовила так, что все были довольны.

(vi) Студентам дают такой текст, что они могут с ним справиться.

8. Translate into English:

(i) Это, я вам скажу, преинтересная фигура.

(ii) Пирожки, съеденные утром, помогли ему обойтись без обеда.

(iii) Без карты мы не нашли бы дорогу через горы.

(iv) Посмотрел бы я, как он с этим справится!

(v) Мать боится, чтобы он не простудился.

(vi) Не может быть, чтобы это была настоящая любовь.

(vii) Я не думаю, чтобы он очень страдал от этого.

(viii) Я зайду за тобой в семь часов. Чтоб ты была готова к этому времени!

(ix) Чтоб ноги его больше здесь не было!

(x) Не желаю я покоряться ни судьбе, ни людям, ни старым законам.

(xi) Вся неде́ля была́ обращена́ в оди́н до́лгий пра́здник. Бы́ло пригото́влено — нава́рено и нажа́рено, привезено́ и принесено́ — мно́го вку́сного. Дом был осо́бенно чист, сад осо́бенно краси́в, и да́же во́здух каза́лся осо́бенно све́жим.

9. Translate into Russian:

(i) We are discussing the system of higher education in the USSR and also problems in the lower classes of our schools.

(ii) Her face expressed the deepest despair.

(iii) Gorky showed that of all the forms of art, drama has the strongest influence on people.

(iv) Whom do you consider the most important of modern Soviet poets?

(v) Life in Siberia can be rather dull and the climate there is severe, but the day is near when even there it will be pleasant and easy to live.

(vi) The parcel has been sent, the letter has been written, and now she could sit for two hours with a most interesting book.

(vii) The suit bought recently abroad proved too small for her.

(viii) Pavlov used to say that scholarship demands of a man his whole life, and even if we had two lives, they would not be sufficient.

(ix) If we had had enough time, we should have found all three volumes.

(x) If you could get by without it, I should like to take your dictionary for three days.

(xi) You ought to make his acquaintance.

(xii) Let everything be prepared for them!

(xiii) May I never see or hear anything like it again!

(xiv) In the summer she liked the children to get up early.

LESSON 28 — УРÓК ДВÁДЦАТЬ ВОСЬМÓЙ

Итóги

Москва, 17/VII-197... г.

Дорогóй Гéнри!

Пишý тебé в послéдний раз, так как скóро, двáдцать восьмóго ию́ля, я отправля́юсь домóй теплохóдом из Ленингрáда. Сначáла я хотéл летéть самолётом, но у меня́ остáлось слúшком мáло дéнег и оказáлось мнóго багажá — четы́ре больши́х чемодáна, — и э́то ужé пóсле тогó, как я отпрáвил домóй по пóчте óколо пятúдесяти книг (с пятью́десятью почтóвыми мáрками — цéлая коллéкция). Вот почемý мне пришлóсь изменúть плáны. Поéздка на теплохóде занимáет пять сýток, в то врéмя как пóездом чéрез Варшáву и Берлúн я мог бы éхать в двóе с половúной сýток, но в пóезде скýчно. На самолёте, конéчно, быстрéе: полёт занимáет всегó четы́ре с половúной часá. Интерéсно, как ты решúл éхать?

Ты, навéрное, хотéл бы узнáть о мои́х достижéниях в э́том годý. Здесь, как ты знáешь, óчень увлекáются статúстикой. Я цитúрую:

«Байкáл — глубочáйшее óзеро мúра. В Байкáле бóльше воды́, чем во всём Балтúйском мóре, и в 92 рáза бóльше, чем в Азóвском мóре».

Итáк, вот, пожáлуйста, нéкоторые цúфры, относя́щиеся к моемý пребывáнию в Москвé: я был на двух спектáклях в Большóм теáтре — на однóм балéте и на однóй óпере; я побывáл в девятú други́х теáтрах, был на трёх симфонических концертах и раз двадцать-двадцать пять ходил в кино. Я посетил две мощных электростанции и три отличных колхоза. Я даже присутствовал на каких-нибудь десяти-пятнадцати лекциях и на каких-нибудь тридцати-сорока уроках русского языка, не помню точно. Я познакомился с двумя-тремя девушками и с несколькими парнями. Я не сфотографировал ни одного моста, ни одного танка, ни одной ракеты, так как это официально запрещено. Тысяча пятьсот девяносто четыре раза я поднялся по лестнице к себе на седьмой этаж, потому что лифт не работал (— шучу, конечно: это случилось только раз триста, четыреста...).

Но о результатах нельзя судить по одним голым цифрам: цифры иногда обманывают. Итак, вот самые главные факты: я теперь чувствую, что более или менее свободно говорю по-русски; я знаю, как пользоваться городским транспортом и как обращаться с продавщицами — словом, за этот год я перестал быть беспомощным ребёнком в Советском Союзе. Кроме того, я узнал много нового и познакомился с десятками студентов. Мы с ними далеко не всегда соглашались, но хотя я много спорил, я почти ни с кем не ссорился. Мы обсуждали со всех сторон сотни тем: международное положение, недостатки всех политических систем, форму и содержание произведений сотен писателей, художников и композиторов, качество советских и зарубежных автомашин, фотоаппаратов, магнитофонов, авторучек и вин, и конечно же, время от времени говорили о девушках. Философствовать ночью — русская привычка. Не раз мы сидели до полуночи, иногда до пяти часов утра, что не только заставляло меня говорить по-русски, но и помогло понять массу незнакомых мне фактов о советской жизни. Теперь я считаю себя большим специалистом во всех областях советской действительности и, когда приеду, я напишу новый учебник русского языка, основанный на моих впечатлениях и на том, что останется у меня в памяти об искренней дружбе с мойми близкими друзьями.

Я стра́шно соску́чился по до́му, но всё равно́ ка́к-то гру́стно бу́дет уезжа́ть.

До ско́рой встре́чи,
Джон

WORDS AND PHRASES

ито́г = sum, total, result
в после́дний раз = for the last time
отправля́ться/отпра́виться = to set off
  (/отпра́влюсь, отпра́вишься)
теплохо́д = ship, motor ship
бага́ж = luggage
чемода́н = suitcase
отправля́ть/отпра́вить = to send off, dispatch
о́коло пяти́десяти = about fifty
почто́вая ма́рка = (postage) stamp
колле́кция = collection
изменя́ть/измени́ть = to change, alter
су́тки (pl.), gen. су́ток = a day, period of 24 hours
в то вре́мя как = while, whereas
че́рез Варша́ву = via Warsaw
дво́е + gen. pl. = two of
всего́ четы́ре = four in all
интере́сно = I wonder
ты хоте́л бы = you would like
достиже́ние = achievement
стати́стика = statistics
цити́ровать/про- = to quote
Байка́л = Lake Baikal
о́зеро = lake
Балти́йское мо́ре = the Baltic
в девяно́сто два ра́за бо́льше = 92 times more
Азо́вское мо́ре = the Sea of Azov
Большо́й теа́тр = Bolshoi Theatre
бале́т = ballet
о́пера = opera

побыва́ть (*Pf.*) = to be, visit
мо́щный = powerful
колхо́з = collective farm
прису́тствовать = to be present
  (прису́тствую, прису́тствуешь)
каки́е-нибудь де́сять ле́кций = some ten lectures
мост = bridge
танк = tank
раке́та = rocket
запреща́ть/запрети́ть = to forbid
  (/запрещу́, запрети́шь)
пятьсо́т = five hundred
поднима́ться/подня́ться = to climb
  (/поднимусь, подни́мешься; past подня́лся, поднялась)
ле́стница = stairs
лифт = lift
шути́ть/по- = to joke
  (шучу́, шу́тишь)
три́ста, четы́реста = three hundred, four hundred
обма́нывать/обману́ть = to deceive
  (/обману́, обма́нешь)
факт = fact
обраща́ться/обрати́ться с + *instr.* = to address
  (/обращу́сь, обрати́шься)
сло́вом = in a word
беспо́мощный = helpless
кро́ме того́ = besides which, besides that
деся́ток = ten of
деся́тки = dozens
спо́рить/по- = to argue
ссо́риться/по- = to quarrel
со́тня = (about) a hundred
те́ма = theme, subject
недоста́ток = fault, failing
фо́рма и содержа́ние = form and content
произведе́ние = work (of art)
компози́тор = composer
ка́чество = quality

зарубе́жный = foreign
магнитофо́н = tape recorder
авторру́чка = pen, ball-point
филосо́фствовать/по- = to philosophize, argue
  (филосо́фствую, филосо́фствуешь)
привы́чка = habit, custom
заставля́ть/заста́вить = to force, compel
  (/заста́влю, заста́вишь)
ма́сса = mass
специали́ст = specialist
действи́тельность (*fem.*) = reality
осно́вывать/основа́ть = to base, found
па́мять (*fem.*) = memory
и́скренний = sincere
дру́жба = friendship
гру́стный = sad

GRAMMAR—ГРАММА́ТИКА

1. Declension of numerals

Russian numerals decline. The declension of **оди́н** is
given in Lesson 26.

Declension of **два/две, три, четы́ре**

Nom.	два/две	три	четы́ре
Gen.	двух	трёх	четырёх
Dat.	двум	трём	четырём
Acc.	Like the Nominative or Genitive		
Instr.	двумя́	тремя́	четырьмя́
Prep. (о)	двух	трёх	четырёх

Declension of numerals in **-ь** and **-десят**

Nom.	пять	во́семь	пятьдеся́т
Gen.	пяти́	восьми́	пяти́десяти
Dat.	пяти́	восьми́	пяти́десяти
Acc.	пять	во́семь	пятьдеся́т

Instr.	пятью	восемью	пятьюдесятью
Prep. (о)	пяти	восьми	пятидесяти

Like пять are declined шесть — двадцать, and тридцать. Like пятьдесят are declined шестьдесят — восемьдесят.

Declension of сорок 'forty', девяносто 'ninety', сто 'hundred'

Nom.	сорок	девяносто	сто
Gen.	сорока	девяноста	ста
Dat.	сорока	девяноста	ста
Acc.	сорок	девяносто	сто
Instr.	сорока	девяноста	ста
Prep. (о)	сорока	девяноста	ста

Declension of двести '200', триста '300', четыреста '400'

Nom.	двести	триста	четыреста
Gen.	двухсот	трёхсот	четырёхсот
Dat.	двумстам	трёмстам	четырёмстам
Acc.	двести	триста	четыреста
Instr.	двумястами	тремястами	четырьмя-стами
Prep. (о)	двухстах	трёхстах	четырёхстах

(′ = secondary stress)

Declension of пятьсот '500'

Nom.	пятьсот
Gen.	пятисот
Dat.	пятистам
Acc.	пятьсот
Instr.	пятьюстами
Prep. (о)	пятистах

Like пятьсот are declined шестьсот, семьсот, восемьсот, девятьсот.

Десяток 'ten' and миллион 'million' are masculine nouns and decline accordingly. Тысяча 'thousand'

and сотня 'a hundred' are feminine nouns and decline accordingly, except that тысяча has an alternative form for the Instrumental, either тысячей or тысячью. Compound numerals, e.g. двадцать два decline all parts: двадцати двух, двадцати двум etc.

2. Use of numerals

We have already met a few numerals and know that:

(a) один agrees with the noun it qualifies in gender and case.

(b) два, три, четыре and compounds of them, e.g. двадцать два, are followed by the noun in the Genitive singular.

(c) numbers from пять upwards are followed by the noun in the Genitive plural (with the exception of compounds of два etc.).

But (b) and (c) only apply when the numeral is the subject, when it is in the nominative case. When the numeral is required in one of the oblique cases, i.e. the Genitive, Dative, Instrumental or Prepositional, then both numeral and noun go into that case, the noun in the plural:

Gen.	от двух студе́нтов	*from two students*
	из пяти́ городо́в	*from five towns*
Dat.	к трём дома́м	*towards three houses*
	к шести́ ба́шням	*towards the six towers*
Instr.	с двадцатью тремя́ англича́нами	*with twenty-three Englishmen*
Prep.	на тридцати́ трёх ле́кциях	*at thirty-three lectures*

When the numeral is required in the Accusative case, there is not much difficulty, provided that the object is inanimate. Два, три, четыре are followed by the Genitive singular and пять upwards by the Genitive plural. In other words, the construction is the same as in (b) and (c) above.

But when the object is animate, complications arise: with **два, три, четы́ре** the Accusative is like the Genitive; with **пять** upwards the construction is the same as it would be for the numeral as subject. The strange thing is, however, that in this instance '**пять** upwards' includes the compounds of **два, три, четы́ре.**

Thus:

Inanimate

Я уви́дел два до́ма.	*I saw two houses.*
Я уви́дел пять домо́в.	*I saw five houses.*
Я уви́дел два́дцать два до́ма.	*I saw twenty-two houses.*
Я уви́дел три́дцать пять домо́в.	*I saw thirty-five houses.*

Animate

Я уви́дел двух студе́нтов.	*I saw two students.*
Я уви́дел пять студе́нтов.	*I saw five students.*
Я уви́дел два́дцать два студе́нта.	*I saw twenty-two students.*
Я уви́дел три́дцать пять студе́нтов.	*I saw thirty-five students.*

'I saw twenty-one students' is Я уви́дел два́дцать одного́ студе́нта.

3. Adjectives with numerals

After **два, три, четы́ре** the adjective may be either in the Nominative plural or in the Genitive plural, the latter being the more common, except with feminine nouns:

два но́вых студе́нта
две но́вые студе́нтки   *two new students*

After the oblique cases, **двух, трём** etc., the adjective is in the same case:

к трём ста́рым дома́м   *towards the three old houses*

After **пять** etc. the adjective is in the Genitive plural, and with the oblique cases, **пяти́** etc. the adjective goes into the appropriate case:

на пяти́ больши́х стола́х   *on five big tables*
с двадцатью́ но́выми   *with twenty new students*
   студе́нтами

4. Collective numerals

The collective numerals **дво́е** 'two', **тро́е** 'three', **че́тверо** 'four', are mostly used with nouns like **часы́** 'clock, watch', which have no singular form and so cannot be used with **два, три, четы́ре** which require the Genitive singular. **Дво́е** etc. take the Genitive plural:

дво́е часо́в   *two clocks*
тро́е су́ток   *three days (and nights)*

Unfortunately, the collective numerals do not combine with **два́дцать** etc., and so it is impossible to say in Russian 'twenty-two watches', unless you cheat and say **два́дцать две па́ры часо́в.** (The same is true of **оди́н**, the plural form of 'one', so that 'thirty-one clocks' is **три́дцать одна́ па́ра часо́в.**) Of course, in the oblique cases the problem resolves itself, because the Genitive singular is not required, and the appropriate form of **два, три, четы́ре** can be used:

о двадцати́ двух часа́х *about twenty-two watches*

Collective numerals exist for the other numbers up to ten:

пя́теро   *five*   во́сьмеро   *eight*
ше́стеро   *six*   де́вятеро   *nine*
се́меро   *seven*   де́сятеро   *ten*

The collective numerals are often used with pronouns, with nouns denoting male persons and with the nouns **де́ти** 'children' and **ли́ца** 'people':

мы дво́е	*we two*
их бы́ло пя́теро	*there were five of them*
у них ше́стеро дете́й	*they have six children*
тро́е в одно́й ло́дке	*three men in a boat*

5. О́ба/о́бе 'both'

О́ба 'both' is used with masculine and neuter nouns; о́бе is used with feminine nouns. The construction with о́ба/о́бе is the same as with два/две.

Declension of о́ба/о́бе:

Nom.	о́ба	о́бе	
Gen.	обо́их	обе́их	О́ба студе́нта бы́ли там.
Dat.	обо́им	обе́им	*Both students were there.*
Acc. Like Nom. or Gen.			Я поговори́л с обе́ими
Instr.	обо́ими	обе́ими	сёстрами.
Prep. (об) обо́их		обе́их	*I spoke to both sisters.*

6. Полтора́/полторы́ 'one and a half'

Полтора́ is used with masculine and neuter nouns; полторы́ is used with feminine nouns.
Declension полтора́ рубля́ '1½ roubles' and полторы́ буты́лки '1½ bottles':

Nom.	полтора́ рубля́	полторы́ буты́лки
Gen.	полу́тора рубле́й	полу́тора буты́лок
Dat.	полу́тора рубля́м	полу́тора буты́лкам
Acc.	полтора́ рубля́	полторы́ буты́лки
Instr.	полу́тора рубля́ми	полу́тора буты́лками
Prep. (о) полу́тора рубля́х		полу́тора буты́лках

7. Declension of по́лдень 'midday' and по́лночь 'midnight':

Nom.	по́лдень	по́лночь
Gen.	полу́дня	полу́ночи
Dat.	полу́дню	полу́ночи
Acc.	по́лдень	по́лночь
Instr.	полу́днем	полу́ночью
Prep. (о) полу́дне		полу́ночи

In the oblique cases по́лдня, по́лночи etc. are possible.

8. Fractions

'A half' is **полови́на**, 'a third' is **треть** and 'a quarter' is **че́тверть**, all feminine nouns; '$2\frac{1}{2}$ roubles' is **два с полови́ной рубля́**.

Other fractions are expressed by the feminine form of the ordinal numeral: **пя́тая** 'a fifth', **шеста́я** 'a sixth' etc. '$\frac{3}{8}$' is **три восьмы́х**.

9. Declension of **ско́лько** 'how many'

Ско́лько has declined forms for the oblique cases:

Gen.   ско́льких
Dat.   ско́льким
Instr.   ско́лькими
Prep. (о)   ско́льких

Like **ско́лько** are declined **не́сколько** 'several' and **сто́лько** 'so many'.

10. Agreement of verb and numeral subject

When the subject is a numeral or some such word as **мно́го** 'many', **не́сколько** 'several', **большинство́** 'majority' the verb may be either plural or singular (neuter in the past tense). There are no firm rules as to which form of the verb is preferable, but it is probably true to say that the singular is preferred if the subject is viewed as a unit or group, and the plural if it is viewed as several individuals:

Не́сколько студе́нтов уже́ уе́хали домо́й.
Several students have already gone home.

В ко́мнате собрало́сь два́дцать студе́нтов.
Twenty students had gathered in the room

The compounds of **оди́н** have the verb in the singular:

Три́дцать оди́н студе́нт прие́хал.
Thirty-one students arrived.

Два, три, четы́ре usually have the verb in the plural.

11. Expressions of time

в пять минут трéтьего	*at five past two*
без пятй минýт три	*at five to three*
к десятй мунýтам вторóго	*by ten past one*

— Папа уехал в гости. Домой его принесут часам к двенадцати.

EXERCISES—УПРАЖНЕ́НИЯ

1. (a) Read the following numbers in Russian, and write them out:

   3; 17; 24; 38; 45; 82; 105; 254; 769; 811; 1,235.

   (b) With each of the above numbers in the Genitive case form a phrase with **из** as in the Model.

   Model: из трёх сёл

   (c) With each number in the Dative case form a phrase with **к** as in the Model.

   Model: к трём сёлам

   (d) With each number in the Instrumental case form a phrase with **над** as in the Model.

   Model: над тремя́ сёлами

   (e) With each number in the Prepositional case form a a phrase with **в** as in the Model.

   Model: в трёх сёлах

2. Say in Russian 'I met — 3 Englishmen ... 6 directors .. 15 women ... 24 girls ... 31 Germans ... 44 Frenchmen.'

3. Complete the sentences (a) and (b) with the times given below:

   (a) **Он бу́дет в колхо́зе в ...**
   (b) **Он прие́дет в колхо́з к ...**

   twenty-five past nine; ten past four; eighteen minutes past seven; twenty past two; five past six; nine minutes past one.
   5.45; 8.35; 3.40; 1.50; 6.37; 11.55.

4. Write out in full:

   (i) На э́тот теплохо́д нет уже́ ни (1) биле́та.
   (ii) Идти́ на ста́нцию с (4) чемода́нами нелегко́.
   (iii) Э́то о́зеро нахо́дится ме́жду (2) знамени́тыми гора́ми.

(iv) Эти рыбы встречаются только в (2—3) морях.

(v) Она должна купить молоко для всех своих (14) кошек, всем (14) должна дать мяса или рыбы.

(vi) Исключили (4) присутствующих из партии.

(vii) В Варшаву прилетело (70) специалистов из каких-нибудь (40) колхозов.

(viii) Теплоход проходит под (10) мостами.

(ix) Этот самолёт пролетит над (38) крупными городами.

(x) Этот магнитофон принадлежит (2) братьям.

(xi) Журналисты отправились на озеро Байкал с (5) новейшими фотоаппаратами.

(xii) О наших достижениях написали в (11) зарубежных газетах.

5. Translate into Russian:

(i) Two small motor vessels were moving slowly along the river. I should say that on them were travelling at least three hundred people.

(ii) We shall set off for home on Thursday. We have not yet decided whether to go by train or plane. The journey takes three days if you go by train, and that would be rather boring, but my wife has been ill and she is frightened to fly.

(iii) I am tired. I simply cannot sit up till midnight or three in the morning philosophizing with your Russian friends.

(iv) Hundreds of tourists visit the Soviet Union every year. They look round dozens of museums, galleries and cathedrals, but what do they know about Soviet reality?

(v) Their group consisted of three Germans, six Japanese and fifteen Americans. They bought five Russian cameras, eight excellent tape recorders and fifty fountain pens. Everything was of very good quality.

(vi) The composer himself will be present at all six symphony concerts.

6. Answer in Russian the following questions on the text:

    (i) Какóго числá Джон отправля́ется домóй?

   (ii) Скóлько книг он отпрáвил домóй?

  (iii) Скóлько мáрок ему́ пришлóсь купи́ть?

  (iv) Почему́ он не хóчет éхать пóездом?

   (v) По какóму маршру́ту ему́ пришлóсь бы éхать пóездом?

  (vi) Скóлько врéмени занимáет полёт?

 (vii) Что вы знáете об óзере Байкáле?

(viii) На скóльких лéкциях и урóках ру́сского языкá он прису́тствовал?

  (ix) Во скóльких теáтрах он побывáл?

   (x) Джон всё ещё чу́вствует себя́ просты́м тури́стом в Москвé?

  (xi) О чём он спóрил с совéтскими друзья́ми?

 (xii) Почему́ он тепéрь так хорошó говори́т по-ру́сски?

(xiii) Что он собирáется написáть, когдá он вернётся домóй?

(xiv) Как бы вы себя́ чу́вствовали на мéсте Джóна?

KEY TO THE MAIN ENGLISH—RUSSIAN
TRANSLATION EXERCISES

The Key gives a *recommended* translation to each English—Russian translation exercise. It is often possible, of course, to translate a given sentence from English into Russian in several different ways, and the version given here may not be the only correct one, although in some places possible alternatives have been indicated.

'Your' has been translated by ты, тебя etc., except where the context makes вы, вас etc. preferable. It would be possible, however, to use вы, вас instead of ты, тебя in most instances.

УРОК 1

Упр. 9.
Тамара на концерте. Музыканты играют тихо. Она не слушает: она думает о Борисе. Она не знает, где он и что он делает. Он на стадионе? Нет, теперь он в клубе. Он уже не думает о матче: он думает о Тамаре.

УРОК 2

Упр. 6.
Дорогая Тамара!
Ты спрашиваешь, почему Джон ничего не пишет о Москве. Ты забываешь, что мы уже знаем Москву, и что он не турист. Москва типичный большой город, а

Джон думает только об университете. Вот почему он пишет только о работе.

Ты пишешь о музыке, и (мне) всё это очень интересно. Теперь я понимаю, почему ты изучаешь музыку в университете. Борис ещё не понимает. Он знает, что ты играешь на скрипке и спрашивает, почему ты в университете, а не в оркестре.

> До свидания, моя дорогая,
> Твой Генри.

УРОК 4

Упр. 12.

(i) Два магазина и две кассирши; три студента и три книги; четыре письма и четыре копейки.

(ii) Я стою в очереди на почте и вижу на стене карту России.

(iii) Я иду в магазин, где продают мебель для кухни.

(iv) Мой сосед мрачно говорит, что в гастрономе нет ни колбасы, ни сыра.

(v) Виктор видит цену на банке молока и платит в кассу двадцать четыре копейки.

(vi) Мы хотим план города для туриста, так как он не хочет идти в центр города без плана Москвы.

УРОК 6

Упр. 9

(a) (i) Приятно слышать такие новости.

(ii) Оркестр играет слишком громко.

(iii) Эта река течёт очень быстро.

(iv) Сегодня утром всё очень чисто.

(v) Как они мрачны сегодня!

(vi) Для девушки очень важно уметь хорошо готовить.

(b) Сегодня я готовлю обед для Алексея. Я не умею варить. Вот почему я только жарю омлет. Алексей просит меня включить для него радио. Я иду в комнату, начинаю слушать новости и забываю об обеде. А в кухне горит омлет. Я бегу в кухню. Алексей тоже бежит в кухню и видит, что на полу текут вода и молоко. Мы опять начинаем жарить омлет, и теперь мы жарим его вместе.

После обеда мы едем на автобусе на берег моря. Мы долго сидим на берегу моря и молчим. Как я люблю тёплые вечера у моря!

УРОК 7

Упр. 9.

- (i) Где ещё существуют красивые и добрые женщины?
- (ii) Выражение красоты является душой поэзии.
- (iii) Это и является разницей между мастерством и искусством.
- (iv) Мы пьём кофе с молоком или чай с лимоном, и едим хлеб с маслом и с колбасой.

УРОК 8

Упр. 10.

- (i) Не говори его сестре, что это значит.
- (ii) По сравнению с тобой она современный человек.
- (iii) К началу лета мы хотим быть в Москве.
- (iv) Я не разрешаю ему так говорить со мной.
- (v) Не просите у неё помощи. Она не хочет даже говорить с вами.
- (vi) Этот человек спрашивает, что вам угодно (что вы хотите).
- (vii) Мне кажется, что наш инженер начинает привыкать к жизни в Ленинграде.
- (viii) Редактору всё равно, что пишут о нём на Западе.
- (ix) Что же ей носить, если ей не нравятся лондонские моды?
- (x) Их отец живёт с ними, но он не мешает им веселиться.

    (xi) Что ему́ де́лать о́сенью?

    (xii) Мать сове́тует нам одева́ться прили́чно.

УРО́К 9

Упр. 8.

    (i) Я чита́л(а) кни́гу весь день.

    (ii) Я уже́ прочита́л(а) твоё письмо́.

    (iii) Она́ написа́ла письмо́ сего́дня у́тром.

    (iv) Он о́чень уста́л сего́дня.

    (v) Они́ уже́ всё вы́учили.

    (vi) Она́ ничего́ не е́ла сего́дня.

    (vii) Он закры́л окно́.

    (viii) Они́ устро́или в клу́бе конце́рт.

    (ix) Она́ ча́сто носи́ла ста́рое си́нее (голубо́е) пла́тье.

    (x) Здесь продава́ли грибы́.

    (xi) Что ты де́лал(а) всё ле́то?

    (xii) Он гуля́л по у́лице, когда́ я уви́дел(а) его́.

УРО́К 11

Упр. 7.

    (i) Весно́й мы ча́сто е́здим (хо́дим) в дере́вню.

    (ii) Он идёт в го́род.

    (iii) Он шёл по у́лице, когда́ он уви́дел милиционе́ра.

    (iv) Ле́том мы ча́сто бу́дем ходи́ть (е́здить) в лес.

    (v) Ве́чером мы идём на конце́рт.

    (vi) Ры́бы не хо́дят.

    (vii) В де́вять часо́в она́ шла в шко́лу.

    (viii) В четы́ре часа́ мы бу́дем идти́ по доро́ге.

    (ix) Спортсме́ны хо́дят бы́стро.

    (x) По́сле уро́ка мы всегда́ шли в клуб и слу́шали там ра́дио.

    (xi) Ты шёл (шла) к це́нтру, когда́ я уви́дел(а) тебя́ из окна́ авто́буса.

    (xii) Де́ти не лю́бят ходи́ть ме́дленно.

    (xiii) По́сле уро́ка я всегда́ бу́ду идти́ домо́й с Та́ней.

    (xiv) В шко́лу они́ всегда́ бу́дут идти́ че́рез Ботани́ческий сад.

УРОК 13

Упр. 4.

(i) Что случилось? Почему ты вдруг уезжаешь в Ленинград?

(ii) Я нашёл (нашла) там работу и хочу переехать туда до конца года.

(iii) Когда ты выедешь за город (из города), посмотри в окно и ты увидишь, что ты проезжаешь мимо деревни, где мы жили летом.

(iv) Когда автомобиль отъехал от дома, Николай вспомнил, что он забыл билеты.

(v) Мы решили заехать к тёте Лене. Она живёт недалеко от города. Это типичная русская деревня, и мы часто ездим туда летом. Когда мы уезжали из дому, пошёл дождь и стало совсем темно, так что мы должны были ехать медленно. Наконец мы доехали до деревни. Мы подъезжали к дому тёти Лены, когда мы заметили автомобиль. Когда мы остановились, тётя Лена вышла из дома с милиционером, и они уехали вместе на автомобиле.

УРОК 14

Упр. 6.

(i) Завтра я переезжаю во Владимир. Мою мебель перевезут завтра утром.

(ii) Чем это пахнет в кухне? Это соус. Сегодня наш обед состоит из индейки в соусе с гарниром, пудинга и кофе.

(iii) Я вошёл (вошла) в дом и увидел(а) Володю. Он выносил из комнаты моё радио.

(iv) Понравилась ли тебе поездка в Суздаль? Что ты привёз (привезла) оттуда?

(v) Посылка не придёт к его дню рождения. Может быть она придёт до конца недели.

(vi) В магазин вошёл мальчик. Он нёс пальто.

(vii) Где ты был (была)? Я отвозил(а) учительницу (учителя) в школу на автомобиле.

(viii) Где Соня? Я отвёз (отвезла) её на вокзал (станцию), и она поехала на день к Тане.

УРОК 15

Упр. 10.

   (i) Мы подъезжаем к турецкой границе.

  (ii) Он прячется за последним большим деревом.

 (iii) Карта висит над большой картиной зимнего вечера.

 (iv) На Кавказе нас часто угощали сладким виноградным соком.

  (v) Он прилетит в Минск на понедельник и вторник.

 (vi) Я буду работать всю среду и весь четверг, потому что в пятницу я лечу на три недели на Украину.

(vii) Первую неделю я буду жить в большой гостинице в Киеве, но на вторую неделю я собираюсь поехать (полететь) на Чёрное море, а оттуда на южный Кавказ.

(viii) Мой гид посоветовал мне посетить Кавказ и познакомиться с типичной жизнью, с местной историей и с национальной культурой южного Кавказа.

 (ix) Я давно хотел(а) прервать деловую поездку, освободиться на неделю от бесконечной официальной деятельности, и подышать свежим горным воздухом.

  (x) Как я буду радоваться каждой утренней прогулке, каждому тёплому дню, всей южной красоте Армении, — без работы и без моего строгого гида! С каким сожалением я буду смотреть на красивые горные хребты в последний вечер в армянской столице, и знать, что завтра я должен (должна) буду возвратиться в Москву.

УРОК 16

Упр. 7.

Что касается некоторых вещей, — качественных магазинов, ресторанов, последних мод и красивых новых зданий, — то Советский Союз всё ещё отстаёт от многих других стран. Даже в Москве, где есть много многоэтажных жилых домов, большинство новых улиц и площадей неинтересны(е). Там есть достаточно дешёвых и практичных зданий, но они не интересуют ни иностранцев, ни советских туристов.

Но строительство красивых городов требует не только умных идей и бесконечных усилий, а также и больших средств. Сначала эти средства пошли на разные учебные заведения. После революции нужно (надо) было научить грамоте и молодых и старых. Из безграмотных крестьян нужно было сделать рабочих; из рабочих нужно было сделать учёных.

Даже после войны, после смерти Сталина, не было необходимых средств для искусства, для музеев и галерей. Нужно было решить много социальных и экономических проблем. Только тогда мог народ требовать красивых зданий для своих городов и деревень.

УРОК 17

Упр. 7.

   (i) Там не будет никого, кроме моих братьев.

  (ii) Рано или поздно дети являются источником радости для родителей.

 (iii) После зимних каникул мой брат поступит в институт.

 (iv) Кто-то пришёл к тебе. Он хочет рассказать тебе что-то.

  (v) Соня всегда чем-то недовольна.

 (vi) У моего знакомого пять сыновей.

(vii) Не пой(те) этих громких современных песен!
(viii) Мне совсем не нравится цвет её волос.
 (ix) Сколько раз я тебе говорил(а), что полезно иметь хороших друзей и соседей!
  (x) Если кто-нибудь придёт, не покупай(те) ничего.

УРОК 18

Упр. 8.

  (i) Я не советую вам покупать детям эти дешёвые железные игрушки.
 (ii) Не стоит тратить деньги на лотерейные билеты; вы не выиграете никаких автомобилей.
(iii) Даже если ты выиграешь автомобиль, ты не сможешь поехать на нём в Сибирь.
 (iv) Весной на некоторых дорогах делается Бог знает что; они превращаются в настоящие болота.
  (v) Как раз перед войной он потерял все зубы, и ему было очень трудно научиться есть без зубов.
 (vi) Ему часто приходится прибегать к разным хитростям, но ему обычно удаётся избежать (своих) коллег и провести вечер с милыми и интересными людьми.
(vii) В древние времена люди молились многим разным богам, а иногда даже чёрту, но теперь большинство советских людей вообще никому не молится.
(viii) Внук сидит у бабушки на коленях и слушает сказки о древних временах.

УРОК 19

Упр. 11.

  (i) Есть ли в Сибири всё ещё настоящие медведи?
 (ii) Сколько градусов мороза было у вас в декабре?
(iii) В тот день он прибежал сказать мне, что у него — сын.

(iv) Я давно́ на́чал(а́) скуча́ть по до́му. Я умира́ю от ску́ки здесь!

(v) Пожа́луйста, сбе́гай и вы́зови врача́ для на́шего пожило́го сосе́да, потому́ что он вчера́ простуди́лся. Он ка́шлял и стона́л всю ночь. Осторо́жно, не зарази́сь от него́!

(vi) У тебя́ норма́льная температу́ра. Ты совсе́м не бо́лен.

(vii) Я угощу́ тебя́ кре́пким вино́м. Пожа́луйста, оста́вь немно́жко во́дки для Воло́ди. Ты зна́ешь, что он лю́бит вы́пить рю́мочку во́дки пе́ред сном.

(viii) Не беспоко́йся, я куплю́ ещё одну́ буты́лку по доро́ге домо́й.

(ix) Я избега́ю пить во́дку с той но́чи, когда́ я вы́пил немно́жко по́сле каки́х-то табле́ток, и моему́ това́рищу пришло́сь вызыва́ть (вы́звать) ско́рую по́мощь. Дава́й лу́чше вы́пьем рю́мку вина́ за здоро́вье (на́шего) сосе́да.

УРО́К 20

Упр. 6.

(i) Она́ ста́ла рабо́тать ме́ньше, чем она́ должна́ была́, и ещё глу́бже погрузи́лась в свои́ душе́вные пережива́ния. Её тоска́ начала́ беспоко́ить его́, и он стал относи́ться к ней серьёзнее и бо́лее чу́тко.

(ii) Ро́дина мне доро́же всего́ в ми́ре. Там поля́ зелене́е и во́здух чи́ще. На́ши цветы́ краси́вее, на́ше вино́ кре́пче, и на́ши де́вушки веселе́е и прекра́снее всех други́х.

(iii) По-мо́ему Толсто́й опи́сывает люде́й лу́чше, чем Достое́вский.

(iv) Мо́жет быть мой знако́мые не ху́же его́ геро́ев, но в большинстве́ слу́чаев они́ да́же не пыта́ются быть бо́лее до́брыми и́ли внима́тельными к лю́дям, и они́ не стыдя́тся свои́х сла́бостей.

(v) Я признаю́сь, что мастерство́ на́ших молоды́х

писа́телей ещё не о́чень высоко́, но зато́ они́ создаю́т но́вую истори́ческую литерату́ру. Они́ бо́льше интересу́ются исто́рией Револю́ции, чем исто́рией иску́сства.

(vi) Чем про́ще сло́во, тем оно́ бо́лее есте́ственно (есте́ственнее), и чем оно́ поня́тнее, тем ясне́е оно́ вы́разит мысль а́втора.

УРО́К 21

Упр. 4.

   (i) Он живёт в са́мой ста́рой ча́сти го́рода.

  (ii) Мать Воло́ди на пять лет моло́же (мла́дше) его́ отца́.

 (iii) Они́ возвраща́ются домо́й с ещё бо́лее ужа́сными иде́ями.

 (iv) В гастроно́ме нет сего́дня бо́лее кре́пких вин.

  (v) Со́ня призна́лась в э́том свои́м бо́лее понима́ющим (чу́тким) друзья́м.

 (vi) Они́ бы́ли умне́е её и смотре́ли на жизнь бо́лее реалисти́чески.

 (vii) Са́мых ма́леньких дете́й о́чень тру́дно корми́ть ло́жкой.

(viii) Иногда́ мне ка́жется, что са́мые гря́зные и са́мые глу́пые де́ти — на́ши, что во всём ми́ре не мо́жет быть бо́лее гря́зных и бо́лее глу́пых дете́й (дете́й грязне́е и глупе́е на́ших).

 (ix) Он бо́лее и́ли ме́нее изве́стен среди́ моско́вской молодёжи.

  (x) В го́ды его́ ю́ности жизнь была́ бо́лее сло́жной и ме́нее норма́льной, но зато́ она́ была́ бо́лее увлека́тельной.

УРО́К 22

Упр. 9.

 (i) Я не ви́дел(а) письма́, полу́ченного тобо́й вчера́.

(ii) Ма́льчик обра́довался (or Imperf.) на́йденным на у́лице деньга́м.

(iii) Я не люблю бормочущих гидов. Они все должны говорить громко и ясно.

(iv) Автомобиль, выигранный соседом в лотерею, оказался гораздо лучше нашего.

(v) Соне, привыкшей ко всем возможным домашним удобствам, нелегко было жить в маленькой деревне с плохо понимающими её крестьянами. После года, проведённого в этом скучном районе, она решила отвезти детей к очень соскучившемуся по ним отцу. Для них нашли места на вертолёте, летящем в город в субботу.

(vi) Заведующего этим отделением, отличившегося хорошей работой и считающегося типичным представителем нашей молодёжи, посылают на месяц в Москву.

(vii) Входящие и выходящие из здания студенты останавливались перед открытыми дверями. Одни рассказывали о проведённых на юге каникулах, другие о своих планах на будущее.

(viii) Роман, начатый летом, он кончил через восемь месяцев. В нём было много психологических и философских идей, развитых автором с привычным для него мастерством; но нас больше интересовали социальные идеи, взятые из жизни высшего света.

УРОК 23

Упр. 5.

(i) Кончив работу, крестьяне отдыхали в тени деревьев.

(ii) Подходя к школе, я заметил, что мальчики махали шапками.

(iii) Медленно, но не останавливаясь, автобус двигался по неровной дороге.

(iv) Когда я пытался (пыталась) понять четвёртую главу учебника, кто-то на дворе починял автомобиль, а в столовой играл проигрыватель.

(v) Сняв пиджа́к и брю́ки, он собира́ется ложи́ться спать.

(vi) Слу́шая му́зыку, я ду́мал(а) о си́нем мо́ре, о ло́дке и о пе́рвом уро́ке в на́шей кни́ге.

(vii) Поступи́в в институ́т, я начну́ изуча́ть зооло́гию.

(viii) Прие́хав в Су́здаль, Джон в пе́рвый раз уви́дел настоя́щую ру́сскую зи́му.

(ix) Вы́пив ко́фе, Воло́дя встал и включи́л ра́дио.

(x) Разрабо́тав контра́кт с замести́телем мини́стра в Ки́еве, Пи́тер Но́ррис полете́л в Ерева́н. С тех пор он посети́л мно́го сове́тских городо́в, и ско́ро он вернётся (возврати́тся) домо́й.

УРО́К 24

Упр. 5.

Я рад, что я име́ю возмо́жность сказа́ть, что по мне́нию всей на́шей гру́ппы, то́лько что подпи́санный на́ми контра́кт (контра́кт, кото́рый мы то́лько что подписа́ли), не то́лько принесёт по́льзу на́шей фи́рме и ва́шей организа́ции, но та́кже помо́жет созда́ть хоро́шие усло́вия для разви́тия ми́рных отноше́ний ме́жду на́шими стра́нами. Благодаря́ междунаро́дной торго́вле, ме́жду людьми́ на За́паде и в социалисти́ческих стра́нах уже́ существу́ют поле́зные свя́зи (конта́кты), но быть мо́жет ли́чные конта́кты важне́е комме́рческих.

У нас тепе́рь мно́го друзе́й в Сове́тском Сою́зе, и мы лу́чше понима́ем мне́ния и чу́вства сове́тских люде́й. Мы мно́го уви́дели в Сове́тском Сою́зе. Мы то́лько жале́ем, что у нас не́ было вре́мени посети́ть не́которые из ва́ших интере́сных ста́рых городо́в, музе́ев и галере́й, о кото́рых мы так мно́го слы́шали. Но мы обяза́тельно прие́дем в Сове́тский Сою́з ещё раз, и, коне́чно, мы наде́емся, что когда́-нибудь вы прие́дете к нам (в на́шу стра́ну) и посмо́трите на́ши фа́брики.

Наш визи́т был уда́чным и о́чень прия́тным. За э́то мы осо́бенно должны́ поблагодари́ть ва́шего дире́ктора и, конечно, нашего переводчика (нашу переводчицу).

А теперь я попрошу мойх коллег встать и поднять рюмки. Алексей Петрович, дорогие товарищи, мы пьём за ваше здоровье.

УРОК 25

Упр. 5.

 (i) Поставь стул к окну и посади её на него.

 (ii) Пусть они немного подождут. Они пришли слишком рано, и мы всё ещё успеем на поезд, даже если мы выедем из дому после часа.

 (iii) Она вынула всё из корзинки, поставила банку молока и бутылку водки на первую полку, а рыбу положила на вторую.

 (iv) Сегодня девятое мая; завтра будет десятое.

 (v) Норрис приехал в Советский Союз в июне, а (и) уехал пятнадцатого июля.

 (vi) Когда Ленин прибыл в Россию, Николай (Второй) уже не был царём.

 (vii) Ленин часто обсуждал эти проблемы с Калининым и со Сталиным.

 (viii) Эта деревня находится между Москвой и Калинином.

 (ix) От Ивановых я сначала пошёл (пошла) к Захаровым, а потом к Козиным.

 (x) Между ним и Пушкиными была какая-то связь.

 (xi) В начале войны он был хорошо знаком с Макаровым и с Шаталовой.

УРОК 26

Упр. 5.

 (i) Мы решили провести день в лесу. Мы собирались ловить рыбу в речке и собирать грибы и ягоды, но мы ничего не собрали. Вместо этого мы весь день купались, (и) лежали на берегу и загорали (загорая).

(ii) Для детей лето — самое лучшее время года, но зима не полезна ни для кого. Владимир Михайлович ненавидит зиму, потому что тогда ему не с кем играть в шахматы на бульваре. Он никогда ни с кем не играет в шахматы зимой.

(iii) Во время войны он не служил ни на каком фронте, а после тысяча девятьсот сорок пятого года он ничего не писал ни для каких газет и журналов, хотя он в то время был журналистом. Он ни на каких фабриках не старался найти работу и не пытался поступить ни в какой институт. Он ничем не интересуется. Он не интересуется даже мной. Я не знаю, почему я вышла за него замуж.

УРОК 27

Упр. 9.

(i) Мы обсуждаем систему высшего образования в СССР, а (и) также проблемы в низших классах наших школ.

(ii) Её лицо выражало глубочайшее отчаяние.

(iii) Горький указывал на то, что из всех форм искусства наиболее сильно влияет на людей драма.

(iv) Кого вы считаете наиболее важным из современных советских поэтов?

(v) Жизнь в Сибири может быть довольно скучной и климат там суровый, но близок день, когда даже там жить будет приятно и легко.

(vi) Посылка была отправлена, письмо (было) написано и теперь она могла сидеть два часа с интереснейшей книгой.

(vii) Недавно купленный за границей костюм оказался слишком мал для неё.

(viii) Павлов говорил, что наука требует от человека всей его жизни, и даже если бы у нас было две жизни, то и их не хватило бы.

(ix) Éсли бы у нас хвати́ло вре́мени, мы бы нашли́ все три то́ма.

(x) Éсли бы ты мог(ла́) обойти́сь без него́, я хоте́л(а) бы взять твой слова́рь на три дня.

(xi) Вам сле́довало бы с ним познако́миться.

(xii) Чтоб всё бы́ло для них пригото́влено!

(xiii) Чтоб я никогда́ бо́льше ничего́ тако́го не ви́дел(а) и не слы́шал(а)!

(xiv) Ле́том она́ люби́ла, что́бы де́ти встава́ли ра́но.

УРÓК 28

Упр. 5.

(i) Два ма́леньких теплохо́да ме́дленно дви́гались по реке́. Я бы сказа́л(а), что на них е́хало по кра́йней ме́ре три́ста челове́к.

(ii) Мы пое́дем домо́й в четве́рг. Мы ещё не реши́ли, е́хать ли нам по́ездом и́ли лете́ть на самолёте. Пое́здка занима́ет три дня, е́сли ты е́дешь по́ездом, и э́то бы́ло бы скучнова́то, но (моя́) жена́ была́ больна́ и бои́тся лете́ть.

(iii) Я уста́л(а). Я про́сто не в состоя́нии (не могу́) сиде́ть до полу́ночи и́ли до трёх часо́в но́чи (утра́), филосо́фствуя (и филосо́фствовать) с твои́ми ру́сскими друзья́ми.

(iv) Ка́ждый год со́тни тури́стов посеща́ют Сове́тский Сою́з. Они́ осма́тривают деся́тки музе́ев, галере́й и собо́ров, но что они́ зна́ют о сове́тской действи́тельности?!

(v) Их гру́ппа состоя́ла из трёх не́мцев, шести́ япо́нцев и пятна́дцати америка́нцев. Они́ купи́ли пять ру́сских фотоаппара́тов, во́семь отли́чных магнитофо́нов и пятьдеся́т авторучек. Всё бы́ло о́чень хоро́шего ка́чества.

(vi) Сам компози́тор бу́дет прису́тствовать на всех шести́ симфони́ческих конце́ртах.

ENGLISH—RUSSIAN VOCABULARY

(Words required in the main English—Russian translation
exercises. N.B. Only the Imperfective aspect of verbs is given.)

A

about *pr.* о

abroad *adv.* за границей; за
границу

absorbing *adj.* увлекательный

acquaint *v.t.* знакомить
 to get/become ~ed знако-
 миться
 to be ~ed with быть знако-
 мым с
 acquaintance *n.* знакомый

across *pr.* через

activity *n.* деятельность

admit *v.t.* признаваться

advise *v.t.* советовать

after *pr.* после

again *adv.* снова, ещё раз

ago *adv.* тому назад
 long ~ давно

aim *n.* цель

air *n.* воздух

all *pro.* всё
 adj. весь
 at ~ совсем

along *pr.* по

already *adv.* уже

also *adv.* тоже, также

although *conj.* хотя

always *adv.* всегда

ambulance *n.* машина скорой
 помощи, скорая помощь

American *n.* американец,
 американка
 adj. американский

among, amongst *pr.* среди

ancient *adj.* древний

and *conj.* и; а

another *adj.* & *pro.* другой,
 ещё один

any *adj.* какой-нибудь

anybody, anyone *pro.* кто-нибудь

anything *pro.* что-нибудь

approach *v.t.* подходить к,
 подъезжать к

area *n.* район

Armenia *n.* Армения

Armenian *adj.* армянский

arrange *v.t.* устрáивать

arrive *v.i.* приходúть, приез-
жáть, прибывáть

art *n.* искýсство

as *conj.* так как
adv. так

ashamed to feel/to be ~ of
стыдúться (*gen.*)

ask *v.* спрáшивать; просúть

at *pr.* в, на

attempt *v.i.* пытáться

attentive *adj.* внимáтельный

aunt *n.* тётя

author *n.* áвтор; писáтель

autumn *n.* óсень

avoid *v.t.* избегáть (*gen.*)

B

bank *n.* бéрег

basket *n.* корзúнка

bathe *v.i.* купáться

be *v.i.* быть; *imper.* будь(те)

bear *n.* медвéдь

beautiful *adj.* красúвый

beauty *n.* красотá

because *conj.* потомý что

become *v.i.* становúться

bed *n.* кровáть, постéль
to go to ~ идтú/ложúться
спать

bedroom *n.* спáльня

before *pr.* до; пéред
conj. прéжде чем

begin *v.t. & i.* начинáть(ся)

beginning *n.* начáло

behind *pr.* за

benefit *v.t.* приносúть пóльзу
+ *dat.*

berry *n.* ягода, ягодка

best *adj.* лýчший, сáмый
лýчший

better *adj.* лýчший

between *pr.* мéжду

big *adj.* большóй, крýпный

birthday *n.* день рождéния

bit *n.* кусóчек, кусóк
a ~ немнóго; немнóжко

black *adj.* чёрный

block *n.*
~ of flats жилóй дом

blue *adj.* сúний, голубóй

boat *n.* лóдка

bog *n.* болóто

book *n.* кнúга

border *n.* гранúца

boredom *n.* скýка

boring *adj.* скýчный, неинте-
рéсный

botanical *adj.* ботанúческий

both *adv.*
... and ... и... и ...

bottle *n.* бутýлка

boy *n.* мáльчик

bread *n.* хлеб

breathe *v. i.* дышáть

bring *v.t.* привозúть, приносúть

brother *n.* брат

building *n.* здáние, строú-
тельство

burn *v.i.* горéть

bus *n.* автóбус

business *n.* дéло
adj. деловóй

but *conj.* но, а
pr. крóме

butter *n.* ма́сло
buy *v. t.* покупа́ть

by *pr.* у, ря́дом с (*place*)
к (*time*)

C

call *v. t.* звать, вызыва́ть
  n. to pay a ~ on заходи́ть к,
  заезжа́ть к, посеща́ть
camera *n.* фотоаппара́т
can *n.* ба́нка
can *v.* мочь
cap *n.* ша́пка
capital *n.* столи́ца
car *n.* маши́на, автомоби́ль
care
  I don't ~ мне всё равно́
careful *adj.* осторо́жный
carry *v.t.* носи́ть, нести́
case *n.* слу́чай
cash-desk *n.* ка́сса
cashier *n.* касси́р, касси́рша
catch *v.t.* (*illness*) заража́ться
  (*fish*) лови́ть
cathedral *n.* собо́р
Caucasus *n.* Кавка́з
ceaseless *adj.* беспреста́нный,
  бесконе́чный
centre *n.* центр
certainly *adv.* несомне́нно,
  обяза́тельно
chair *n.* стул
chapter *n.* глава́
character *n.* геро́й
charge
  to be in ~ of заве́довать
  (*instr.*)
cheap *adj.* дешёвый
cheerful *adj.* весёлый
cheese *n.* сыр
chess *n.* ша́хматы
child *n.* ребёнок

children *n.* де́ти
city *n.* го́род
class *n.* класс
clean *adj.* чи́стый
clear *adj.* я́сный
clever *adj.* у́мный
climate *n.* кли́мат
club *n.* клуб
coat *n.* пальто́, пиджа́к
cold *adj.* холо́дный
  n. to catch ~ простужа́ться
colleague *n.* сотру́дник, колле́га
collect *v.t.* собира́ть
colour *n.* цвет
come *v. i.* приходи́ть, приез-
  жа́ть
  ~ running прибега́ть
  ~ by air прилета́ть
  ~ out выходи́ть, выезжа́ть
comfort *n.* удо́бство
commercial *adj.* комме́рческий
compare
  ~d with/in comparison with
  по сравне́нию с
complex *adj.*, complicated *adj.*
  сло́жный
composer *n.* компози́тор
condition *n.* усло́вие
connexion *n.* связь
consider *v. t.* счита́ть
consist
  ~ of состоя́ть из
contact *n.* конта́кт
contract *n.* контра́кт
cook *v. t. & i.* гото́вить,
  вари́ть

copeck *n.* копейка
cough *v. i.* кашлять
country *n.* страна, деревня
course *n.* of ~ конечно

craft *n.* мастерство
create *v. t.* создавать
culture *n.* культура

D

dark *adj.* тёмный
 it is ~ темно
day *n.* день; сутки
dear *adj.* дорогой
death *n.* смерть
December *n.* декабрь
decently *adv.* прилично
decide *v. t. & i.* решать
deed *n.* дело
deep *adj.* глубокий
degree *n.* градус
demand *v. t.* требовать (*gen.*)
department *n.* отдел
deputy *n.* заместитель
describe *v. t.* описывать
despair *n.* отчаяние
develop *v. t.* развивать
development *n.* развитие
devil *n.* чёрт
dictionary *n.* словарь
die *v. i.* умирать
difference *n.* разница
different *adj.* разный
difficult *adj.* трудный

dining room *n.* столовая
dinner *n.* обед
director *n.* директор
dirty *adj.* грязный
discuss *v. t.* обсуждать
dissatisfied *adj.* недовольный;
 -лен, -льна
distinguish ~ oneself отличаться
do *v. t.* делать
 what is he to ~? что ему
 делать?
doctor *n.* врач
domestic *adj.* домашний
door *n.* дверь
doubt *n.* сомнение
dozens *use* десятки
drama *n.* драма
dress *n.* платье
drink *v. t.* пить
drive *v. i.* ездить, ехать
 ~ off уезжать
dull *adj.* скучный, скучноватый
during *pr.* во время + *gen.*

E

early *adj.* ранний
 adv. рано
easy *adj.* лёгкий
eat *v. t.* есть
economic *adj.* экономический
editor *n.* редактор

education *n.* образование
 higher ~ высшее образование
educational *adj.* учебный
effort *n.* усилие
eight *num.* восемь

eighteen *num.* восемнадцать
either *conj.* или
   ... or ... или ... или ...
else *adv.* ещё
   adj. другой
emotional *adj.* душевный
end *n.* конец
endless *adj.* бесконечный
engineer *n.* инженер
Englishman *n.* англичанин
Englishwoman *n.* англичанка
enjoyable *adj.* приятный
enough *adv. & pro.* довольно,
   достаточно

enter *v. t.* входить в, въезжать
   в; поступать в
especially *adv.* особенно
even *adv.* даже
evening *n.* вечер
every *adj.* каждый
   ~ other day через день
everything *pro.* всё
excellent *adj.* отличный
exist *v. i.* существовать
expensive *adj.* дорогой
experience *n.* опыт, переживание
express *v. t.* выражать
expression *n.* выражение
extra *adj.* лишний

F

face *n.* лицо
fact *n.* факт
   in ~ на самом деле, действительно
factory *n.* завод, фабрика
fairy-tale *n.* сказка
far *adv.* далеко
fashion *n.* мода
father *n.* отец
feed *v. t.* кормить
feeling *n.* чувство
field *n.* поле
fifteen *num.* пятнадцать
fifteenth *ord. num.* пятнадцатый
fifth *ord. num.* пятый
fifty *num.* пятьдесят
find *v. t.* находить
finish *v. t. & i.* кончать(ся)
firm *n.* фирма
first *adj.* первый
   adv. & at ~ сперва, сначала
fish *n.* рыба
   v. i. ловить рыбу

five *num.* пять
floor *n.* пол
flow *v. i.* течь
flower *n.* цветок; *pl.* цветы
fly *v. i.* летать, лететь
foodstore *n.* гастроном
for *pr.* (*for the sake of*) для
   (*bound for, to a place*) в, на
   (*time*) на
foreigner *n.* иностранец, ино-
   странка
forest *n.* лес
forget *v. t.* забывать
form *n.* форма
forty *num.* сорок
fountain pen *n.* авторучка
four *num.* четыре
free
   to ~ oneself освобождаться
Frenchman *n.* француз
Frenchwoman *n.* француженка
fresh *adj.* свежий
Friday *n.* пятница
friend *n.* друг

frightened
  to be ~ бояться
frightful *adj.* страшный
from *pr.* из; от
  ~ there оттуда
front *n.* (military) фронт
  in ~ of перед

frost *n.* мороз
fry *v. t.* жарить
functional *adj.* практичный
furniture *n.* мебель
future *n.* будущее
  adj. будущий

G

gallery *n.* галерея
garden *n.* сад
garnish *n.* гарнир
gay *adj.* весёлый
German *n.* немец, немка
get
  to ~ away уходить, уез-
  жать, освобождаться (от)
  to ~ by without обходиться без
  to ~ up вставать
girl *n.* девушка, девочка
give *v. t.* давать
glad *adj.* довольный; рад
glass *n.* стакан, рюмочка
gloomily *adv.* мрачно

gloomy *adj.* мрачный
go *v. i.* ходить, идти; ездить,
  ехать
God *n.* Бог
golden *adj.* золотой
good *adj.* хороший; добрый
good-bye до свидания
grandchild *n.* внук, внучка
grandmother *n.* бабушка
grape juice виноградный сок
greatly *adv.* очень
green *adj.* зелёный
groan *v. i.* стонать
group *n.* группа
guide *n.* экскурсовод, гид

H

hair *n.* волосы
hammer *n.* молоток
hand *n.* рука
hang *v. i.* висеть
happen *v. i.* случаться, проис-
  ходить
hate *v. t.* ненавидеть
have *v. t.* иметь; у+*gen.*
he *pro.* он
health *n.* здоровье
hear *v. t.* слышать

heaven
  ~ knows Бог знает
heavy *adj.* тяжёлый
Helen *n.* Елена
helicopter *n.* вертолёт
help *v. t.* помогать (*dat.*)
  n. помощь
her *pro.* её *etc.*; свой
  possessive её
here *adv.* здесь
hide *v. t. & i.* прятать(ся),

скрыва́ть(ся)
high *adj.* высо́кий
-quality ка́чественный
him *pro.* его́ (*etc.*)
himself *emphatic* сам
  reflexive себя́
his *pro. & adj.* его́; свой
historical *adj.* истори́ческий
history *n.* исто́рия
home *n.* дом
  to go ~ идти́ домо́й

to leave ~ уходи́ть/уезжа́ть
  из дому
  at ~ до́ма
hope *v. i.* наде́яться
hotel *n.* гости́ница
hour *n.* час
house *n.* дом
how *adv. & exclamatory* как
  ~ much ско́лько
hundred *n.* со́тня
  num. сто

I

I *pro.* я
idea *n.* иде́я
ideal *n.* идеа́л
if *conj.* е́сли
  interrogative ли
ill *adj.* больно́й; -лен, -льна́
illiterate *adj.* безгра́мотный
important *adj.* ва́жный
in *pr.* в, на
influence *n.* влия́ние
instead *pr.* вме́сто
  adv. вме́сто э́того
institute *n.* институ́т
institution *n.* заведе́ние

intend *v. i.* собира́ться
interest *v. t.* интересова́ть
  to be ~ed in интересова́ться
  (*inst.*)
interesting *adj.* интере́сный
international *adj.* междунаро́д-
  ный
interpreter *n.* перево́дчик,
  перево́дчица
interrupt *v. t.* прерыва́ть
into *pr.* в
iron *adj.* желе́зный
it *pro.* он, она́, оно́

J

jacket *n.* пиджа́к
Japanese *n.* япо́нец, япо́нка
journal *n.* журна́л
journalist *n.* журнали́ст
journey *n.* пое́здка
joy *n.* ра́дость

juice *n.* сок
July *n.* ию́ль
June *n.* ию́нь
just *adv.* то́лько; то́лько что
  ~ before как раз пе́ред

К

Kalinin *n.* Калинин

Kiev *n.* Киев

kind *adj.* добрый

kitchen *n.* кухня

knee *n.* колено

know *v. t.* знать

known *adj.* известный

L

lag

  ~ behind отставать от

last *adj.* последний

  at ~ наконец

later *adv.* позже, позднее

  a week ~ неделю спустя; через неделю

latest *adj.* последний, позднейший

learn *v. t.* учить, учиться (*dat.*)

least

  at ~ по крайней мере

leave *v. t.* оставлять; уходить из/от, уезжать из/от; выезжать из

lemon *n.* лимон

Leningrad *n.* Ленинград

less *adv.* меньше, менее

lesson *n.* урок

letter *n.* письмо

life *n.* жизнь

like

  ~ that так

like *v. t.* любить, нравиться

  do you ~ it? вам нравится это?

listen *v. t.* слушать

literature *n.* литература

little *adj.* маленький

  a ~ немного, немножко

live *v. i.* жить

local *adj.* местный

London *n.* Лондон

  adj. лондонский

long *adj.* длинный; долгий

  for a ~ time долго

  no ~er больше не(т)

look *v. i.* смотреть

  to ~ round осматривать

  to have a ~ at посмотреть (на)

lose *v. t.* терять

lot

  a ~ of много

lottery *adj.* лотерейный

loudly *adv.* громко

love *v.t.* любить

lovely *adj.* прекрасный

lower *adj.* низший

M

majority *n.* большинство

make *v. t.* делать

man *n.* человек, мужчина

manage *v. i.* успевать

  he ~s to ... ему удаётся ...

many *adj. & pro.* много, многие, how ~ сколько

map *n.* карта

marble *n.* мра́мор

marry *v. t.* выходи́ть за́муж за; жени́ться на

mastery *n* мастерство́

match *n.* матч

May *n.* май

me *pro.* меня́ *etc.*

mean *v. t.* зна́чить

measure *n.* ме́ра

meet *v. t.* встреча́ть, встреча́ться с

mend *v. t.* чини́ть, починя́ть

middle-aged *adj.* пожило́й

midnight *n.* по́лночь

milk *n.* молоко́

minister *n.* мини́стр

Minsk *n.* Минск

miss *v. t.* скуча́ть по

modern *adj.* совреме́нный

Monday *n.* понеде́льник

money *n.* де́ньги

more *adv.* бо́льше, бо́лее

~ or less бо́лее или ме́нее

morning *n.* у́тро

adj. у́тренний

this ~ сего́дня у́тром

morrow

on the ~ за́втра

Moscow *n.* Москва́

adj. моско́вский

most *n.* большинство́

mother *n.* мать

motor vessel *n.* теплохо́д

mountain *n.* гора́

adj. го́рный

move *v. t. & i.* дви́гать(ся)

v. i. (*house*) переезжа́ть

multi-storey *adj.* многоэта́жный

mumble *v. i.* бормота́ть

museum *n.* музе́й

mushroom *n.* гриб

music *n.* му́зыка

musician *n.* музыка́нт

must *v.* до́лжен

my *adj. & possessive pro.* мой

N

national *adj.* национа́льный

native land ро́дина

natural *adj.* есте́ственный

near *adj.* бли́зкий, -зок, -зка́

adv. бли́зко

necessary *adj.* ну́жный, необходи́мый

it was ~ to ... пришло́сь; ну́жно/на́до бы́ло ...

neighbour *n.* сосе́д

neither *adv.* ни

... nor ... ни ... ни ...

never *adv.* никогда́

nevertheless *adv.* тем не ме́нее

new *adj.* но́вый

news *n.* но́вости

newspaper *n.* газе́та

Nicholas *n.* Никола́й

night *n.* ночь

nine *num.* де́вять

nine hundred *num.* девятьсо́т

ninth *ord. num.* девя́тый

no *particle* нет

adj. никако́й

~ longer бо́льше не(т)

nobody *pro.* никто́

noisy *adj.* гро́мкий; шу́мный

normal *adj.* норма́льный

not *adv.* не

nothing *pro.* ничто́, ничего́

notice *v. t.* замечать

novel *n.* роман

now *adv.* теперь, сейчас

nowhere *adv.* нигде, никуда

O

obviously *adv.* очевидно

o'clock ... часа, часов

  one ~ час

  four ~ четыре часа

  nine ~ девять часов

official *adj.* официальный

often *adv.* часто

old *adj.* старый

omelette *n.* омлет

on *pr.* на; в

  ~ Sunday в воскресенье

once *adv.* однажды; раз

one *num.* один

only *adv.* только

open *adj.* открытый

opinion *n.* мнение

  in my ~ по-моему

opportunity *n.* возможность

or *conj.* или

orchestra *n.* оркестр

organization *n.* организация

other *adj.* другой

ought *v.* следовать

  you ~ to ... вам следовало бы ...

our *adj.* наш

  ours *possessive pro.* наш

out

  ~ of из

outside *adv.* на дворе

over *pr.* над

P

parcel *n.* посылка

parents *n.* родители

pass *v. t.* проходить мимо, проезжать мимо

past *pr.* мимо

pay *v. i.* платить

  ~ attention обращать внимание

peaceful *adj.* мирный

peasant *n.* крестьянин, крестьянка

people *n.* люди

  the ~ народ

per *pr.* в

perhaps *adv.* может быть

permit *v. t.* разрешать

person *n.* человек, лицо

personal *adj.* личный

philosophical *adj.* философский

philosophize *v. i.* философствовать

picture *n.* картина

place *n.* место

plan *n.* план

plane *n.* самолёт

play *v. i.* играть

  to ~ chess играть в шахматы

  to ~ the piano играть на пианино

pleasant *adj.* приятный; милый

  it is ~ приятно

please пожа́луйста
   v. t. нра́виться
   to be ~ed with быть дово́ль-
ным (*inst.*); ра́доваться (*dat.*)
plenty *n.* & *adv.* дово́льно,
   доста́точно
plunge *v. i.* погружа́ться
poet *n.* поэ́т
poetry *n.* поэ́зия
policeman *n.* милиционе́р
possible *adj.* возмо́жный
   all-~ всевозмо́жный
post office *n.* по́чта

pray *v. i.* моли́ться
prepare *v. t.* гото́вить
present
   to be ~ присутствовать
prevent *v. t.* меша́ть (*dat.*)
price *n.* цена́
problem *n.* пробле́ма
prove *v. i.* ока́зываться
psychological *adj.* психологи́-
   ческий
pudding *n.* пу́динг
put *v.t.* класть, сажа́ть, ста́-
   вить

Q

quality *n.* ка́чество
queue *n.* о́чередь

quickly *adv.* бы́стро
quite *adv.* дово́льно, совсе́м

R

radio *n.* ра́дио
rain *n.* дождь
raise *v. t.* поднима́ть
range *n.* (of mountains) хребе́т
rather *adv.* дово́льно, лу́чше
reach *v. t.* доходи́ть до, доез-
   жа́ть до
read *v. t.* & *i.* чита́ть
reading and writing гра́мота
real *adj.* настоя́щий
realistic *adj.* реалисти́ческий
realistically *adv.* реалисти́чески
reality *n.* действи́тельность
realize *v.t.* понима́ть, вспоми-
   на́ть
receive *v.t.* получа́ть
recently *adv.* неда́вно
record *n.* пласти́нка
record-player *n.* прои́грыватель

regard
   as ~ s ... что каса́ется ...
regret *n.* сожале́ние
   v. i. жале́ть
rejoice *v.i.* ра́доваться (*at=dat.*)
relation *n.* отноше́ние
remove *v.t.* уноси́ть, увози́ть;
   перевози́ть
representative *n.* представи́-
   тель
resort *v.i.*
   ~ to прибега́ть к
resources *n.pl.* сре́дства
rest *v.i.* отдыха́ть
restaurant *n.* рестора́н
return *v.i.* возвраща́ться
revolution *n.* револю́ция
rise *v.i.* встава́ть
river *n.* река́, ре́чка

road *n.* дорога, путь
room *n.* комната
rouble *n.* рубль

run *v.i.* бегать, бежать; течь
Russia *n.* Россия
Russian *n. & adj.* русский

S

Saturday *n.* суббота
sauce *n.* соус
sausage *n.* колбаса
say *v.t.* говорить
scholarship *n.* наука
school *n.* школа
scientist *n.* учёный
sea *n.* море
season *n.* время (года)
second *ord. num.* второй
see *v.t.* видеть
seem *v.i.* казаться
sell *v.t.* продавать
send *v.t.* посылать
sensitive *adj.* чувствительный;
  чуткий
sensitively *adv.* чутко
serious *adj.* серьёзный
serve *v.t. & i.* служить (*dat.*)
set *v.t.* класть, сажать,
  ставить
  ~ off отправляться
seventeen *num.* семнадцать
severe *adj.* суровый
shade *n.* тень
she *pro.* она
shelf *n.* полка
shop *n.* магазин
shore *n.* берег
short *adj.* короткий
should *v.* должен; следовать
show *v.t.* показывать
shut *v.t.* закрывать
Siberia *n.* Сибирь
sign *v.t* подписывать

silent
  to be ~ молчать
simple *adj.* простой
simply *adv.* просто
since *pr.* с
  ~ then с тех пор
sing *v.t. & i.* петь
sister *n.* сестра
sit *v i.* сидеть
  v.t. сажать
situate
  to be ~d находиться
six *num.* шесть
sixteen *num.* шестнадцать
skill *n.* мастерство
sleep *v.i.* спать; *n.* сон
slip
  ~ out сбегать
slowly *adv.* медленно
small *adj.* небольшой, маленький, мал
smell *v.i.* пахнуть
  what's smelling? чем пахнет?
so так
  ~ that так что
  (*in order that*) чтобы
social *adj.* социальный
socialist *adj.* социалистический
society *n.* общество
softly *adv.* тихо
solve *v.t.* решать, разрешать
some *adj.* некоторый
  (or other) какой-нибудь,
  какой-то

~ time когда-нибудь
somebody, someone *pro* кто-нибудь, кто-то
something *pro.* что-нибудь, что-то
sometimes *adv.* иногда
someway *adv.* как-нибудь, как-то
son *n.* сын
song *n.* песня
soon *adv.* скоро
   sooner or later рано или поздно
soul *n.* душа
source *n.* источник
south *n.* юг
southern *adj.* южный
Soviet *adj.* советский
   ~ Union Советский Союз
speak *v.i.* говорить
spend *v.t.* (*money*) тратить; (*time*) проводить
splendid *adj.* прекрасный
spoon *n.* ложка
sportsman *n.* спортсмен
spring *n.* весна
square *n.* площадь
stadium *n.* стадион
stand *v.i.* стоять

start *v.t. & i.* начинать(ся)
station *n.* вокзал, станция
still *adv.* (всё) ещё
stone *n.* камень
stop *v.t. & i.* останавливать(ся)
strange *adj.* странный
street *n.* улица
strength *n.* сила
strict *adj.* строгий
stroll *v.i.* гулять
strong *adj.* сильный; крепкий
student *n.* студент, студентка
study *v.t.* изучать; учиться (*dat.*)
stupid *adj.* глупый
successful *adj.* удачный
such *adj.* такой
suddenly *adv.* вдруг
sufficient *adj.* достаточный
suit *n.* костюм
summer *n.* лето
   adj. летний
sunbathe *v.i.* загорать
Suzdal' *n.* Суздаль
sweet *adj.* сладкий
switch on включать
symphony concert симфонический концерт
system *n.* система

T

take *v.t.* брать
   (time) занимать
   ~ off снимать
   ~ out вынимать
talk *v.i.* говорить
tape recorder *n.* магнитофон
tea *n.* чай
teach *v.t.* учить
teacher *n.* учитель, учительница

teaspoon *n.* (чайная) ложка, ложечка
tell *v.t.* говорить
temperature *n.* температура
tenth *ord. num.* десятый
than чем
thank *v.t.* благодарить
   ~s to благодаря
that *adj. & pro.* тот; то, что; что

~ 's why вот почему́
the... the ... чем... тем ...
their *adj.* их, свой
   theirs *adj. & pro.* их; свой
them *pro.* их; *etc.*
then *adv.* тогда́; пото́м; зате́м
there *adv.* там; туда́
   from ~ отту́да
they *pro.* они́
thing *n.* вещь
think *v.i.* ду́мать
thirty *num.* три́дцать
this *adj. & pro.* э́тот; э́то
   ~ morning сего́дня у́тром
thought *n.* мысль
thousand *num. & n.* ты́сяча
three *num.* три
three hundred *num.* три́ста
Thursday *n.* четве́рг
ticket *n.* биле́т
till *pr.* до
time *n.* вре́мя; раз
   to be in ~ for успева́ть на
   + *acc*, to have a good ~ весе-
   ли́ться; прия́тно проводи́ть
   вре́мя
   some ~ когда́-нибудь
   at that ~ в то вре́мя
   for a long ~ до́лго; давно́
   for the first ~ в пе́рвый раз
   in 3 hours ~ че́рез три часа́
tired *adj.* уста́лый
   to get ~ устава́ть

to *pro.* в, на, к
today *adv.* сего́дня
together *adv.* вме́сте
tomorrow *adv.* за́втра
too *adv.* сли́шком
tooth *n.* зуб
tourist *n.* тури́ст, тури́стка
towards *pr.* к
town *n.* го́род
toy *n.* игру́шка
trade *n.* торго́вля
train *n.* по́езд
travel *v.i.* путеше́ствовать,
   е́здить
treat *v.t.* относи́ться к, уго-
   ща́ть
tree *n.* де́рево
trick *n.* хи́трость
trip *n.* пое́здка
trousers *n.pl.* брю́ки
try *v.i.* стара́ться, пыта́ться
tsar *n.* царь
Tuesday *n.* вто́рник
turkey *n.* (*as dish*) инде́йка
Turkish *adj.* туре́цкий
turn
   ~ into превраща́ться в
   ~ out to be ока́зываться
twenty *num.* два́дцать
two *num.* два, две
typical *adj.* типи́чный

U

Ukraine *n.* Украи́на
Ukrainian *adj.* украи́нский
understand *v.t* понима́ть
understandable *adj.* поня́тный
understanding *adj.* чу́ткий,
   понима́ющий

uneven *adj.* неро́вный
union *n.* сою́з
uninteresting *adj.* неинтере́с-
   ный
university *n.* университе́т
us *pro.* нас

used
    to get/become ~ to привы-
    ка́ть к
useful *adj.* поле́зный
USSR CCCP (Сою́з Сове́тских

Социалисти́ческих   Респу́б-
    лик)
usual *adj.* обы́чный
usually *adv.* обы́чно

V

vacation *n.* кани́кулы
various *adj.* ра́зный
vegetables *n.* (*cooked*) гарни́р
very *adv.* о́чень
village *n.* дере́вня, село́

violin *n.* скри́пка
visit *n.* визи́т; пое́здка
    v.t. посеща́ть
Vladimir *n.* Влади́мир
volume *n.* том

W

wait *v.i.* ждать
walk *n.* прогу́лка
    v.i. ходи́ть, идти́
wall *n.* стена́
want *v.t.* хоте́ть
war *n.* война́
warm *adj.* тёплый
water *n.* вода́
wave *n.* волна́
wave *v.t.* маха́ть
way *n.* доро́га, путь
    on the ~ по доро́ге, по пути́
we *pro.* мы
weakness *n.* сла́бость
wear *v.t.* носи́ть
Wednesday *n.* среда́
week *n.* неде́ля
well *adv.* хорошо́
west *n.* за́пад
what *pro.* что
    adj. како́й
when когда́
where *adv.* где
whether *conj.* ли
which *pro.* кото́рый

whole *adj.* весь, це́лый
why *adv.* почему́, заче́м
wife *n.* жена́
win *v.t.* выи́грывать
window *n.* окно́
wine *n.* вино́
winter *n.* зима́
    adj. зи́мний
wish *v.t. & i.* жела́ть (*gen.*)
with *pr.* с
without *pr.* без
woman *n.* же́нщина
wood *n.* лес; де́рево
word *n.* сло́во
work *n.* рабо́та
    v.i. рабо́тать
    ~ out разраба́тывать
worker *n.* рабо́чий
world *n.* мир
worry *v.t. & i.* беспоко́ить(ся)
worse *adj.* ху́дший
worth
    to be ~ сто́ить
write *v.t.* писа́ть
writer *n.* писа́тель

Y

year *n.* год
yearning *n.* тоска́
Yerevan *n.* Ерева́н
yesterday *adv.* вчера́
yet *adv.* ещё
you *pro.* ты; вы *etc.*

young *adj.* молодо́й
~ people молодёжь
your *adj.* твой; ваш
yours *possessive pro. & adj.*
твой, ваш
youth *n.* молодёжь; юность

Z

zoology *n.* зооло́гия

RUSSIAN—ENGLISH VOCABULARY

This vocabulary contains the 2,000 Russian words used in the book. They are listed alphabetically under their basic forms (infinitive, nominative singular) together with peculiarities of conjugation or declension which have not been specifically covered in the grammar notes.

Where these peculiarities have been explained in the grammar notes we refer you to a paragraph in the grammar section of a lesson thus: (5 § 3), meaning Lesson 5, paragraph 3 of the grammar notes. For verbs, such information is given under the entry for the Imperfective infinitive, this being the form encountered in the first eight lessons.

When a peculiarity is so common as to be considered regular, no reference is made to the grammar; thus, the conjugation of verbs in -овать and -евать is assumed to be familiar, but exceptions to the usual tense formation of these verbs (7 § 2) are listed here. So, too, for example, the Genitive plural of feminine nouns ending in consonant +ка is generally omitted since this can be deduced: if the noun ends in -жка, -шка or -чка it will insert -е- to give the ending -жек, -шек or -чек; all other nouns in consonant +ка will insert -о- in the Genitive plural to give the ending -ок.

А

a and, but, whereas
  а он? what about him?
авария accident, breakdown
август August
австралиец *masc.*, *gen.* австралийца; австралийка *fem.*
  Australian
автобус bus
автомат vending machine
автоматический automatic
автомашина motor vehicle
автомобиль *masc.* car
автомобильный vehicular
автор author
авторучка pen, fountain pen, ball-point
адрес, *pl.* адреса address
Азовское море Sea of Azov
академия academy
аллея avenue
алло! hello! (*on telephone*)
американец, *gen.* американца
  American

американка American woman
анализировать/про- to analyse
английский English
англичанин, *nom. pl.* англичане,
  gen. англичан Englishman
англичанка Englishwoman
Англия England, Britain
аппарат camera; apparatus
апрель *masc.* April
арестовать *Impf. and Pf.* to arrest
армия army
армянский Armenian
архитектура architecture
артист actor, performer
аспирин aspirin
атмосфера atmosphere
африканец *masc.*, африканка *fem.*
  African
аэропорт, *loc. sg.* в аэропорту
  airport

Б

б *subjunctive particle* (27 § 4)
баба peasant woman; granny
  снежная баба snowman
бабушка grandmother
багаж, *gen. sg.* багажа luggage
Байкал Lake Baikal
балалайка, *gen.pl.* балалаек
  balalaika
балет ballet
Балтийское море Baltic Sea
банка, *gen.pl.* банок tin, can; jar, pot
барабан drum
бассейн swimming pool

башня, *gen.pl.* башен tower, spire
бегать (15 § 8) to run
беда trouble
  беда в том, что the trouble is that
бедный poor
бежать, *pres.* бегу, бежишь...
  бегут/по- to run
без + *gen.* without
безвыходность *fem.* hopelessness
безграмотный illiterate
безопасность *fem.* safety

бе́лый white

бельё washing; linen; underwear

бе́рег, *loc.* на берегу́, *pl.* берега́ bank, shore

берёза birch

берло́га lair

бесконе́чный endless

беспла́тный free (of charge)

беспоко́иться/за- to worry

беспоко́йство anxiety

бесполе́зность *fem.* uselessness

бесполе́зный useless

беспо́мощный helpless

бесспо́рный indisputable

беспоря́док, *gen.* беспоря́дка disorder

библиоте́ка library

бизнесме́н, *pl.* бизнесме́ны businessman

биле́т ticket

бить, *pres.* бью, бьёшь/по- to hit

благодари́ть/по- to thank

благодаря́ +*dat.* thanks to

благоразу́мный reasonable

бле́дный pale

блеск brilliance

блесте́ть, *pres.* блещу́, блести́шь *and* бле́щешь/по- *or* блесну́ть to shine

ближа́йший nearest

бли́зкий, *comp.* бли́же near, close

блонди́нка blonde

Бог God

бога́тый, *comp.* бога́че rich; bountiful

бо́дрый cheerful

бо́лее more

боле́знь *fem.* illness

бо́лен, больна́; больны́ ill

боле́ть (19 § 4), *pres.* боле́ю, боле́ешь/за- to be, fall ill

боле́ть *pres.* боли́т, боля́т/за- hurt, ache

боло́то bog, marsh

боль *fem.* pain, ache

больни́ца hospital

больно́й ill; painful, sore; (*used as noun*) patient, invalid

бо́льше *comp. of* мно́го *and* большо́й more; bigger

бо́льше не no longer

бо́льший *comp. of* большо́й larger

большинство́ majority

большо́й large

Большо́й теа́тр the Bolshoi Theatre

бо́мба bomb

бормота́ть, *pres.* бормочу́, бормо́чешь/про- to mumble, mutter

борьба́ struggle

ботани́ческий botanical

боя́ться, *pres.* бою́сь, бои́шься /по- (+*gen.*) to fear

брат (17 § 2) brother

брать, *pres.* беру́, берёшь/взять, *Pf.fut.* возьму́, возьмёшь to take

брить, *pres.* бре́ю, бре́ешь/с-, по- to shave

броди́ть, *pres.* брожу́, бро́дишь /по- to wander

броса́ть/бро́сить, *Pf.fut.* бро́шу, бро́сишь to throw; abandon броса́ться в глаза́ to strike one, be remarkable

брю́ки, *pl.*, *gen.* брюк trousers

буди́ть, *pres.* бужу́, бу́дишь/раз- to wake

бу́ду, бу́дешь... *fut. of* быть will

букéт bouquet
бульвáр boulevard
бумáга paper
буржуáзный bourgeois
бýря storm
бутьíлка bottle

бы *subjunctive particle* (27 § 1, 2, 3, 4)
бывáть/по- to be, to frequent
  бывáет, что it happens that
бьíвший former
бьíстрый quick
быть to be

В

в +*acc.* to, into; on (a day) (9 § 4); during +*prep.* in
вагóн carriage
варúть, *pres.* **варю́, вáришь/с-** to boil, cook
Варшáва Warsaw
вас *acc., gen., prep. of* **вы**
ваш, вáша, вáше; вáши your
вдруг suddenly
ведь *emphatic particle* as you know
вездé everywhere
везтú/по- (14 § 2) to take, convey
век century, age
велúкий great
великодýшие magnanimity
веренúца file, line
вéрить/по- to believe
вернýть *Pf. of* **возвращáть** to bring back
вернýться *Pf. of* **возвращáться** to return
вертолёт helicopter
веселúться/раз- to enjoy oneself
весёлый, *adv.* **вéсело** cheerful
веснá spring
  веснóй in spring
вестú/по- (15 § 8) to conduct, take; drive

вестибю́ль *masc.* foyer
весь, вся, всё; все (15 § 3; 18 § 2) all
ветчинá ham
вéчер, *pl.* **вечерá** evening
  вéчером in the evening
вéчный eternal
вещь *fem.* (18 § 3) thing
взгляд glance
взгля́дывать/взгляну́ть *Pf. fut.* **взгляну́, взгля́нешь** to glance
вздор rubbish, nonsense
взрóслый adult
взять *Pf. of* **брать** to take
вид, *loc.* **в видý** view; appearance; form
  дéлать вид to pretend
вúден, виднá, вúдно; видньí visible
вúдеть, *pres.* **вúжу, вúдишь/у-** to see
визúт visit
вúлка fork
винá guilt, fault
винó, *pl.* **вúна** wine
виновáт guilty, at fault
виногрáдный grape (*adj.*)
висéть, *pres.* **вишу́, висúшь/по-** to hang *v.i.*
витрúна shop window
включáть/включúть to switch on

вкус taste
вкусный tasty, delicious
владе́лец, gen. владе́льца
owner
влия́ть/по- на + acc. to
influence
влюбля́ться/влюби́ться Pf.fut.
влюблю́сь, влю́бишься to
fall for
вме́сте together
вме́сто + gen. instead of
вне́шность fem. (outward)
appearance
вниз downwards
внима́ние attention
внима́тельный attentive
внук grandson
во (= в)
во-вторы́х secondly
води́тель masc. driver
води́ть (15 § 8) to lead, take
во́дка vodka
воева́ть to wage war
возвраща́ться/верну́ться or возв-
врати́ться, Pf. fut. возвраща́юсь
возврати́шься to return,
come back
во́здух air
вози́ть (14 § 2) to take, convey
возмо́жность fem. possibility,
opportunity
возника́ть/возни́кнуть, past воз-
ни́к, возни́кла... to crop up
возража́ть/возрази́ть, Pf.fut.
возражу́, возрази́шь to object
война́, pl. во́йны, gen. войн
war
вокза́л station (large), terminus
волна́, pl. во́лны wave
волнова́ть/вз- to disturb
волнова́ться/вз- to worry

во́лосы, sg. во́лос, gen. pl. воло́с
hair
во́ля will
вообще́ at all
вообще́ нет none at all
воплоща́ться/воплоти́ться,
Pf. fut. воплощу́сь, вопло-
ти́шься to be incarnated
вопро́с question
воро́та pl., gen. воро́т gate
восемна́дцатый eighteenth
восемна́дцать eighteen
во́семь (28 § 1) eight
во́семьдесят (28 § 1) eighty
воскресе́нье Sunday
воспита́ние education, upbring-
ing
восьмидеся́тый eightieth
восьмо́й eighth
вот here is, here are
вперёд forwards
впереди́ in front, ahead
впечатле́ние impression
вплоть до + gen. right up to
впро́чем though
враг, gen. врага́ enemy
врач, gen. врача́ doctor
вре́дный harmful
вре́мя, neut. (18 § 6) time
во вре́мя + gen. during
во́время in time
всё neut. of весь everything
всё (вре́мя) all the time
всё-таки all the same
всегда́ always
всего́ in all
вслух aloud
вспомина́ть/вспо́мнить to
recall, remember
вспоте́ть Pf. of поте́ть to sweat
встава́ть (3 § 4)/встать (10 § 3)
to get up

встре́ча meeting

встреча́ть/встре́тить, (10 § 3) to meet

 встреча́ть Но́вый год to see in the New Year

 встреча́ться/встре́титься to be met, encountered

вступа́ть/вступи́ть, *Pf. fut.*

 вступлю́, всту́пишь в +*acc.* to join (a party)

вся́кий any

вто́рник Tuesday

второ́й second

 второ́е (*adj. used as noun*) main course

вход entrance

входи́ть/войти́ (12 § 1) to enter

вчера́ yesterday

вы you (*pl. or formal, polite*)

выбира́ть/вы́брать (10 § 3) to choose

вы́глядеть *pres.* **вы́гляжу, вы́глядишь** +*adv. or instr.* to look, appear

выде́рживать/вы́держать, *Pf. fut.* **вы́держу, вы́держишь** to hold out

выду́мывать/вы́думать to invent (*a story*)

выезжа́ть/вы́ехать (13 § 1) to depart

выжида́ть/вы́ждать, *Pf. fut.* **вы́жду, вы́ждешь** +*gen.* to wait for

вызыва́ть/вы́звать, *Pf. fut.* **вы́зову, вы́зовешь** to call, summon

выи́грывать/вы́играть to win

выка́зывать/вы́казать, *Pf. fut.* **вы́кажу, вы́кажешь** to manifest

выключа́ть/вы́ключить to switch off

вылета́ть/вы́лететь (15 § 5) to leave (*by air*)

вы́лечить *Pf. of.* **лечи́ть** to cure

вы́мыть *Pf. of* **мыть** to wash

вынима́ть/вы́нуть (25 § 4) to take out

выпи́сывать/вы́писать, *Pf. fut.* **вы́пишу, вы́пишешь** to write out, copy out; prescribe

вы́пить *Pf. of* **пить** to drink

выполня́ть/вы́полнить to carry out

выпуска́ть/вы́пустить, *Pf. fut.* **вы́пущу, вы́пустишь** to (*mass-*) produce

выража́ть/вы́разить, *Pf. fut.* **вы́ражу, вы́разишь** to express

 выража́ться/вы́разиться to be expressed

выраже́ние expression

выраста́ть/вы́расти, *Pf. fut.* **вы́расту, вы́растешь** *past* **вы́рос, вы́росла** to grow, sprout

выска́зывать/вы́сказать, *Pf. fut.* **вы́скажу, вы́скажешь** to express

высо́кий, *adv.* **высоко́,** *comp.* **вы́ше** high

высота́ height

вы́ставка exhibition

вы́сший highest; higher

выходи́ть/вы́йти (12 § 1) to go out; to turn out

 выходи́ть/вы́йти за́муж за (26 § 4) to marry (*if subject is a woman*)

Г

га́дкий ugly
газ gas
газе́та newspaper
газиро́ванный fizzy
галере́я gallery
га́лстук tie
гарни́р (*cooked*) vegetables
гастроно́м food shop
где where
  где́-нибудь somewhere
ге́ний genius
географи́ческий geographical
геро́й hero; character (literary)
гид guide
гипс plaster
глава́ *pl.* гла́вы chapter
гла́вный main, chief
глаз, *loc.* в глазу́ *pl.* глаза́, *gen.*
  глаз eye
глубо́кий, *adv.* глубоко́, *comp.*
  глу́бже deep; profound
  глубоча́йший deepest
глу́пость *fem.* nonsense
глу́пый stupid
говори́ть/по- to talk, speak
  говори́ть/сказа́ть (10 § 3)
  to say, tell
год year
  вре́мя го́да season (of year)
голова́, *acc.* го́лову head
головно́й head (*adj.*)
го́лод hunger
голода́ть/по- to starve
го́лос, *pl.* голоса́ voice
голубо́й (pale) blue
го́лый naked
гора́, *acc.* го́ру, *gen.* горы́, *pl.*
  го́ры, *dat.* гора́м mountain

гора́здо +*comp.* much more
горбу́н, *gen.* горбуна́ hunchback
го́рдый proud
го́ре grief
горе́ть, *pres.* горю́, гори́шь/с-
  to burn *v.i.*
го́рло throat
го́рный mountain (*adj.*)
го́род, *pl.* города́ town, city
городско́й urban, city
гости́ница hotel
гость *masc. gen. pl.* госте́й guest
госуда́рство state
гото́вить, *pres.* гото́влю, гото́-
  вишь/при- to prepare; cook
гото́вый ready
гра́дус degree
гра́мота literacy
грани́ца frontier
  за грани́цей abroad
гра́ция grace
греть/со- to warm
гре́шный sinful
гриб, *gen.* гриба́ mushroom
грози́ть, *pres.* грожу́, грози́шь
  /при-, по-+*dat.* to threaten
гро́мкий, *comp.* гро́мче loud
гру́бый coarse, rude
грузови́к, *gen.* грузовика́ lorry
гру́ппа group
гру́стный sad
гря́зный dirty
грязь *fem.* dirt, mud
губа́, *acc.* гу́бу, *gen.* губы́, *pl.*
  гу́бы, *dat.* губа́м lip
гуля́ть/по- to stroll
густо́й, *comp.* гу́ще dense,
  thick

Д

да yes

давай(те) + *infin. or verb* (10 § 5) let's

давать, *pres.* даю, даёшь/дать (10 § 3) to give

давно for a long time past; long ago

давным-давно long, long ago

даже even

далёкий, *adv.* далеко, *comp.* дальше distant, far

далеко не новый far from new

дама lady

дарить, *pres.* дарю, даришь/по- to give (a present)

дача dacha, summer cottage

два *masc. and neut.*, две *fem.* (28 § 1) two

двадцатый twentieth

двадцать twenty

двенадцатый twelfth

двенадцать twelve

дверь, *fem., gen.* двери, *prep.* о двери *but* на двери, *pl.* двери, *gen.* дверей, *dat.* дверям, *instr.* дверями *or* дверьми door

двигатель *masc.* engine

двигаться, *pres.* двигаюсь, двигаешься *or* движусь, движешься/двинуться to move

движение movement; traffic

двое two, a couple

двойной double

двор, *gen.* двора yard, court

девица maiden

девочка little girl

девушка girl

девяносто (28 § 1) ninety

девяностый ninetieth

девятнадцатый nineteenth

девятнадцать nineteen

девятый ninth

девять nine

дедушка *masc.* grandfather

дежурный *adj. used as noun* person on duty

действительно in fact, indeed

действительность *fem.* reality

декабрь *masc., gen.* декабря December

делать/с- to do, make

делаться/с- to happen; become

дело, *pl.* дела matter, business

дело в том, что the fact is, that

в чём дело? what is the matter?

в самом деле really, indeed

на самом деле actually

деловой business *adj.*

день, *gen.* дня day

деньги (18 § 4) money

деревенский rural, country

деревня, *gen. pl.* деревень village; the country

дерево, *pl.* деревья, *gen.pl.* деревьев tree; wood (*material*)

деревянный wooden

держать, *pres.* держу, держишь /по- to hold; keep

десятилетка ten-year school

десятый tenth

десять ten

детектив detective novel

дети *pl., gen.* детей, *instr.* детьми children

детский children's

детский сад kindergarten

дешёвый, *adv.* дёшево, *comp.*
дешéвле cheap
дéятельность *fem.* activity
джентльмéн, *nom. pl.* джентль-
мéны gentleman
дивáн divan
дирéктор, *nom. pl.* директорá
director, manager
дирéктор шкóлы headmas-
ter, headmistress
для + *gen.* for
до + *gen.* up to, as far as;
until
дóбрый good, kind
дóброе ýтро! good morning!
довóльно fairly, quite
довóльный + *instr.* content
with
доезжáть/доéхать (13 § 1) to
reach, arrive
дождь *masc.*, *gen.* дождя́ rain
дождь идёт it rains, is raining
дóлго for a long time
дóлжен, должнá, должнó;
должны́ obliged, must; owe,
indebted
должнó быть must, *e.g.* он,
должнó быть, читáет he must
be reading
дом, *pl.* домá house; home
дóма at home
домóй homewards
из дóма out of the house
из дому from home
домáшний home *adj.* domestic
дорóга way, road
желéзная дорóга railway

дорогóй, *comp.* дорóже dear
(*affection*); dear, expensive
доставáть, *pres.* достаю́, доста-
ёшь/достáть, *Pf. fut* достáну,
достáнешь to get
достáточно enough
достижéние achievement
доходи́ть/дойти́ (12 § 1) to
reach, arrive
дочи́тывать/дочитáть to read
to the end
дочь (8 § 2, 18 § 3) daughter
дрáма drama
драмати́ческий dramatic
дрéвний ancient
дровá *pl.*, *gen.* дров firewood
дрожáть, *pres.* дрожу́, дрожи́шь
/за- *or* дрóгнуть to tremble
друг (17 § 2) friend
друг дрýга, друг дрýгу, друг
с дрýгом *etc.* one another
другóй other, another
дрýжба friendship
дружелю́бный amicable
дýмать/по- to think
дурнóй, *adv.* дýрно bad
дух spirit
душ shower
душá, *acc.* дýшу, *gen.* души́,
pl. дýши soul
душéвный spiritual
дýшный stuffy
дым smoke
дышáть, *pres.* дышу́, ды́шишь
/по- *or* дохнýть + *instr.* to
breathe
дя́дя *masc.*, *gen. pl.* дя́дей uncle;
man, fellow

Е

егó *acc.*, *gen. of* **он** *and* **онó** his, its
едѝнственный only, sole
её *acc.*, *gen. of* **онá** her, it(s)
ѐздить, *pres.* **ѐзжу, ѐздишь/(по-)** (11 § 3) to go, travel
ёлка fir tree; Christmas tree
еревáнский Yerevan (*adj.*)
ѐсли if
естѐственный natural

есть there is, there are
есть (3 § 4), *past* **ел, ѐла**(9 § 1)/ **съ-** to eat
ѐхать (5 § 5)/**по-** (11 § 3) to go, travel
ещё yet, still
   ещё не not yet
   ещё кóфе some more coffee
   ещё что-то something else

Ж

жáдность *fem.* greed
жалѐть/по- to regret
жáловаться/по- to complain
жáрить/по- to fry
жáркий, *comp.* **жáрче** hot (*mainly of weather, intangibles*)
жгу, жжёшь... *pres. of* **жечь**
ждать (5 § 5)/**подо-** + *acc. or gen.* to wait
же *emphatic particle*
желáние desire
желáть/по- + *gen.* to wish, desire
желѐзный iron
жёлтый yellow
женá, *pl.* **жёны**, *gen.* **жён** wife
женáт (26 § 4) married (*if subject is a man*)

женѝться (26 § 4) *Impf. and Pf.* to marry (*if subject is a man, or man and woman*)
жѐнщина woman
жестóкий cruel
жечь, *pres.* **жгу, жжёшь**... **жгут**; *past* **жёг, жгла/сжечь** *Pf. fut.* **сожгý, сожжёшь**; *past* **сжёг, сожглá** to burn
жѝвопись *fem.* painting
живóтное *adj. used as noun* animal
жизнь *fem.* life
жилóй дом block of flats
жѝтель *masc.* inhabitant
жить, *pres.* **живý, живёшь/по-** to live
журнáл magazine
журналѝст journalist

З

за + *acc.* within (*a period*); behind (*motion, direction*); for, in favour of; + *instr.* beyond,
behind(*position*); for (*to fetch*); at
   за обѐдом at dinner
   зá городом in the country

397

забор fence
забывать/забыть, *Pf.fut.* **забуду, забудешь** to forget
заведение institution
заведовать (*no Pf.*) +*instr.* to manage
заведующий (*participle used as a noun*) +*instr.* director, manager
завершение culmination
зависеть от +*gen.* (5 § 5) to depend on
завод factory, works
завтра tomorrow
завтрак breakfast
завтракать/по- to have breakfast
загорать/загореть, *Pf. fut.* **загорю, загоришь** to sunbathe, become sunburnt
задание task
задерживать/задержать, *Pf. fut.* **задержу, задержишь** to delay
задний rear
заезжать/заехать (13 § 1) **к** +*dat.* to call in on
заинтересоваться *Pf. of* **интересоваться** to become interested in
зайти *Pf. of* **заходить к** +*dat.* to call in on
заканчивать/закончить to finish off
закон law
закрывать/закрыть (10 § 3) to close, shut
закрываться/закрыться to close *v. i.*
зал hall, auditorium
заместитель deputy
заметный noticeable

замечательный remarkable
замечать/заметить (10 § 3) to notice
замолчать *Pf. of* **молчать** to fall silent
замужем за +*instr.* (26 § 4) married to (*if subject is a woman*)
занимать/занять (25 § 4) to occupy
заниматься/заняться, *Pf. fut.* **займусь, займёшься** +*instr.* to occupy oneself with, study, spend one's time on
занят, занята, занято, заняты busy, occupied
запад west
западный western
записка note
заплатить *Pf. of* **платить** to pay
заподозрить *Pf.* to suspect
запрещать/запретить, *Pf. fut.* **запрещу, запретишь** to forbid
зарабатывать/заработать to earn
заражать/заразить, *Pf. fut.* **заражу, заразишь** +*instr.* to infect with
заранее beforehand
зарубежный foreign
заставлять/заставить, *Pf. fut.* **заставлю, заставишь** to force, compel
засыпать/заснуть to fall asleep
зато on the other hand
заход солнца sunset
заходить/зайти (12 § 1) **к** +*dat.* to call in on, drop in
захотеть *Pf. of.* **хотеть** to begin wanting

защища́ть/защити́ть, *Pf. fut.* защищу́, защити́шь to defend

звать, *pres.* зову́, зовёшь/по- to call; to invite

как вас зову́т? what is your (first) name?

звезда́ (18 § 3) star

звони́ть/по- to ring, phone

зда́ние building

здесь here

здоро́ваться, *pres.* здоро́ваюсь, здоро́ваешься/по- с + *instr.* to greet

здоро́вый healthy

здоро́вье health

здра́вствуй(те)! hello! how do you do?

зелёный green

землетрясе́ние earthquake

земля́, *acc.* зе́млю, *gen.* земли́, *instr.* землёй, *pl.* зе́мли, *gen.* земе́ль, *dat.* зе́млям earth, ground

земляни́ка wild strawberry, -ies

зима́, *acc.* зи́му, *gen.* зимы́, *pl.* зи́мы winter

зимо́й in winter

зи́мний winter (*adj.*)

змей, *instr.* змеёй snake

знако́м, знако́ма; знако́мы acquainted

знако́миться, *pres.* знако́млюсь, знако́мишься/по- с + *instr.* to get to know

знако́мый familiar; (*used as noun*) friend, acquaintance

знамени́тый famous

знато́к, *gen.* знатока́ connoisseur

знать to know

значе́ние significance, meaning

зна́чить to mean

золото́й golden

зооло́гия zoology

зря for nothing

зуб tooth

зуби́ло chisel

И

и and

игра́ game

игра́ть/по- to play; to act

игро́к player

игру́шка toy

идеа́льный ideal

иде́я idea

идти́ (3 § 4; 9 § 1)/пойти́ (10 § 3; 11 § 1, 2) to go, come (on foot)

из + *gen.* out of, from

из-за + *gen.* because of; from behind

из-под + *gen.* from under

избега́ть/избежа́ть (15 § 8iii) *or* избе́гнуть + *gen.* to avoid

избы́ток, *gen.* избы́тка excess

изве́стный well known

извиня́ть/извини́ть to forgive

извиня́ться/извини́ться to apologize

изгиба́ть/изогну́ть to curve, bend

изменя́ть/измени́ть to change

изменя́ться/измени́ться to change, be altered

измере́ние measurement

измеря́ть/изме́рить to measure

изображáть/изобразить, *Pf. fut.*
  изображý, изобразишь to
  depict
изучáть/изучить to study
изящество refinement,
  elegance
икрá caviar
именно namely
имéть/возымéть to have
имýщество possessions
имя *neut., gen., dat., prep.* имени,
  instr. именем; *nom. pl.* именá
  gen. pl. имён, *dat.pl.* именáм
  name, first name
инáче otherwise
индéйка, *gen.pl.* индéек turkey
инженéр engineer
иногдá sometimes
иностранец, *gen.* иностранца
  foreigner
инострáнный foreign
инстинктивный instinctive
институт institute
инструмéнт instrument, tool
интеллектуáльный educated
интерéсный interesting

интересовáться/за- + *instr.* to
  be interested in
инфéкция infection
ирони́ческий ironic
искáть, *pres.* ищý, ищешь
  /(сыскáть) + *acc. or gen.* to
  search, look for
исключáть/исключить to
  except, exclude
исключéние exception
искренний, *adv.* искренно sincere
искусство art
испытывать/испытáть to
  experience
истори́ческий historic
истóрия history; story
истóчник source
исчезáть/исчéзнуть, *past* исчéз,
  исчéзла to disappear
итáк and so, hence
итóг sum, total, result
их *acc., gen., prep. of* они
  their
ишь! *exclamation of surprise*
июль *masc.* July
июнь *masc.* June

К

к + *dat.* towards, to; in time
  for
Кавкáз the Caucasus
кáждый each, every
казáться; кажýсь, кáжешься/по-
  to seem
как how, as
  как-то somehow; to some
  extent
  как раз just
какóй what, which (*interrogative adj.*)

какóй-то some
кáмень *masc., gen.* кáмня
  (18 § 3) stone
Канáда Canada
канáдец *masc., gen.* канáдца;
  канáдка *fem.* Canadian
канáл canal
каникулы *pl., gen.* каникул
  holidays
капуста cabbage
карандáш, *gen.* карандашá
  pencil

ка́рлик dwarf
карма́н pocket
ка́рта map
карти́на picture
  карти́нка small picture, illustration
карто́шка potato, potatoes
каса́ться/косну́ться +gen. to touch
  что каса́ется меня́ so far as I am concerned
ка́сса cash desk
касси́рша cashier
катастро́фа disaster
каучу́к rubber
кафе́ indecl. café
кафта́н caftan
ка́чественный high quality
ка́чество quality
ка́шлять/за- or **ка́шлянуть** (19 § 7) to cough
квалифика́ция qualification(s)
кварта́л city block
кварти́ра flat, apartment
кефи́р kefir
ки́евский Kievan
киломе́тр kilometre
кино́ indecl. cinema
кинофи́льм film
кио́ск news-stand
кита́ец, gen. **кита́йца** Chinaman
китая́нка Chinese woman
класс class
класть/положи́ть (25 § 1) to put, lay
кли́мат climate
клуб club, social centre
клю́ква cranberry
кни́га book
когда́ when
  когда́-нибудь (17 § 1) sometime or other

когда́-то (17 § 1) some time; once upon a time
кого́, gen. of **кто**
колбаса́ sausage (salami type)
колеба́ться, pres. **колеблю́сь, колеблешься/по-** to hesitate
коле́но, pl. **коле́ни,** gen. **коле́ней** knee
  стоя́ть на коле́нях to kneel
коли́чество quantity
колле́кция collection
колхо́з collective farm
коме́дия comedy
комме́рческий commercial
ко́мната room
компа́ния company
компози́тор composer
компо́т stewed fruit
конве́рт envelope
конду́ктор attendant (in railway carriage)
коне́ц, gen. **конца́** end
коне́чно of course
конкре́тный definite
консерва́тор conservative
констру́ктор designer
конта́кт contact
контра́кт contract
конце́рт concert
конча́ть/ко́нчить to finish
копе́йка, gen. pl. **копе́ек** copeck
корзи́на basket
кори́чневый brown
корми́ть, pres. **кормлю́, ко́рмишь/на-** to feed
коро́ткий, compr. **коро́че** short
коса́, acc. **косу́** scythe
косе́ц, gen. **косца́** hay-maker
коси́ть, pres. **кошу́, ко́сишь/с-** to scythe
костю́м suit

который who, which
   который час? what is the time?
кофе *masc.*, *indecl.* coffee
кошка cat
крайний extreme
   по крайней мере at least
красивый beautiful
красный red
красота beauty
кремль *masc.* kremlin, citadel
крепкий, *comp.* крепче strong, firm
   крепкий сон deep sleep
кресло armchair
крестьянин, *nom. pl.* крестьяне, *gen. pl.* крестьян peasant
крик shout
критик critic
критический critical
кричать, *pres.* кричу, кричишь /за- *or* крикнуть to shout
кровать *fem.* bed, bedstead
кроме +*gen.* besides, except for

круглый circular
кругом around
кружка mug, tankard
крупнейший most important
крупный large
крыло (17 § 2) wing
кто who
   кто-нибудь (17 § 1) someone
   кто-то (17 § 1) someone
куда where to
кулак, *gen.* кулака fist
культура culture
культурный cultured
купаться/ис- to bathe
купить *Pf. of* покупать to buy
купол, *pl.* купола dome
купчиха merchant's wife
курить, *pres.* курю, куришь/за- to smoke
куст, *gen.* куста bush
кухня, *gen. pl.* кухонь kitchen; cuisine
кучер, *pl.* кучера coachman
кушать/с- to eat (25 § 3)

Л

лагерь *masc.*, *pl.* лагеря camp; concentration camp
лайнер liner
ласковый tender
лёгкие *pl. adj. used as noun* (г *pronounced as* x) lungs
лёгкий, *comp.* легче (г *pronounced as* x) light, easy
легкомысленный (г *pronounced as* x) flippant
лёд, *gen. sg.* льда, *loc.* на льду ice
лежать, *pres.* лежу, лежишь/по- to lie

лекарство medicine
лекция lecture
лес, *loc.* в лесу, *pl.* леса forest, woods; timber
лестница stairs
лет *gen. pl. of* лето (17 § 2, 4)
летать/(по-) (15 § 8) to fly
лететь/по- (15 § 8) to fly
летний summer
лето summer
   летом in summer
лечить, *pres.* лечу, лечишь/вы- to cure
лечь *Pf. of* ложиться to lie down

ли *interrogative particle* whether, if

лимо́н lemon

ли́ния line

лири́ческий lyric

литерату́ра literature

лифт lift

лицо́, *pl.* ли́ца face; person

ли́чность *fem.* personality

ли́чный personal

лиша́ть/лиши́ть +*gen.* to deprive of

ли́шний spare, superfluous

лови́ть, *pres.* ловлю́, ло́вишь /пойма́ть to catch

ло́дка boat

ложи́ться/лечь, *Pf. fut.* ля́гу, ля́жешь, *past* лёг, легла́ to lie down

ло́жка spoon

ло́ндонский London (*adj.*)

лотере́йный lottery (*adj.*)

лотере́я lottery

лошади́ная си́ла horse-power

ло́шадь *fem.* horse

луг, *gen. sg.* лу́га, *loc.* на лугу́, *pl.* луга́ meadow

лу́чше better

лу́чший better; best

люби́мый favourite

люби́тель lover (*of something*); amateur

люби́ть, *pres.* люблю́, лю́бишь /по- to love, like

любова́ться/по- +*instr.* to admire

любо́вь *fem.*, *gen.* любви́, *instr.* любо́вью love

любо́й any

любопы́тство curiosity

лю́ди (18 § 4) people

ля́гу, ля́жешь *Pf. fut. of* лечь

М

магази́н shop, store

магнитофо́н tape recorder

май May

ма́ленький small

мале́йший the slightest

мали́на raspberries

ма́ло little; +*gen.* a little, a few

ма́лый *adj. used as noun* lad

ма́льчик boy

ма́ма mum

ма́рка, *gen. pl.* ма́рок stamp

март March

маршру́т route

ма́сло butter; oil

ма́сса mass

мастерство́ skill, craft

матч match

мать, *gen.*, *dat.*, *prep.* ма́тери, *instr.* ма́терью; *pl.* ма́тери *gen.* матере́й mother

мах sweep (of arm)

маха́ть, *pres.* машу́, ма́шешь/ махну́ть +*instr.* to wave

маши́на machine; car, vehicle

машинострои́тельный заво́д engineering works

ме́бель *fem.* furniture

медве́дь *masc.* bear

медици́нский medical

ме́дленный slow

ме́жду +*instr.* between

междунаро́дный international

ме́нее less

меня *acc.*, *gen. of* я
мера measure
место, *pl.* места place
месяц month
метро *indecl.* metro
мечта (day) dream, fancy
мешать/по- + *dat.* to interfere,
  disturb, hinder
милиционер policeman
милиция militia, police
миллион million
миловидный comely
милый sweet, kind, dear
мимоза mimosa
мимо + *gen.* past
министерство ministry
министр minister
минута, минутка minute
мир the world; peace
мирный peaceful
мне *dat.*, *prep. of* я
мнение opinion
мнительный mistrustful
многие (16 § 4) many
много much, a lot; + *gen.*
  many, a lot
многоэтажный multi-storey
мода fashion
модный fashionable, with it
может быть perhaps
можно (it is) possible, (one) may
  как можно больше as many as
  possible
мой, моя, моё; мои (15 § 3;
  18 § 2) my
молебен service of thanksgiving, intercession
молиться/по- to pray
молодёжь *fem.* youth, young
  people
молодец! well done!
молодой, *compr.* моложе young

молоко milk
молоток, *gen.* молотка hammer
молочный dairy (*adj.*)
молчать, *pres.* молчу, молчишь
  /по- *or* за- to be, fall silent
момент moment
моральный moral
море *pl.* моря sea
мороженое *adj. used as a noun*
  ice cream
мороз frost
Москва Moscow
москвич, *gen.* москвича
  Muscovite
московский Moscow (*adj.*)
мост, *gen. sg.* моста, *loc.* на
  мосту; *pl.* мосты bridge
мотор motor
мотоцикл motorcycle
мочь/с- (5 § 5; 9 § 1; 10 § 3)
  to be able, can
мощный mighty, powerful
мрамор marble
мрачный gloomy
мстить, *pres.* мщу, мстишь/ото-
  to avenge
мудренее wiser
муж, *pl.* мужья, *gen.* мужей,
  dat. мужьям husband
мужик, *gen.* мужика peasant
  (*pre-revolutionary*)
  мужичок (*diminutive of*
  мужик) little peasant
мужчина *masc.* man
музей museum
музыка music
музыкант musician
мука torment
мы (8 § 3) we
мысль *fem.* thought
мыть, *pres.* мою, моешь/вы-
  or по- to wash

мя́гкий, *comp.* **мя́гче (г** *pronounced as* **х)** soft

мя́со meat

мяч, *gen.* **мяча́** ball

Н

на *+acc.* to, on to; for (*a time*) *+prep.* at, on

набега́ть/набежа́ть (15 § 8iii) to cover (*of clouds*)

наблюда́ть to observe

навари́ть *Pf.* to cook

наве́рно, наве́рное probably

навстре́чу *+dat* towards

над *+instr.* above, over

надева́ть, *pres.* **надева́ю, надева́ешь/наде́ть,** *Pf. fut.* **наде́ну, наде́нешь** to put on (*clothing*)

наде́жда hope

надёжный reliable

наде́яться, *pres.* **наде́юсь, наде́ешься** to hope **на** *+ acc.* to hope for, rely on

надзвёздный celestial

на́до (it is) necessary, (one) must

надоеда́ть/надое́сть, *Pf. fut.* **надое́м** *etc., see* **есть** (3 § 4) to bore

нажа́рить *Pf.* to fry

наза́д backwards; ago

назва́ние name, title

называ́ться/назва́ться, *Pf. fut.* **назову́сь, назовёшься** *+ nom. or instr.* to be called

найти́ *Pf. of* **находи́ть** to find

наконе́ц finally

нале́во to the left

нам *dat. of.* **мы**

наоборо́т on the contrary

написа́ть *Pf. of* **писа́ть** to write

напи́ток, *gen.* **напи́тка** drink

напомина́ть/напо́мнить to remind

направле́ние direction

напра́во to the right

наприме́р for example

нарисова́ть *Pf. of* **рисова́ть** to draw

наро́д a people, nation; the people

наро́дный national; folk

нас *acc., gen., prep. of* **мы**

населе́ние population

наслажде́ние enjoyment

настоя́щий real, genuine

настрое́ние mood

наступа́ть/наступи́ть to set in, come (*of weather, time*)

насчи́тывать/насчита́ть to count

ната́чиванье whetting

нату́ра nature, character

нау́ка science

научи́ть *Pf. of.* **учи́ть** to teach

находи́ть, *pres.* **нахожу́, нахо́дишь/найти́,** *Pf. fut.* **найду́, найдёшь** *Pf. past* **нашёл, нашла́** to find

находи́ться/найти́сь to be situated *Pf.* to be found

национа́льный national

нача́ло beginning

начина́ть/нача́ть, *Pf. fut.* **начну́, начнёшь** to begin **начина́ться/нача́ться** to begin

наш, на́ша, на́ше; на́ши our

не not
не то, что not like, not the same as
небо, *pl.* небеса sky
небольшой small
неважный unimportant; not too good
невероятный improbable
невозможно impossible
негде (there is) nowhere
недавно recently
недалеко от +*gen.* not far from
неделя week
недовольный +*instr.* dissatisfied with
недостаток, *gen.* недостатка fault
недостаточно insufficient
нежный gentle
независимый independent
нездоровый unhealthy
незнакомый unfamiliar
неинтересный uninteresting
некогда there is no time to; once upon a time
некого (24 § 2) there is nobody to
некоторые some, several
некрасивый ugly
некто (24 § 1) someone
некуда (there is) nowhere
пелёгкий (г *pronounced as* х), *adv.* нелегко difficult, hard
нельзя (10 § 4) it is impossible
немало quite a few
немец, *gen.* немца German
немножко a little
немодный unfashionable, without fashion
ненавидеть, *pres.* ненавижу, ненавидишь/воз- to hate
необходимость *fem.* necessity

необходимый essential
неопытный inexperienced
неподвижный motionless
неправда it is not true
непрактичный impractical
неприличный indecent
непростой not easy
неразумный unreasonable
неровный uneven
несколько +*gen.* several, a few
нести/по- (14 § 1) to carry
несчастный unfortunate
несъедобный inedible
нет no; +*gen.* there is (are) no
нетерпеливый intolerant, impatient
нетерпение impatience
неудобный awkward; uncomfortable
неужели surely not
нечего (24 § 2) there is nothing to
нечто (24 § 1) something
ни..., ни... neither..., nor..
  как ни however
  кто ни whoever
  ни с кем, ни с чем, *etc.* (26 § 1) *see* никто, ничего
  ни за что! not for anything!
-нибудь (17 § 1)
нигде nowhere
низ, *loc.* на низу bottom end, lower part
низкий, *comp.* ниже low
никакой no, none
никогда never
никто, *acc.*, *gen.* никого (г *pronounced as* в) no one
никуда nowhere
ничего (г *pronounced as* в) nothing; never mind!; not bad!

ничто (26 § 1) nothing
ничуть not a bit
но but
новозеландец *masc.*, *gen.* **новозеландца; новозеландка** *fem.* New Zealander
новости *pl.*, *gen.* **новостей** news
новый new
нога (18 § 3) foot; leg
нож, *gen.* **ножа** knife
ножницы *pl.*, *gen.* **ножниц** scissors
номер, *pl.* **номера** number, No. hotel room
нормальный normal, O.K.

нос, *pl.* **носы** nose
носить (14 § 1) to carry, take; to wear
носок, *gen.* **носка** sock
ночь *fem.* night
ночью by night
ноябрь *masc.*, *gen.* **ноября** November
нравиться, *pres.* **нравлюсь, нравишься/по-** + *dat.* to please
музыка мне нравится I like the music
ну well
нужен, нужна, нужно; нужны necessary

О

о, об + *prep.* about, concerning
оба *masc. and neut.*, **обе** *fem.* (28 § 5) both
обед dinner
обедать/по- to dine
обеспечивать/обеспечить to secure, supply
обеспокоить *Pf. of* **беспокоить** to worry
обещать/по- to promise
обидный insulting
обидчивый touchy
обидчик offender
облако, *pl.* **облака,** *gen.* **облаков** cloud
область *fem.* region; field (of endeavour)
облегчение (г *pronounced as* х) relief
обманывать/обмануть to deceive
обморок faint

обрабатывать/обработать to process
образ image
образец, *gen.* **образца** example, specimen
образование education
обратно back
обращать/обратить, *Pf. fut.* **обращу, обратишь** to direct
обращаться/обратиться to deal with, address
обслуживание service
обсуждать/обсудить, *Pf. fut.* **обсужу, обсудишь** to discuss
обходиться, *pres.* **обхожусь, обходишься/обойтись,** *Pf. fut.* **обойдусь, обойдёшься;** *past* **обошёлся, обошлась без** + *gen.* to do without
общественный public; social
общество society
общий general
в общем in general

общительный sociable
объяснять/объяснить to explain
обыкновенный ordinary
обычный usual
обязанный obliged
обязательно necessarily; definitely, without fail
оглядываться/оглянуться *Pf.* *fut.* оглянусь, оглянешься to look round
огромный huge
одевать, *pres.* одеваю, одеваешь /одеть, *Pf.* *fut.* одену, оденешь to dress
одеваться/одеться (10 § 3) to get dressed
одежда clothes
одеяло blanket
один, одна, одно; одни (26 § 2) one; alone
одинаковый alike, similar
одиннадцатый eleventh
одиннадцать eleven
однажды once
однако however
однообразный monotonous
оживлённость liveliness
ожидать + *acc. or gen.* to expect, wait for
озеро, *pl.* озёра, *gen.* озёр lake
оказываться/оказаться, *Pf. fut.* окажусь, окажешься + *instr.* to turn out to be, manifest oneself as
окно, *pl.* окна, *gen.* окон window; window sill
около + *gen.* near; about
окружать/окружить to surround
октябрь *masc.*, *gen.* октября October

омлет omelette
он *masc.*, he, it; она *fem.* she, it; оно *neut.* it; они *pl.* they (8 § 3)
опаздывать/опоздать to be late
опасность *fem.* danger
опасный dangerous
опера opera
описание description
описывать/описать, *Pf. fut.* опишу, опишешь to describe
определённый definite
определять/определить to define, determine
опускать/опустить (10 § 3) to post
опытный experienced
опять again
орган organ
организация organization
оркестр orchestra
освежение refreshing process
освобождать/освободить, *Pf. fut.* освобожу, освободишь от + *gen.* to free, make free
освобождаться/освободиться to free oneself, get away from
осень *fem.* autumn
осенью in autumn
осматривать/осмотреть, *Pf. fut.* осмотрю, осмотришь to look round
осмотр tour of inspection
основывать/основать to found, base
особенный special
оставаться, *pres.* остаюсь, остаёшься/остаться, *Pf. fut.* останусь, останешься to remain, stay
оставлять/оставить, *Pf. fut.*

оставлю, оставишь to leave
остальной remaining
останавливаться/остановиться,
Pf. fut. остановлюсь, остановишься to stop, halt
остановка stop
осторожный careful
от +gen. from
ответ answer
отвечать/ответить, Pf. fut.
отвечу, ответишь to answer
отдавать/отдать as давать/дать
(3 § 4, 10 § 3) to give, give up,
sacrifice
отделение section, department
отдыхать/отдохнуть (10 § 3)
to rest, relax; be on holiday
отец, gen. отца father
отзываться/отозваться, Pf. fut.
отзовусь, отзовёшься о
+prep. to react to
открывать/открыть (10 § 3)
to open
открытка postcard
откуда where from
отличаться/отличиться +instr.
to be distinguished by
отличный excellent
отмечать/отметить, Pf. fut. отмечу, отметишь to mark
отмстить Pf. of. мстить to
avenge
относить, pres. отношу, относишь/отнести, Pf. fut. отнесу,
отнесёшь, past отнёс, отнесла
to take back
относиться/отнестись к + dat.
to treat, have an attitude to;
to date from, relate to
отношение relationship, attitude
отопление heating
отправлять/отправить, Pf. fut.
отправлю, отправишь to
despatch
отправляться/отправиться
to set off
отрывок, gen. отрывка extract
отставать, pres. отстаю, отстаёшь/отстать, Pf. fut. отстану,
отстанешь от +gen. to lag
behind
отсюда from here
оттуда from there
отходить/отойти от +gen.
(12 § 1) to go away from
отчаяние despair
отчество patronymic (5 § 1)
отъезд departure
отыскивать/отыскать, Pf. fut.
отыщу, отыщешь to find,
seek out
официальный official, formal
очень very
очередь fem. (18 § 3) queue
ошибка, gen. pl. ошибок mistake
ощущение feeling, sensation

П

падать/упасть, Pf. fut. упаду,
упадёшь to fall
палец, gen. пальца finger
пальто indecl. coat

памятник monument, statue
память fem. memory
папа (masc.) dad
парень masc., gen. парня, nom.

pl. па́рпи, *gen.* парне́й, *dat.* парня́м lad

Пари́ж Paris

пари́к, *gen.* парика́ wig

парикма́херская *adj. used as noun* barber's shop, hairdresser's

парк park

па́ртия party (*political*)

па́хнуть/за- + *instr.* to smell of

пеницилли́н penicillin

пе́рвый first

во-пе́рвых firstly

переводи́ть/перевести́ (15 § 8) to translate

перево́дчик translator, interpreter

перегора́ть/перегоре́ть to burn out

пе́ред + *instr.* before; in front of

передава́ть/переда́ть *as* дава́ть /дать (3 § 4, 10 § 3) to convey, transmit

передо́м in front

пережива́ние emotional experience

переменя́ть/перемени́ть to change

переноси́ться, *pres.* переношу́сь, перено́сишься/перенести́сь, *Pf. fut.* перенесу́сь, перенесёшься, *past* перенёсся, перенесла́сь to be transferred

переполня́ть/перепо́лнить to overfill

переставать, *pres.* перестаю́, перестаёшь/переста́ть, *Pf. fut.* переста́ну, переста́нешь to stop, cease

перестра́ивать/перестро́ить to rebuild

переходи́ть/перейти́ (12 § 1) to cross

перечи́тывать/перечита́ть to reread

пери́од period

пе́сня, *gen.pl.* пе́сен song

пессими́ст pessimist

петь, *pres.* пою́, поёшь/с- to sing

пиани́но *indecl. neut* piano

пешко́м on foot

пиджа́к, *gen.* пиджака́ jacket

пирожо́к, *gen.* пирожка́ pirozhok, pie

писа́тель *masc.* writer

писа́ть/на- (2 § 1) to write

письмо́, *pl.* пи́сьма, *gen.* пи́сем letter

пить (3 § 4)/вы-, *Pf. fut.* вы́пью, вы́пьешь to drink

пи́ща food

пла́кать, *pres.* пла́чу, пла́чешь /за- to cry, weep

план plan; (street) map

за́дний план background

пласти́нка record, disc

плати́ть, *pres.* плачу́, пла́тишь /за- to pay

плато́к, *gen.* платка́ handkerchief

пла́тье (17 § 2) dress

плечо́, *pl.* пле́чи, *gen.* плеч, *dat.* плеча́м shoulder

плохо́й, *adv.* пло́хо; *comp* ху́же; *superl.* ху́дший bad

пло́щадь *fem.* (18 § 3) square

по + *dat.* according to; along

по-мо́ему in my opinion

по-ру́сски in Russian

по ме́ре того́, как as, in proportion

побыва́ть *Pf.* to be, visit

пове́рить *Pf. of* ве́рить to believe

повора́чивать/поверну́ть to turn

повторя́ть/повтори́ть to repeat

повыша́ть/повы́сить, *Pf. fut.* повы́шу, повы́сишь to raise

пога́нка toadstool

погиба́ть/поги́бнуть. *past* поги́б, поги́бла to perish

поговори́ть *Pf. of* говори́ть to have a talk

пого́да weather

погрози́ть *Pf. of* грози́ть to threaten

погружа́ться/погрузи́ться, *Pf. fut.* погружу́сь, погрузи́шься to be immersed in, plunge into

погуля́ть *Pf. of.* гуля́ть to stroll

под + *instr.* under; near + *acc.* under (*motion*)

подава́ть/пода́ть *as* дава́ть/дать (3 § 4, 10 § 3) to give, hand

пода́рок, *gen.* пода́рка present

подлета́ть/подлете́ть (15 § 8) к + *dat.* to fly up to

поднима́ть/подня́ть (25 § 4), to lift, raise, pick up

подниматься/подня́ться to climb

подожда́ть *Pf. of* ждать to wait

подозрева́ть, *pres.* подозрева́ю, подозрева́ешь to suspect

подозре́ние suspicion

подпи́сывать/подписа́ть, *Pf. fut.* подпишу́, подпи́шешь to sign

подпо́лье underground

подру́га, подру́жка friend (*female*)

подхо́д approach

подходи́ть/подойти́ (12 § 1) к + *dat.* to approach

подъезжа́ть/подъе́хать (13 § 1) к + *dat.* to approach

по́езд, *pl.* поезда́ train по́ездом by train

пое́здка trip

пое́хать *Pf. of* е́хать to go, travel

пожале́ть *Pf. of* жале́ть to regret

пожа́луйста! please; help yourself!; you are welcome!

пожела́ть *Pf. of* жела́ть to wish, desire

пожило́й elderly

пожима́ть/пожа́ть, *Pf. fut.* пожму́, пожмёшь to squeeze пожима́ть плеча́ми to shrug one's shoulders

поза́втракать *Pf. of* за́втракать to have breakfast

позавчера́ the day before yesterday

позволя́ть/позво́лить + *dat.* to allow, permit

позвони́ть *Pf. of* звони́ть to ring, phone

по́здний, *adv.* по́здно; *comp.* по́зже late

поздравля́ть/поздра́вить, *Pf. fut.* поздра́влю, поздра́вишь с + *instr.* to congratulate on

познако́миться *Pf. of* знако́миться to get to know

пойма́ть *Pf. of* лови́ть to catch

пойти́ *Pf. of* идти́ to go (11 § 2)

пока́ while; meanwhile; so long! пока́ не until

пока́зывать/показа́ть (10 § 3) to show

покидáть/покинуть to leave, quit

покóй peace, quiet

поколéние generation

покóрный humble

покорáться/покорáться +dat. to submit to

покóс haymaking

покупáть/купить (10 § 3) to buy

покупка purchase
ходить за покупками to go shopping

пол, *loc.* на полу́ floor

пол, половина half
пол второго half past one

пóлдень (28 § 7) midday

пóле *pl.* поля́ field

полéзность *fem.* usefulness

полéзный useful

полёт flight

полетéть *Pf. of* летéть to fly

политический political

пóлка shelf

полнó +gen. plenty

пóлночь (28 § 7) midnight

пóлный, *short form* пóлон, полнá, полнó, полны́ full; complete

положéние position, situation

положить *Pf. of* класть to put

полторá (28 § 6) one and a half

получáть/получить to receive
получáться/получиться to work out right

пóльза profit; use, advantage

пóльзоваться/вос- +*instr.* to use, make use of

пóмнить to remember

помогáть/помóчь (10 § 3) +dat. to help

пóмощь *fem.* help.

понедéльник Monday

понимáть/понять (25 § 4) to understand; realize

понрáвиться *Pf. of* нрáвиться to please

поп-му́зыка pop music

поправля́ть/попрáвить, *Pf. fut.* попрáвлю, попрáвишь to correct

попрóбовать *Pf. of* прóбовать to try

попросить *Pf. of* просить to ask, request

порá it is time to

поработáть *Pf.* to work for a bit

поросёнок, *pl.* порося́та, *gen.* порося́т piglet

пóртиться, *pres.* пóрчусь, пóртишься/ис- to be spoilt

порхáть/порхну́ть to flit

поря́док, *gen.* поря́дка order
всё в поря́дке everything is all right

посадить *Pf. of* садить and сажáть to put (sitting), seat
посадить в тюрьму́ to put in prison

посвящáть/посвятить, *Pf. fut.* посвящу́, посвятишь +*dat.* to devote, dedicate to

посередине in the middle

посещáть/посетить, *Pf. fut.* посещу́, посетишь to visit

посидéть *Pf.* to sit for a while

пóсле +*gen.* after

послéдний last; latest

послезáвтра the day after tomorrow

послу́шать *Pf. of* слу́шать to listen

посмотрéть *Pf. of* смотрéть to look

посове́товать *Pf. of* сове́товать to advise

поспеши́ть *Pf. of* спеши́ть to hurry

поста́вить *Pf. of* ста́вить to put

постано́вка production (*theatre*)

посте́ль *fem.* bed, bedding

постоя́нный constant

постро́ить *Pf. of* стро́ить to build

поступа́ть/поступи́ть, *Pf. fut.* поступлю́, посту́пишь в + *acc.* to enter (*an organization*)

посу́да crockery

посыла́ть/посла́ть, *Pf. fut.* пошлю́, пошлёшь to send

посы́лка parcel

потеря́ть *Pf. of* теря́ть to lose

пото́м then, afterwards

потому́ что because

потуши́ть *Pf. of* туши́ть to extinguish

поутру́ in the morning

почему́ why

вот почему́ that is why

по́честь *fem.* honour

починя́ть/починя́ть to mend

почита́ть *Pf.* to read, do a bit of reading

по́чта post, mail; post-office

почти́ almost

почто́вый post (*adj.*)

пощёчина slap in the face

поэ́зия poetry

поэ́т poet

поэ́тому therefore

по́яс belt; waist

прав, права́; пра́вы correct

пра́вда truth; it's true

пра́вило rule

пра́вильный correct

правительство government

пра́во right; truly

пра́здник holiday

практи́чный practical

пребыва́ние stay

превраща́ться/преврати́ться, *Pf. fut.* превращу́сь, превра-ти́шься в + *acc.* to turn into

предлага́ть/предложи́ть to offer

предпочита́ть/предпоче́сть *Pf. fut.* предпочту́, предпочтёшь; *past* предпочёл, предпочла́ to prefer

представи́тель *masc.* representative

представля́ть/предста́вить, *Pf. fut.* предста́влю, предста́вишь to introduce; imagine

прекра́сный superb

прерыва́ть/прерва́ть, *Pf. fut.* прерву́, прервёшь to interrupt

преста́рый very, very old

престу́пник criminal

при + *prep.* in the presence of; during the time of; taking into account; on (*doing something*)

прибавля́ть/приба́вить, *Pf. fut.* приба́влю, приба́вишь to add

прибега́ть/прибе́гнуть к + *dat.* to resort to

прибега́ть/прибежа́ть, *Pf. fut.* прибегу́, прибежи́шь... прибегу́т to come running

прибыва́ть/прибы́ть, *Pf. fut.* прибу́ду, прибу́дешь to arrive

приве́т greeting; hello!

привози́ть/привезти́ (14 § 3) to bring (by transport)

привыка́ть/привы́кнуть, *Pf.*
past привы́к, привы́кла к
+ *dat.* to get used to
привы́чка habit
привы́чный habitual
привя́зывать/привяза́ть, *Pf. fut.*
привяжу́, привя́жешь to tie to
приглаша́ть/пригласи́ть, *Pf. fut.*
приглашу́, пригласи́шь to
invite
при́город suburb
при́городный suburban
пригото́вить *Pf. of* гото́вить
to prepare; cook
придоро́жный near the road
приезжа́ть/прие́хать (13 § 1)
to arrive
признава́ть, *pres.* признаю́, при-
знаёшь/призна́ть, *Pf. fut.* при-
зна́ю, призна́ешь to recognize, acknowledge
признава́ться/призна́ться
to admit, confess
прика́з order, command
прика́зывать/приказа́ть, *Pf. fut.*
прикажу́, прика́жешь + *dat.*
to order
прилета́ть/прилете́ть (15 § 8)
to arrive (by air)
прили́чие politeness, decency
прили́чный decent
примити́вный primitive
принадлежа́ть, *pres.* принад-
лежу́, принадлежи́шь (*no Pf.*)
+ *dat. or* к + *dat.* to belong to
принадле́жность *fem.* member-
ship
принима́ть/приня́ть (25 § 4) to
take, to accept
приноси́ть/принести́ (14 § 3)
to bring (on foot)
приро́да nature

прису́тствовать to be present
присыла́ть/присла́ть, *Pf. fut.*
пришлю́, пришлёшь to send
притворя́ться/притвори́ться
to pretend
приходи́ть/прийти́ (*or* придти́)
(12 § 1) to come, arrive
приходи́ться/прийти́сь (12 § 2)
to have to
причи́на reason
прия́тный pleasant
про + *acc.* about
про себя́ to oneself
пробле́ма problem
про́бовать/по- to try
проводи́ть/провести́ (15 § 8)
to spend (*time*)
прогоня́ть/прогна́ть, *Pf. fut.*
прогоню́, прого́нишь to chase
out
програ́мма programme
прогу́лка outing
продава́ть/прода́ть *as* дава́ть/
дать (4 § 5, 10 § 3) to sell
продавщи́ца sales girl, shop
assistant
продолжа́ть/продо́лжить to
continue
проду́кты *pl., gen.* проду́ктов
food products
проезжа́ть/прое́хать (13 § 1)
to drive past; travel through
прожи́ть *Pf., fut.* проживу́,
проживёшь to live through,
survive
про́за prose
про́игрыватель *masc.* record-
player
произведе́ние work of art
произво́дство production
произноси́ть/произнести́ (14 § 3)
to pronounce

происходи́ть/произойти́ (12 § 1)
to occur

происше́ствие incident, occurrence

промы́шленность *fem.* industry

проника́ть/прони́кнуть, *past*
прони́к, прони́кла to penetrate

просиде́ть *Pf.*, *fut.* просижу́,
просиди́шь to sit through

проси́ть/по- (5 § 5) to ask
(a favour)

просну́ться *Pf. of* просыпа́ться
to wake up

проспе́кт avenue

просто́й, *adv.* про́сто, *comp.*
про́ще simple

простужа́ться/простуди́ться,
Pf. fut. простужу́сь, простуди́шься to catch a cold

протестова́ть/за- to protest

про́тив + *gen.* against

проходи́ть/пройти́ (12 § 1) to
pass

проце́сс process

прочита́ть *Pf. of* чита́ть to read

про́шлый past

проща́ть/прости́ть, *Pf. fut.*
прощу́, прости́шь to forgive

про́ще simpler

прослу́шать *Pf. of.* слу́шать
to listen

прямо́й, *adv.* пря́мо direct,
straight

пря́таться, *pres.* пря́чусь,
пря́чешься/с- to hide

психо́лог psychologist

психологи́ческий psychological

психоло́гия psychology

пти́ца bird

пу́блика public

пуга́ть/ис- to frighten

пу́динг pudding

пуска́й, пусть (25 § 2) let

пусто́й, *adv.* пу́сто empty

пустя́к, *gen.* пустяка́ trifling
matter

путь *masc.*, *gen.*, *dat.*, *prep.* пути́,
instr. путём; *pl.* пути́, *gen.*
путе́й, *dat.* путя́м way

пыта́ться/по- to attempt

пье́са play

пятидеся́тый fiftieth

пятна́дцатый fifteenth

пятна́дцать fifteen

пя́тница Friday

пя́тый fifth

пять five

пятьдеся́т fifty

Р

рабо́та work

рабо́тать/по- to work

рабо́чий *adj. used as noun*
worker

ра́вный level, equal

всё равно́ all the same

мне всё равно́ I do not mind

рад, ра́да; ра́ды + *dat.* glad of

ра́дио *indecl.* radio

ра́довать/об- to gladden

ра́доваться/об- + *dat.* to be
delighted by

ра́достный joyful

ра́дость *fem.* joy

раз, *gen. pl.* раз time, occasion;
adv. once

не раз more than once, many a time

разбудить *Pf. of* будить to wake

ра́зве *emphatic interrogative particle* really?

развива́ть/разви́ть, *Pf. fut.* разовью́, разовьёшь to develop

развива́ться/разви́ться to develop (*v.i.*)

разви́тие development

разгова́ривать to talk, converse

разгово́р conversation

раздева́ться, *pres.* раздева́юсь, раздева́ешься/разде́ться, *Pf. fut.* разде́нусь, разде́нешься to undress; take one's coat off

разли́чный various

разма́х sweep, swing

размышля́ть to reason, think

ра́зница difference

ра́зный different, various

разраба́тывать/разрабо́тать to work out

разреша́ть/разреши́ть + *dat.* to allow

разреша́ться/разреши́ться to be allowed

разруша́ть/разру́шить to destroy

разруша́ться/разру́шиться to be destroyed

разуме́ется of course

райо́н district

раке́та rocket

ра́ма frame

ра́нний, *adv.* ра́но, *comp.* ра́ньше early

распоряже́ние arrangements, instruction

расска́зывать/рассказа́ть, *Pf.*

fut. расскажу́, расска́жешь to tell, narrate, relate

расстоя́ние distance

расти́, *pres.* расту́, растёшь; *past* рос, росла́/вы- to grow

растя́гивать/растяну́ть *Pf. fut.* растяну́, растя́нешь to stretch, extend

реакти́вный jet

реалисти́ческий realistic

реа́льный real

ребёнок, *gen.* ребёнка, *pl.* де́ти child

револю́ция revolution

реда́ктор editor

режиссёр producer (theatrical)

результа́т result

река́ (18 § 3) river

рекомендова́ть/по- + *dat.* to recommend

религио́зный religious

ремо́нт repair

репута́ция reputation

ресни́ца eyelash

респу́блика republic

рестора́н restaurant

реце́пт prescription

ре́чка *diminutive of* река́ river, stream

речь *fem. pl.* ре́чи, *gen.* рече́й speech

реша́ть/реши́ть to decide

реша́ться/реши́ться to resolve

реши́тельный decisive

рисова́ние drawing

рисова́ть/на- to draw

род sort

своего́ ро́да of its sort

роди́тель *masc.* parent

рожда́ться *or* роди́ться/ роди́ться to be born

рождёние birth

  день рождёния birthday

рождёственский Christmas
(*adj.*)

Рождествó Christmas

ромáн novel

романтѝческий romantic

рост growth; stature

рот, *gen.* **рта,** *loc.* **во рту** mouth

рояль *masc.* grand piano

рубáха, рубáшка shirt

рубль *masc.,* *gen.* **рубля́** rouble

рукá (18 § 3) hand; arm

румя́ный rosy, glowing

рýсский Russian

рýчка *diminutive of* **рукá** hand;
handle; pen

ры́ба fish

ры́бка *diminutive of* **ры́ба**
little fish

ры́бный fish (*adj.*)

ры́нок, *gen.* **ры́нка** market

рю́мочка *diminutive of* **рю́мка**
(liqueur) glass

ряд row, series

ря́дом с +*instr.* next to

С

с +*instr.* with

  +*gen.* from; since

  с тех пор since then

сад, *loc.* **в садý,** *pl.* **сады́** garden;
orchard; park

садѝться/сесть (24 § 4) to sit
down

сажáть *or* **садѝть/по-** (25 § 1) to
put (sitting)

сам, самá, самó; сáми (8 § 4)
(one)self

самовáр samovar

самолёт aeroplane

самолюбѝвый vain

сáмый the very; the most

  то же сáмое the same

сапогѝ, *gen. pl.* **сапóг** boots,
calf-boots

сáхар sugar

сбегáть *Pf.* to run (and fetch)

свёжесть *fem.* freshness

свёжий fresh

свет light; (high) society

светѝться/за- to shine

свётский (high) society (*adj.*)

свёчка *diminutive of* **свечá** candle

свидáние rendezvous

  до свидáния au revoir!,
see you!

свобóдный free; fluent

свой, своя́, своё; свой (15 § 2, 3)
(one's) own

связывать/связáть, *Pf. fut.*
свяжý, свя́жешь to link,
connect

связываться/связáться с
+*instr.* to get mixed up
with

связь *fem.* communication,
connexion, link

святóй sacred, holy

сгущённый condensed

сдёлать *Pf. of* **дёлать** to do,
make

сдёрживать/сдержáть, *Pf. fut.*
сдержý, сдёржишь to hold
back

себя́ (21 § 4) (one)self

сёвер north

сёверный northern

сегóдня (г *pronounced as* в)
today

седьмой seventh
сезон season (*theatre*)
сейчас now; in a minute
секрет secret
село, *pl.* сёла village
сельское хозяйство agriculture
семестр term
семидесятый seventieth
семнадцатый seventeenth
семнадцать seventeen
семь seven
семьдесят seventy
семья, *gen.* семьи, *instr.* семьёй
family
сентябрь *masc.*, *gen.* сентября
September
сердце, *pl.* сердца heart
середина middle
серый grey
серьёзный serious
сестра (18 § 3) sister
сесть *Pf. of* садиться to sit down
Сибирь *fem.* Siberia
сибирский Siberian
сидеть, *pres.* сижу, сидишь/по-
to sit
сила strength
силач, *gen.* силача strong man
сильный strong
сильный мороз heavy frost
симпатичный nice
симфонический symphony
(*adj.*)
синий blue
синица blue tit
синтетический synthetic
система system
сиять/по-, за- to shine
сказать *Pf.* (10 § 3) to say, tell
сказка fairy tale
скамейка *gen. pl.* скамеек
bench

скандал row
сквозь + *acc.* through
сколько + *gen.* how much,
how many
скоро soon
скорость *fem.* speed
скорый quick
скорая помощь first aid;
ambulance
скрипка violin
скромность *fem.* modesty
скромный modest
скрывать/скрыть, *Pf. fut.* скрою,
скроешь to hide, conceal
скука boredom
скульптор sculptor
скульптура sculpture
скучать/соскучиться по + *dat.*
to miss, long for
скучноватый rather dull
скучный dull, boring
слабость *fem.* weakness
слабый weak
сладкий sweet
следовать/по- to follow
следует посетить one ought
to visit
слезать/слезть, *Pf. fut.* слезу,
слезешь, *past* слез, слезла
с + *gen.* to climb down from
слепой blind
слишком too (+ *adj. or adv.*)
словарь *masc.*, *gen.* словаря
dictionary
слово, *pl.* слова word
словом in a word
сложный complicated
служба service
служить/про-, по- to serve
случай occurrence; chance
несчастный случай accident
случаться/случиться to happen

слу́шать/по- to listen

слы́шать, *pres.* слы́шу, слы́шишь/у- to hear

слы́шаться/по- to be heard

слы́шен, слышна́, слы́шно; слы́шны audible

смерть *fem.* death

смета́на sour cream

смея́ться, *pres.* смею́сь, смеёшься/за- to laugh

сморо́дина currant(s)

смотре́ть, *pres.* смотрю́, смо́тришь/по- to look

смотре́ть за + *instr.* to look after

смочь *Pf. of* мочь to be able, to manage

смуща́ть/смути́ть, *Pf. fut.* смущу́, смути́шь to embarrass

снача́ла at first

снег, *loc.* на снегу́, *pl.* снега́ snow

сне́жный snow (*adj.*)

снима́ть/снять, *Pf. fut.* сниму́, сни́мешь to photograph; to take off (clothes)

собира́ть/собра́ть (10 § 3) to collect, pick, gather

собира́ться/собра́ться to be about to, be going to; to intend

собо́р cathedral

со́бственность *fem.* possessions, property

со́бственный own

соверше́нно completely, utterly

соверше́нствовать/у- to perfect

со́веститься, *pres.* со́вещусь, со́вестишься/по- + *gen.* to be ashamed of

сове́товать/по- + *dat.* to advise

сове́тский Soviet

совреме́нный contemporary; modern

совсе́м totally, completely

совсе́м не not at all

не совсе́м not quite

согла́сен, согла́сна, согла́сно; согла́сны in agreement

соглаша́ться/согласи́ться, *Pf. fut.* соглашу́сь, согласи́шься с + *instr.* to agree with

согну́ться *Pf. of* сгиба́ться to stoop

содержа́ние content

Соединённые Шта́ты United States

сожале́ние regret

к сожале́нию unfortunately

создава́ть/созда́ть *as* дава́ть /дать (3 § 4, 10 § 3) to create

сознава́ть/созна́ть, *as* узнава́ть /узна́ть to recognize

созна́ние recognition, admission; consciousness

сойти́сь *Pf. of* сходи́ться to meet up with

сок juice

солда́т, *gen. pl.* солда́т soldier

соли́ст soloist

со́лнце sun

сомнева́ться, *pres.* сомнева́юсь, сомнева́ешься в + *prep.* to doubt

сомне́ние doubt

сон, *gen.* сна sleep

ви́деть во сне to dream

со́рок forty

сороково́й fortieth

сосе́д (17 § 2) neighbour

сосиска sausage

соскучиться *Pf. of* скучать to miss

состояние condition

состоять, *pres.* состою, состоишь из +*gen.* to consist of

сотня, *gen. pl.* сотен (about a) hundred

сотрудник employee

сотый hundredth

соус sauce; gravy

сохраняться/сохраниться to be preserved

социалистический socialist

социальный social

союз union

спасибо thank you

спальня bedroom

спать, *pres.* сплю, спишь/по-, про- to sleep

спектакль *masc.* show

специалист specialist

специальный special

спешить/по- to hurry

список, *gen.* списка list

спокойный calm, peaceful спокойной ночи good night

спорить/по- to argue

спорт sport

спортсмен, *pl.* спортсмены sportsman

способ method

справляться/справиться, *Pf. fut.* справлюсь, справишься с +*instr.* to deal with

спрашивать/спросить, *Pf. fut.* спрошу, спросишь to ask, enquire спрашивается? may one ask?

спустя later

сравнение comparison

сравнивать/сравнить to compare

сразу at once

среда, *acc.* среду *pl.* среды, *dat.* средам Wednesday

среди +*gen.* among

средство means; money; medicine

срезывать *or* срезать/срезать, *Pf. fut.* срежу, срежешь to mow

ссориться/по- to quarrel

ставить/по- (25 § 1) to put (standing)

стадион stadium

стакан glass, tumbler

становиться, *pres.* становлюсь, становишься/стать (10 § 3) + *instr.* to become; to (go and) stand, take one's place

станция station

стараться/по- to try

старик, *gen.* старика old man

старомодный old-fashioned

старушка old woman

старый old

статистика statistics

статуя statue

стена (18 § 3) wall

стетоскоп stethoscope

стиль *masc.* style

стихи, *gen. pl.* стихов poetry

сто (28 § 1) hundred

стоимость *fem.* cost

стоить to cost; to be worth

стол, *gen.* стола table

столица capital

столовая *adj. used as noun* dining room; canteen, self-service restaurant

столько +*gen.* so much, so many

стон groan

стонáть, *pres.* стонý *or* стонáю, стóнешь/про- *or* за- to groan, moan

сторонá, *acc.* стóрону, *pl.* стóроны, *gen.* сторóн, *dat.* сторонáм side

стоя́ть, *pres.* стою́, стои́шь/по- to stand

страдáние suffering

страдáть/по- to suffer

странá (18 § 3) country

стрáнный strange

стрáстный passionate

стрáшный frightful

стрóгий, *comp.* стрóже severe

строи́тельство construction

стрóить/по- to build

студéнт, студéнтка student

стул, *pl.* стýлья, *gen.* стýльев chair

стучáть, *pres.* стучý, стучи́шь /за-, по- *or* стýкнуть to knock

стыди́ться, *pres.* стыжýсь, стыди́шься/по- +*gen.* to be ashamed of

сты́дно +*dat.* +*gen.* ashamed ему́ сты́дно кóмнаты he is ashamed of his room

стюардéсса stewardess

суббóта Saturday

сувени́р souvenir

суд

судить, *pres.* сужý, сýдишь to judge

судьбá fate

сумéть *Pf. of* умéть to be able

сýмка bag

сýпик *diminutive of* суп soup

сурóвый severe, grim

сýтки *pl.*, *gen.* сýток a day, 24-hour period

существó being

существовáние existence

существовáть/про- to exist

сфотографи́ровать *Pf. of* фотографи́ровать to photograph

сходи́ть/сойти́ (12 § 1) to go down, get off сходи́ть *Pf.* (19 § 5) to go (to fetch)

сцéна scene; stage

счастли́вый happy

счáстье happiness

считáть to consider

считáться +*instr.* to be considered

съедóбный edible

съéздить *Pf.* (19 § 5) to go (to fetch)

съесть *Pf. of* есть to eat

сын, *pl.* сыновья́, *gen.* сыновéй, *dat.* сыновья́м son

сыр cheese

ся́ду, ся́дешь *Pf. fut. of* сесть to sit down

Т

таблéтка pill

тайгá taiga, virgin forest

так so; thus так как since таковá жизнь such is life

тáкже also

такóй such, so

такт tact

там there

танк tank

таре́лка plate

твой, твоя́, твоё (15 § 3); твои́ (18 § 2) your

твори́ть/со- to create

теа́тр theatre

театра́льный theatre (adj.)

тебя́ acc., gen. of ты

тексти́льный textile (adj.)

телеви́зор television

телефо́н telephone

  телефо́нная бу́дка telephone box

те́ло, pl. тела́ body

тёмный, adv. темно́ dark

температу́ра temperature

тень fem. shade; shadow

тепе́рь now

тепло́ warmth; adv. warmly

теплохо́д (motor)ship

тёплый, adv. тепло́ warm

терпе́ть, pres. терплю́, те́рпишь to bear, tolerate

теря́ть/по- to lose

тетра́дь fem. exercise book

тётя, gen. pl. тётей aunt

те́хникум trade school, technical college

типи́чный typical

ти́хий, comp. ти́ше quiet

-то emphatic particle; (17 § 1)

това́р goods, article

това́рищ comrade; friend

тогда́ then

то́же also

толпа́ crowd

то́лько only

то́лько что only just

том volume (book)

то́нкий, comp. то́ньше subtle

торго́вля trade

тоска́ melancholy

тот, та, то; те (15 § 3) that one

то́тчас at once

точи́ть/на- to sharpen

трава́ (18 § 3) grass

траге́дия tragedy

традицио́нный traditional

трамва́й tram, streetcar

тра́нспорт transport

тра́нспортный transport (adj.)

тра́тить, pres. тра́чу, тра́тишь /ис- на + acc. to spend, expend on

тре́бовать/по- + gen. to demand

трево́жить/вс- to disturb, alarm

тре́тий, тре́тья, тре́тье; тре́тьи (15 § 4) third

три (28 § 1) three

тридца́тый thirtieth

  три́дцать thirty

трина́дцатый thirteenth

  трина́дцать thirteen

тролле́йбус trolleybus

тромбо́н trombone

тротуа́р pavement

тру́бка pipe; tube

  телефо́нная тру́бка telephone, ear piece

труд, gen. труда́ labour; difficulty

тру́дный difficult

ту́ндра tundra

туре́цкий Turkish

тури́ст tourist

ту́фля, gen. pl. ту́фель shoe

ту́ча storm cloud

туши́ть, pres. тушу́, ту́шишь /по- to extinguish

ты (8 § 3) you (sg.) (intimate, affectionate)

ты́сяча thousand

тюрьма́, gen. pl. тю́рем prison

тяжёлый, adv. тяжело́ heavy

У

у +*gen.* near, at; (5 § 4) in (one's) room, house, country; to have

убегáть/убежáть, *Pf. fut.* **убегý убежúшь**... **убегýт** to run away

убеждáться/убедúться, *Pf. fut.* (*no 1st pers. sg.*), **убедúшься в** +*prep.* to be convinced of

убивáть/убúть, *Pf. fut.* **убью, убьёшь** to kill

уважáемый respected

увéренный sure, certain, confident

увúдеть *Pf fut.* **увúжу, увúдишь** to see, catch sight of

увлекáтельный absorbing, fascinating

увлекáться/увлéчься, *Pf. fut.* **увлекýсь, увлечёшься;** *past* **увлёкся, увлеклáсь** +*instr.* to be carried away by, absorbed in

уговáривать/уговорúть to persuade

угóдно, что вам угóдно? what can we do for you? what would you like?

всё что угóдно anything you like

скóлько угóдно as many as you like

ýгол, *gen.* **углá,** *loc.* **в, на углý** corner; angle

угощáть/угостúть, *Pf. fut.* **угощý, угостúшь** +*instr.* to treat to

ударя́ть/удáрить to strike, hit

удáчный successful

удивля́ться/удивúться, *Pf. fut.*

удивлю́сь, удивúшься +*dat.* to be surprised by

удóбный convenient, comfortable

удóбство comfort, convenience

удовлетворéние satisfaction

удовóльствие pleasure

ýдочка fishing rod

уезжáть/уéхать (13 § 1) to leave, go away

ýжас horror

ужáсный terrible

ужé already

ужé не no longer

ýжин supper

узнавáть, *pres.* **узнаю́, узнаёшь** /**узнáть,** *Pf. fut.* **узнáю, у-знáешь** to recognize; find out

укáзывать/указáть, *Pf. fut.* **укажý, укáжешь на** +*acc.* to point out

Украйна Ukraine

украйнский Ukrainian

ýлица street

ýличный street (*adj.*)

улыбáться/улыбнýться to smile

улы́бка smile

ум, *gen.* **умá** mind; intelligence **сходúть/сойтú с умá** to go out of one's mind

умéть/с- to be able, know how to

умирáть/умерéть, *Pf fut.* **умрý, умрёшь;** *past* **ýмер, умерлá** to die

ýмный intelligent

ýмственный mental, intellectual

умывáться/умы́ться, *Pf. fut.* **умóюсь, умóешься** to wash one's hands and face умы́шленный deliberate

университе́т university

уничтоже́ние destruction, annihilation

употребля́ть/употреби́ть, *Pf. fut.* употреблю́, употреби́шь to use

упражне́ние exercise

Ура́л the Urals

уро́к lesson

усе́рдный keen

уси́лие effort

усло́вие condition

услу́га service, favour

услы́шать *Pf. of.* слы́шать to hear, catch the sound of

успева́ть, *pres.* успева́ю, успева́ешь/успе́ть to manage, have time to; на + *acc* to be in time for

успе́х success

устава́ть, *pres.* устаю́, устаёшь /уста́ть (10 § 3) to tire, become tired

уста́лость *fem.* fatigue

уста́лый tired

устра́ивать/устро́ить to arrange; suit

утёнок, *gen.* утёнка (17 § 2) duckling

у́тренний morning *(adj.)*

у́тро, *gen.* у́тра (but с утра́, до утра́) morning

у́тром in the morning

у́хо, *pl.* у́ши, *gen.* уше́й ear

уходи́ть/уйти́ (12 § 1) to go away

уче́бник text-book

уче́бный educational

учени́к, *gen.* ученика́ pupil, schoolboy

учени́ца schoolgirl

учёный scientist

учи́тель, *pl.* учителя́ teacher *masc.*

учи́тельница teacher *fem.*

учи́ть/на- (16 § 3) + *dat. of subject taught* + *acc. of person taught* to teach

учи́ться/на- to learn; be a pupil, student

Ф

фа́брика factory

факт fact

фами́лия surname

фантасти́ческий fantastic

февра́ль *masc., gen.* февраля́ February

фигу́ра figure

фи́зик physicist

фи́зика physics

физи́ческий physical

филосо́фский philosophical

филосо́фствовать/по- to philosophize

фильм film, movie

фи́рма firm

фле́йта flute

фо́рма form

фотоаппара́т camera

фото́граф photographer

фотографи́ровать/с- to photograph

фотогра́фия photography; a photograph

фотока́рточка snapshot

францу́з Frenchman

францу́женка Frenchwoman

фронт front

футбо́л football

X

халáт dressing gown, white coat

харáктер character

хвáстаться/по- + *instr.* to boast of

хватáть/хватить *impersonal* +*gen.* to suffice

хитрость *fem.* cunning; trick

хитрый cunning

хлеб bread

ходить/(по-) (11 § 1) to go

хозяин, *pl.* хозяева, *gen.* хозяев host

хозяйственный household

холм, *gen.* холмá hill

холод cold

холодный, *adv.* холодно cold

хорóший, *adv.* хорошó, *comp.* лýчше, лýчший, *superl.* лýчший (21 § 2) good

хорошó! good! fine! O.K.!

хотéть/за- (3 § 4) to want

хоть even though; just

хоть раз just once

храм church, temple

хребéт, *gen.* хребтá mountain range

хýденький *diminutive of* худóй thin, slight

худóжественный artistic

художественная литератýра belles lettres

худóжник artist

хýдший worst

хýже worse

Ц

царь, *gen.* царя tsar

цвет, *pl.* цветá colour

цветóк, *gen.* цветкá, *nom. pl.* цветы, *gen.* цветóв flower

целовáть/по- to kiss

цéлый whole

цель *fem.* aim, purpose

ценá, *acc.* цéну *pl.* цéны price

центр centre

центрáльный central

цéрковь *fem.* (18 § 5) church

цивилизáция civilization

цитировать/про- to quote

цифра figure, statistic

Ч

чай tea

чáйка, *gen. pl.* чáек seagull

чáйник kettle, teapot

час hour

часы clock; watch; hours

чáстный private

чáсто, *comp.* чáще often

часть *fem.* part

чáшка cup

чегó *gen. of* что

чей, чья, чьё; чьи (21 § 5) whose

чек check, receipt; cheque

человéк, *pl.* люди, *but gen. pl.*

sometimes **человѐк** (17 § 2) person

человѐчество humanity

человѐческий human

человѐчный humane

чем than

чемодан suitcase

чѐрез + *acc.* through, across; every other; via; in (*after a period of time*)

чёрт, *pl.* **чѐрти**, *gen.* **чертѐй** devil

четвѐрг, *gen.* **четвергѐ** Thursday

четвёртый fourth

чѐтверть *fem.* quarter (19 § 2)
чѐтверть пятого quarter past four
без чѐтверти пять quarter to five

четыре four

четырнадцатый fourteenth
четырнадцать fourteen

чех Czech

чин, *pl.* **чины** rank

чинить/по- to mend

чистый, *comp.* **чище** clean, pure

читать/про- to read

член member

что what; that
а что? what of it? so what?
что ли? (*emphatic*) or what?
что такое...? what is...?
что это за + *nom.*? what sort of a... is this?

чтобы to, in order to (27 § 2) (*subjunctive particle*)

чувство, *gen. pl.* **чувств** feeling

чувствовать/по- to feel

чужой someone else's

чуткий sensitive

чуть a little bit; only just; scarcely
чуть (ли) не almost, very nearly

Ш

шаг, *loc.* **на шагу** step, pace

шапка hat, cap

шахматист chess player

шахматы *pl.*, *gen.* **шахмат** chess

шедший *participle of* **идти**

шёл, **шла** *past of* **идти**

шестидесятый sixtieth

шестнадцатый sixteenth
шестнадцать sixteen

шестой sixth

шесть six

шестьдесят sixty

широкий, *comp.* **шире** wide, broad

шкаф, *loc.* **в шкафу**, *pl.* **шкафы** cupboard

школа school

школьный school (*adj.*)

шум noise

шуметь, *pres.* **шумлю, шумишь** /за- to make a noise

шумный noisy

шутить, *pres.* **шучу, шутишь** /по- to joke

Щ

щётка   brush, broom

Э

эгоист   egoist
эй!   hey!
экзамен   exam
экономика   economics
экономический   economic
экскурсовод   guide
экскурсия   excursion, tour
электричка   electric train
электрический   electrical
электростанция   power station

энергия   energy
эра   era
    нашей эры A.D.
этаж, *gen.* этажа   storey
    пятый этаж   fourth floor
этажерка   book-case
это   this is, these are
этот, эта, это; эти   this; these
эффективность *fem.* efficiency
эффективный   effective

Ю

юбка   skirt
юг   south

южный   southern
юность *fem.* youth

Я

я (8 § 3)   I
явление   phenomenon
являться + *instr.* to be; to
    act as
ягода   berry
    ягодка *diminutive of* ягода
    (a single) berry
ядерный   nuclear

язык, *gen.* языка   language;
    tongue
яйцо, *pl.* яйца, *gen.* яиц   egg
январь *masc.*, *gen.* января
    January
японец *masc.*, *gen.* японца;
    японка *fem.*   Japanese
ясный   clear
ящик   box; drawer

INDEX

The figures refer to the number of the lesson where the Grammar notes deal with the point in question.